O SER HUMANO COMO ANIMAL

Dados Internacionais de Catalogação na Publicação (CIP)
(Câmara Brasileira do Livro, SP, Brasil)

Gabriel, Markus
  O ser humano como animal : por que ainda não nos encaixamos na natureza / Markus Gabriel ; tradução de Markus A. Hediger. – Petrópolis, RJ : Vozes, 2023.

  Título original: Der mensch als tier

  ISBN 978-85-326-6513-3

  1. Filosofia 2. Natureza 3. Seres humanos – Filosofia I. Título.

23-168351   CDD-100

Índices para catálogo sistemático:
1. Filosofia 100

Tábata Alves da Silva – Bibliotecária – CRB-8/9253

MARKUS GABRIEL

O SER HUMANO COMO ANIMAL

POR QUE AINDA NÃO NOS
ENCAIXAMOS NA NATUREZA

Tradução de Markus A. Hediger

EDITORA VOZES

Petrópolis

© by Ullstein Buchverlage GmbH. Publicado em 2022 por Ullstein Verlag.

Tradução do original em alemão intitulado *Der Mensch als Tier – Warum wir trotzdem nicht in die Natur passen*

Direitos de publicação em língua portuguesa – Brasil:
2023, Editora Vozes Ltda.
Rua Frei Luís, 100
25689-900 – Petrópolis, RJ
www.vozes.com.br
Brasil

Todos os direitos reservados. Nenhuma parte desta obra poderá ser reproduzida ou transmitida por qualquer forma e/ou quaisquer meios (eletrônico ou mecânico, incluindo fotocópia e gravação) ou arquivada em qualquer sistema ou banco de dados sem permissão escrita da editora.

CONSELHO EDITORIAL

Diretor
Volney J. Berkenbrock

Editores
Aline dos Santos Carneiro
Edrian Josué Pasini
Marilac Loraine Oleniki
Welder Lancieri Marchini

Conselheiros
Elóis Dionísio Piva
Francisco Morás
Gilberto Gonçalves Garcia
Ludovico Garmus
Teobaldo Heidemann

Secretário executivo
Leonardo A. R. T. dos Santos

Editoração: Andrea Bassoto Gatto
Diagramação: Raquel Nascimento
Revisão gráfica: Lorena Delduca Herédias
Capa: WM design

ISBN 978-85-326-6513-3 (Brasil)
ISBN 978-3-550-20117-2 (Alemanha)

Este livro foi composto e impresso pela Editora Vozes Ltda.

Para Leona Maya
Você ofusca a lógica com a vida

E os animais espertos percebem que não nos sentimos confiavelmente em casa no mundo interpretado.
Rainer Maria Rilke

Sumário

Introdução, 9

Parte I – Nós e os outros (animais), 25

O animal lógico – como o ser humano torna-se animal, 30

O algo específico, 34

A natureza não é um safari, 39

O antropoceno como superestimação própria, 45

O entrelaçamento: plantas, morcegos, fungos, 53

Continuidade, descontinuidade ou ambas?, 58

A luta com o espelho, 63

O que significa entender-se como animal?, 71

Por que não somos anfíbios, 77

A palavra animal – por que não existe zoológico, 81

Animalismo, o grande truque e a anomalia, 84

O ser humano tão animal quanto máquina?, 91

Animais como nós? Os valores de Korsgaard, 100

Alice Crary – *inside ethics*, 110

Subjetividade e objetividade – por que nós não somos
estranhos na natureza, 114

O Novo Iluminismo na era dos vivos, 122

As quatro perguntas de Kant – o ser humano como
pergunta-resposta, 127

O ser humano como o animal que não quer ser animal, 134

Parte II – O sentido de (sobre)viver, 143

A ideia fundamental do pluralismo liberal, 147

A ideia da vida, 154

Viver e sobreviver – a forma básica da sociedade humana, 167

Queremos viver para sempre?, 172

O sentido na vida, 177

O sentido da vida não é um disparate, 184

Absurda é a privação de sentido, 188

Os limites do pluralismo liberal?, 191

Quem somos e quem queremos ser – autonomia radical e Novo Iluminismo, 200

Liberdade social e o sentido da vida, 210

Por que as ciências naturais não descobriram que a vida não tem sentido, 217

Do espírito de volta para a natureza, 227

Parte III – A caminho de uma ética do não saber, 237

Natureza, meio ambiente, universo, 248

No fundo…, 260

As ciências naturais são ficções?, 264

Os limites do conhecimento das ciências naturais, 271

Alteridade – em busca de uma ética ecológica, 278

Subcomplexo, complexo, supercomplexo, 285

Homo sapiens ou o ditado de sabedoria de Sócrates, 291

Opiniões, conhecimento e a ideia do bem, 294

Mais uma vez: existem fatos morais e éticos, 302

Não conhecimento, 308

A ética do não saber, 314

Agradecimentos, 319

Glossário, 323

Introdução

O ser humano encontra-se num cenário de crise complexo. O nosso *habitat*, o meio ambiente, ameaça sofrer um colapso diante dos olhos de todos sob a pressão da nossa forma de vida moderna. Graças à ciência e à tecnologia, de um lado melhoramos rapidamente as nossas condições de sobrevivência, mas de outro nós as pioramos num ritmo ainda mais acelerado – é um dilema que se intensifica com cada crise moderna.

No meio-tempo, o modelo de civilização da Modernidade, que consiste em controlar os problemas de recursos para a sobrevivência da nossa espécie por meio da ciência e da tecnologia, levou-nos à beira da extinção própria. Para dominarem a natureza e a sociedade (energia nuclear, automóveis, aviões, celulares, inteligência artificial, sistemas de armas, internet etc.), nossos instrumentos voltam-se contra nós. É até paradoxal que o nosso conhecimento tecnológico, graças ao qual nós temos a internet, a inteligência artificial e as redes sociais, é, ao mesmo tempo, a base para a propagação rápida de *fake news*, propaganda e ideologias da conspiração. E por meio dos automóveis, dos aviões e da nossa forma de vida fóssil, nós estamos mais conectados do que nunca e podemos interagir com culturas e pessoas geograficamente distantes, porém, ao mesmo tempo, destruímos o nosso meio ambiente compartilhado.

É ilusório querer resolver a situação de crise complexa da Modernidade tardia em que nos encontramos fazendo mais do mesmo[1]. Precisamos reorientar a nossa imagem do ser humano e da natureza. É disso que trata este livro.

Seu ponto de partida é o reconhecimento de que nós, os humanos, somos animais. A filósofa francesa Corine Pelluchon desdobra isso numa série de livros, exigindo um Novo Iluminismo cujo centro fosse ocupado pelo ser humano como animal[2]. Esse Novo Iluminismo, ao qual já se dedicam muitos pensadores da vanguarda global[3] em todos os continentes, não parte *da* natureza, mas da *nossa* natureza. Vale nos colocar como seres vivos espirituais, i. e., o ser humano como um todo (que, como ser vivo espiritual, é uma mistura de natureza e espírito) novamente no centro, do qual nós nos afastamos equivocadamente, em prol de uma imagem mecanicista do mundo como estrutura controlável e previsível.

Isso levanta uma pergunta antiga, à qual precisamos mais uma vez nos expor: o que significa ver o ser humano como animal?

---

1. Uma primeira versão desta introdução foi publicada primeiramente na *Neue Zürcher Zeitung*, set. 2021. Sobre o conceito da modernidade e o diagnóstico dos complexos cenários de crise atuais como pertencendo à "Modernidade tardia", cf. RECKWITZ, A.; ROSA, H. *Spätmoderne in der Krise* – Was leistet die Gesellschaftstheorie? Berlim, 2021.

2. Cf. esp. PELLUCHON, C. *Das Zeitalter des Lebendigen* – Eine neue Philosophie der Aufklärung. Darmstadt, 2021.

3. No restante deste livro variarei o gênero dos substantivos. Com isso não expresso nenhuma opinião referente à pergunta se ou em que medida uma linguagem neutra em relação aos gêneros é um caminho ético para combater as múltiplas formas de discriminação às quais o ser humano é exposto devido à sua historicidade e outros fatores de sua existência humana. Quando uso o masculino genérico, eu o faço por razões gramaticais, sem que essa motivação implique que eu sugira que outros sigam essa mesma convenção. Nos exemplos e nas passagens em que as convenções de gênero mais recentes são usadas, eu tento compensar o uso do masculino genérico (e o feminino, que, por vezes, eu também uso), para combater os estereótipos que, implícita ou até explicitamente, classificam determinadas atividades e profissões como "masculinas" ou "femininas", como ocorre também com a palavra "filósofo", cujo gênero gramático vinculou essa profissão por muito tempo exclusivamente aos "homens".

Essa pergunta é muito importante porque a nossa autoimagem como animal pode fazer uma contribuição essencial para os mecanismos de direcionamento sociopolítico do presente e do futuro. Podemos reconhecer isso com muita facilidade, na nossa forma de lidar com pandemias e outras catástrofes naturais: doenças e mudanças climáticas (causadas pelo homem), em geral, são percebidas como males evitáveis, que devem ser resolvidos tecnologicamente, o mais rápido possível. Não conseguimos fazer isso nem no caso de SARS-Cov-2, nem no caso de mudanças climáticas. Até agora, ambas são tratadas de forma *reativa* e não *proativa*.

Nossos modelos prognósticos e nossas abordagens a uma solução fracassam diante do desafio ao qual nós somos expostos como animais que jamais conseguem entender de modo total seu nicho ecológico, muito menos conseguem controlá-lo tecnologicamente. Por isso precisamos livrar-nos da ilusão de conseguirmos preservar nossas diretrizes para o tempo de crises e catástrofes em que nos encontramos, por meio de uma mera combinação de ciência, tecnologia e política.

O avanço científico (e isso vale também para as ciências humanas e sociais) sempre nos ensina algo sobre aquilo que não sabemos. O deslocamento diário das fronteiras do conhecimento não consiste no fato de estarmos aproximando-nos da onisciência. Onisciência não existe. Tampouco existe uma possibilidade sensata de administrar tecnocraticamente as condições de sobrevivência do ser humano em sistemas complexos. A vida não pode ser contida por muros, muito menos é possível predizê-la, como comprova de forma impressionante a pandemia do vírus com suas muitas variantes. Conhecemos sempre apenas recortes da nossa forma de vida, o animal humano não pode ser superado pela tecnologia. O *Homo Deus*, que o famoso historiador Yuval

Noah Harari esboça em seu livro homônimo como o ser humano do futuro, não virá.

Na verdade, nós já sabíamos disso desde Sócrates até Carl von Linné, a quem devemos o nome da nossa espécie *Homo sapiens*: já que não somos capazes de nos entender no todo, os modelos de nós mesmos, dos quais dependemos, são falíveis. Linné define o ser humano pela sua capacidade de construir uma imagem de si mesmo. O termo *homo*, que Linné atribui aos primatas em seu *System der natur* (O sistema da natureza) e assim insere o ser humano de modo inequívoco no reino animal, é completado pela característica da capacidade sapiencial, a *sapientia*, que seria nosso *summum attributum*, nosso atributo mais primoroso. Dessa forma, o ser humano é definido por meio da convocação ao autoconhecimento. Por isso encontramos em seu sistema, ao lado do termo *homo*, o comentário: *nosce te ipsum*, ou seja, conheça a si mesmo, e, com isso, Linné alude a Sócrates. De acordo com Sócrates, a máxima e a missão da filosofia é e sempre será: "Conheça a si mesmo" (*gnôthi sauton*) – palavras do oráculo de Delfo, que Sócrates vinculou à sabedoria (*sophia*). Linné traduz isso para o latim. Visto que eles amam a sabedoria (o amor à sabedoria é uma possível tradução da palavra grega *philosophia*), chamamos os filósofos sempre que precisamos definir quem nós, os seres humanos, somos.

A filosofia trata do autoconhecimento. Parte dele é a percepção da nossa liberdade. Como seres vivos dotados de espírito nós somos livres, e disso segue o valor da autonomia, da ação responsável, que, na atualidade, está sendo questionado no centro da Europa. Para podermos encontrar uma relação apropriada entre os valores como liberdade, igualdade e solidariedade e, assim, recuperarmos a confiança na competência da democracia *liberal*, o ser humano, como um ser vivo livre e dotado de espírito, precisa voltar a ocupar o centro da sociedade. Liberdade também é liberdade *social*, pois nós somos seres vivos prossociais, que não podem fazer nada sem fazê-lo em conjunto com os outros. Liberdade e sociedade, indivíduo e coletivo, não se contradizem. Não somos mais livres quando estamos sós, pois não conseguimos fazer sem os outros a maior parte daquilo que nos interessa como seres humanos. Liberdade é algo que realizamos juntos, não é algo que nos coloca em oposição uns aos outros.

Existem muitas coisas que você e eu temos em comum. No mínimo, compartilhamos a qualidade de sermos humanos. Por isso temos muitas outras coisas em comum. Temos desejos, esperanças e medos e somos seres finitos e efêmeros. *Nós fazemos parte da natureza.* A física moderna ensina que existem forças e leis naturais que determinam toda a matéria. Visto que somos feitos de matéria, encarnados como animais, nós não somos nenhuma exceção à regra. Além disso, a biologia e a medicina humana modernas mostraram-nos que nosso corpo é 'animal'[4] num nível elementar e que compartilhamos muitas estruturas básicas com outros seres vivos.

Todos os seres vivos que conhecemos consistem em células (ou são, como os protozoários, idênticos com uma única célula) que, por sua vez, consistem em elementos que podem ser pesquisados pela bioquímica e pela física. Hoje são as chamadas *ciências da vida* (a medicina, a bioquímica, a biologia molecular, a bioinformática, a genética, a farmacologia, a zoologia, a ciência nutricional, as neurociências etc.), que se ocupam com isso, pois o seu objeto são os processos e as estruturas do vivo.

---

4. Neste livro, aspas simples sinalizam um distanciamento. Por exemplo, quando escrevo 'masculino', 'feminino', 'animal' ou 'sociedade', eu me distancio da ideia de que, 'lá fora', 'na realidade', exista aquilo que muitos entendem quando usam esses termos.

Ao longo da Modernidade, juntaram-se à física e às ciências da vida descobertas sobre o comportamento do ser humano e outros seres vivos, que, nos dias de hoje, são investigadas pelas *ciências comportamentais*, como a psicologia, a ciência cognitiva, a economia comportamental e a sociobiologia. Elas descobriram que nós, como seres humanos, podemos ser decodificados e, portanto, controlados, em certa medida, em diferentes níveis da nossa existência (desde a célula até formações sociais como a família, o grupo de amigos ou até uma sociedade inteira). Muitas das inúmeras decisões que tomamos consciente e inconscientemente (quando tomamos café da manhã, com quem nos encontramos, por quanto tempo lavamos as nossas mãos, de que lado da rua andamos, se dormimos de bruços ou de costas) podem ser explicadas pela ciência, reconhecendo nelas padrões gerais.

Portanto o ser humano pode ser acessado a partir do **ponto de vista da terceira pessoa**[5], como dizemos na filosofia; ele é um objeto da pesquisa das ciências naturais e sociais, um objeto de pesquisa entre outros. É a essa dimensão da existência humana que alude o título deste livro: *O ser humano como animal*. Mas este ainda não é o fim da história, pois, a despeito das descobertas mencionadas das ciências naturais, da ciência da vida e das ciências comportamentais sobre o ser humano como animal, nós sentimos que, apesar de tudo isso, nós não nos encaixamos na natureza. *O ser humano não é só animal*. É a isso que se refere o subtítulo do livro.

Não somos apenas fenômenos naturais, e podemos deduzir isso do fato de que nós explicamos fenômenos naturais. A explicação dos fenômenos naturais e, com isso, também dos aspectos da nossa vida que são irracionais não é, em si, irracional.

---

5. As expressões em negrito representam as pilastras angulares do raciocínio do livro. Seu significado/sua definição pode ser consultado/a no glossário.

Quem observa isso é o famoso cientista cognitivo Steven Pinker, que nos lembra de que a lógica, a matemática e o pensamento crítico são racionais e foram empregados também por nossos antepassados para garantir uma caça bem-sucedida, para alimentarem-se e, ao longo de milhares de anos, construírem relações estáveis com outros grupos humanos e com o meio ambiente compartilhado. O ser humano é e continuará sendo fundamentalmente racional, o que não significa que ele é infalível, o que comprovam as descobertas da pesquisa comportamental moderna. No entanto deduzir disso que, por infelicidade, nós não somos racionais – uma conclusão que seria, ela mesma, racional – não é correto[6].

O fato de termos descoberto na Modernidade que o "animal em nós" não é controlado por impulsos, instintos, processos e forças racionais, isso não pode dizer respeito a toda a nossa existência. Caso contrário, isso valeria também para a própria explicação científica. Assim sabemos, de um lado, que nossas decisões baseiam-se em distorções cognitivas (*bias*) e em "barulho" (*noise*), ou seja, em fundamentos decisivos que ocorrem de acordo com regras irracionais. De outro, esse conhecimento, esse autoconhecimento, não está sujeito a essas distorções cognitivas, caso contrário não poderíamos fornecer informações racionais sobre os limites da nossa racionalidade. Esse conhecimento é objetivo, verificado por métodos científicos, ou seja, procede do ponto de vista da terceira pessoa. Em suma: existe um conhecimento objetivo sobre nós como objetos e sujeitos.

A teoria da evolução, a psicologia profunda, a sociologia, a pesquisa comportamental e, sobretudo, a economia comportamental mostraram-nos o quanto os nossos pensamentos e as

---

6. Cf. PINKER, S. *Rationality* – What it is – Why it seems scarce – Why it matters. Londres; Nova York, 2021.

nossas ações individuais e coletivas são determinados por forças e leis que não podemos controlar completamente. O mais tardar desde os *best-sellers* do psicólogo e ganhador do prêmio Nobel Daniel Kahneman, sabemos que não somos tão racionais e sensatos como gostaríamos de ser[7]. Nossos impulsos, desejos e estados mentais internos são parte constante dos fenômenos naturais e são, portanto, marcados por princípios que fogem ao nosso controle. Uma parte nossa, a nossa 'existência animal' parece, às vezes, ser controlada por algo externo – pelas leis naturais, pela evolução, pela sociedade etc.

Teimosos, insistimos em convicções, mesmo quando já dispomos de informações que as contradizem, o que chamamos de viés de confirmação (*confirmation bias*). A lista de ilusões ou distorções cognitivas é longa, e todos nós sabemos que temos uma perspectiva sobre a realidade social e natural que, de forma alguma, é automaticamente correta e que, por isso, sempre a corrigimos. No entanto podemos corrigir as nossas limitações em conjunto com os outros e por meio do trabalho em nós mesmos.

O fato de sermos capazes de corrigir distorções cognitivas por meio das ciências sociais, da psicologia e de práticas de tomada de decisões prova que as distorções cognitivas não são uma necessidade da natureza. Nós somos e sempre seremos livres, e o fato de podermos nos enganar porque a nossa percepção é sempre seletiva não muda nada nisso.

A pergunta "O quê ou quem é o ser humano?" não foi respondida de maneira definitiva, pois ainda não sabemos em que consistem a nossa consciência e o nosso espírito, graças aos quais nós podemos nos observar como fenômenos naturais. Não exis-

---

7. KAHNEMAN, D. *Schnelles Denken, langsames Denken.* Munique, 2012. KAHNEMAN, D.; SIBONY, O.; SUNSTEIN, C.R. *Noise. Was unsere Entscheidungen verzerrt* – und wie wir sie verbessern können. Munique, 2021.

te apenas o ponto de vista da terceira pessoa, a perspectiva externa; existem também: nós (i. e., por exemplo, você e eu). Nós compartilhamos não só estruturas bioquímicas, como o genoma humano, mas também o fato de sermos sujeitos, ou seja, o fato de assumirmos nosso **ponto de vista da primeira pessoa (subjetividade)**. Fazem parte dele os nossos sentimentos e pensamentos, mas também a nossa perspectiva sensual e a nossa percepção da realidade. O enigma da existência humana não pode ser resolvido apenas a partir do ponto de vista da terceira pessoa. Não existe uma perspectiva externa sobre a existência humana que poderíamos assumir para, a partir daí, sondar o sentido da vida ou reconhecer que a nossa vida não tem sentido.

Até mesmo a cientista mais objetiva, digamos, uma cirurgiã que opera no coração aberto, tem sua perspectiva subjetiva sobre as ocorrências. Afinal de contas, a cirurgiã precisa ver o coração que ela opera e proceder internamente concentrada e de modo profissional, o que exige um esforço grande da parte dela. A historiadora da ciência Lorraine Daston e o historiador da ciência Peter Galison demonstraram de forma impressionante, em seu livro *Objetividade*, que a história da objetividade consiste em desenvolver um ideal comportamental do cientista que permita reconhecer os fenômenos naturais da forma mais objetiva possível[8]. Não existe objetividade sem uma subjetividade correspondente; a objetividade continua sendo um ideal que buscamos alcançar sem jamais alcançá-lo no todo.

O restante deste livro tratará de nada mais nada menos do que analisar a relação entre natureza e espírito por meio da interseção entre ser humano e animal. No ser humano como animal, a natureza e o espírito estendem a mão um ao outro. A autoaná-

---

8. DASTON, L.; GALISON, P. *Objektivität*. Berlim, 2017.

lise do ser humano é chamada de **antropologia**, e quando nos contemplamos como animais, falamos também de **antrozoologia**. Ao falar do ser humano como animal, me ocuparei com descobertas científicas atuais e com contribuições da filosofia da atualidade.

O ser humano é um tema transdisciplinar *par excellence*. Quem nós somos e quem queremos ser não pode ser sondado a partir da perspectiva de uma única ciência ou de um único tipo de ciência (por exemplo, as ciências naturais). E as ciências que desenvolvemos como disciplinas acadêmicas em ensino e pesquisa também não esgotam a nossa existência humana. As artes, a política, o bom-senso, a economia e o mundo de trabalho, as mídias e a nossa experiência de vida são, como atividades, também formas do autoconhecimento humano.

Diante desse pano de fundo, este livro dirige-se a partir de uma perspectiva filosófica a todos que se perguntam em que consistem a existência humana e o sentido da vida e como a nossa sociedade do conhecimento é compatível com o fato de estarmos infinitamente distantes de uma onisciência. Quer gostemos disso ou não, é essa complexa situação de crise em que a humanidade encontra-se no século XXI que comprova não só o nosso conhecimento (por exemplo, em relação à crise ecológica), mas também o nosso não conhecimento e a nossa impotência. Por isso precisamos mudar o nosso jeito de pensar e adaptar as nossas ações às circunstâncias novas deste século, o que pressupõe que aprendamos finalmente daqueles que foram e são as vítimas do controle e da destruição da natureza. Autoconhecimento humano e racionalidade podem assumir muitas formas com as quais podemos aprender, como mostrou Tyson Yunkaporta em seu notável livro *Sand talk*, em que ele recomenda o conhecimento indígena dos aborígenes (ele mesmo é membro do clã

Apalech) como modelo dinâmico de um convívio com complexidade e crises[9].

A tese de que o ser humano é o tema transdisciplinar *par excellence* que diz respeito a todos nós é formulada a partir do ponto de vista das ciências do espírito que, como já diz seu nome, têm como seu sujeito e objeto o espírito. Quando falo em "espírito", não estou me referindo a nenhum fantasma nem a algum resquício de um pensamento metafísico que parece ser antiquado e superado. **Espírito** é, no sentido geral, a capacidade de conduzir sua vida à luz de uma representação de quem ou o que uma pessoa é. O fato de sermos seres vivos espirituais é **a tese principal do neoexistencialismo**[10].

> O ser humano é o animal *par excellence*: o que sabemos sobre a existência animal resulta da nossa autoanálise, pois nos interessamos pelos "animais" há milênios justamente porque não sabemos com clareza qual é a relação entre ser humano e animal. Portanto, quando refletimos sobre "os animais", refletimos também sobre nós. Graças à nossa autocompreensão como animais, somos o protótipo da existência animal. O conceito de "animal", assim argumentarei, diz mais sobre os seres humanos do que sobre os animais, dos quais nos diferenciamos há milênios de maneira errada[11].

Visto que, como animais, somos parte da natureza, nós estamos entrelaçados com o que vive, de modo que a nossa ação sem-

---

9. Cf. YUNKAPORTA, T. *Sand talk – Das* Wissen der Aborigines und die Krisen der modernen Welt. Berlim, 2021; cf. considerações semelhantes em: AKOMOLAFE, B. *These wilds beyond our fences – Letters to my daughter on humanities search for home.* Berkeley, 2017.

10. Cf. GABRIEL, M. *Eu não sou meu cérebro.* Petrópolis: Vozes, 2018. GABRIEL, M. *Neo-existentialismus.* Friburgo; Munique, 2020.

11. Passagens em itálico contêm declarações centrais ao livro.

pre precisa ser contemplada também do ponto de vista ecológico, no contexto de outros seres vivos e do nosso *habitat* compartilhado. Quem nós somos e quem nós queremos ser mostra-nos, portanto, também o que devemos fazer e o que não devemos fazer[12]. No autoconhecimento humano, ser e dever andam juntos.

É evidente que, nos dias de hoje, a imagem atual dos seres humanos e do mundo alcançou seus limites planetários. Hoje, todos, inclusive os ministros da economia e os grandes economistas, reconhecem que "o crescimento tem limites", como constatou o Club of Rome já em 1972 sobre a situação da humanidade e da economia mundial, ou seja, cinquenta anos atrás[13].

> É preciso superar a ideia de que o progresso científico e tecnológico como impulsionador do crescimento econômico puramente quantitativo pode ser desvinculado do progresso humano e moral, pois essa ideia equivocada leva à autodestruição do ser humano. Ela é expressão de uma autorrelação perturbada que precisa ser desmascarada e superada.

Nós expressamos a nossa relação conosco mesmos, individual e coletivamente, como indivíduos e como sociedade, na forma de valorações fortes. Em cada sociedade circulam visões da

---

12. É justamente sobre esse fundamento que em: RECKWITZ, A.; ROSA, H. *Spätmoderne in der Krise* – Was leistet die Gesellschaftstheorie. Berlim, 2021, segue da antropologia do filósofo canadense Charles Taylor. Os autores deduzem uma estrutura normativa da teoria social, evitando, assim, o **sociologismo**, i.e., a tese segundo a qual a sociologia conseguiria descrever a realidade social apenas sem valores e, assim, teria descoberto que, na realidade, não existem valores objetivos, apenas postulações de sujeitos. "Esses dois fenômenos, que é preciso interpretar e que a interpretação implica valorações, eu os excluiria da historização e declararia sua universalidade: pessoas que agem são sempre e em todos os lugares seres que interpretam a si mesmos, que se orientam com a ajuda de um mapa com fortes valorações" (p. 278).

13. MEADOWS, D.; MEADOWS, D.; RANDERS, J.; BEHRENS, W.W. *et al. Die Grenzen des Wachstums* – Bericht des Club of Rome zur Lage der Menschheit. Stuttgart, 1972.

vida boa. Diante desse pano de fundo, este livro trata também do *sentido da vida*.

Já que o ser humano é um 'animal', mas não só um 'animal', o sentido da vida não se esgota no planejamento individual e na sociopolítica da nossa sobrevivência. Viver é mais do que sobreviver. Tentarei vincular o pluralismo liberal das formas de vida individuais – que considero válido também no século XXI – com a pergunta pelo sentido da vida. Ajuda-nos, aqui, a filosofia da atualidade. A filósofa norte-americana Susan Wolf sugeriu compreender o pluralismo liberal ("Que cada um seja feliz ao seu modo") como uma busca pelo sentido *na* vida. Ele pode ser diferente para cada um. No entanto isso não exclui a possibilidade de existir um sentido *da* vida, que todos nós compartilhamos e sobre cujo fundamento ergue-se o pluralismo liberal. Nossa lei fundamental expressa isso com uma forte profissão em prol da dignidade humana, na qual vemos ainda os efeitos da tradição do Iluminismo. A reflexão sobre a nossa existência animal, sobre a vida e seu sentido, tem consequências políticas. No contexto de um Novo Iluminismo *na era do vivo*, como Corine Pelluchon expressou de modo certeiro, podemos entender o sentido *da* vida como a nossa missão moral[14]. Isso corresponde ao levante social que podemos perceber na atualidade, que está vinculado ao anseio de encontrar um novo aspecto compartilhado do ser humano para superar a complexa situação de crise em que nos encontramos. A mesma ideia de uma missão do ser humano podemos identificar, seguindo Yunkaporta, no fato de que somos "guardiões da realidade" (*custodian of reality*)[15].

---

14. Este é o título original em francês (*Les Lumières à l'âge du vivant*) do livro de Corine Pelluchon recém-publicado em alemão: *Das Zeitalter des Lebendigen* – Eine neue Philosophie der Aufklärung. Wiesbaden, 2021.

15. Yunkaporta: *Sand talk*, p. 110.

Para a transformação ecológica que a humanidade é forçada a realizar neste século precisamos de uma formação normativa da mudança social e, portanto, de uma ética. Não podemos mais confiar na falsa promessa da Modernidade de que as ciências e a engenharia, em conjunto com os economistas, resolverão os problemas políticos fundamentais e, assim, pouparmo-nos de tomar as decisões normativas sobre quem somos e quem queremos ser.

A autocompreensão do ser humano tem consequências políticas. A crise da democracia observada por muitos sociólogos e cientistas políticos provém do fato de os seres humanos exigirem mais da política do que uma distribuição inteligente dos recursos. Em tempos de crise, dependemos muito daquilo que, acriticamente, chamamos de "comunicação". Os políticos devem não só comunicar as suas decisões de forma inteligente para passar uma sensação de segurança à população; eles devem também *justificar* as suas decisões e, assim, tornar explícitas as suas valorações. As pessoas afetadas pelas enchentes catastróficas no Ahrtal (região da qual eu mesmo provenho) exigem não só que as decisões geopolíticas após a catástrofe sejam comunicadas de modo inteligente, como também exigem a busca de soluções orientadas por valores. A reconstrução da região destruída deve ocorrer à luz de modelos ecologicamente sustentáveis.

Faz parte da ciência moderna a descoberta e o reconhecimento dos limites do conhecimento científico. Sabemos que não sabemos de muitas coisas. As situações de crise em que nos encontramos consistem também no fato de que somos obrigados a conviver com complexidade, insegurança e não conhecimento. Isso exige uma ética do não conhecimento.

O pensamento fundamental que percorre todo o livro é a ideia de que, por meio da pesquisa sobre a nossa existência animal, podemos aprender a reconhecer a natureza dentro e fora de nós como algo deveras estranho, que não podemos dominar e que não devemos dominar. Jamais conseguiremos decifrar a natureza de maneira completa e subjugá-la ao nosso controle. Nós, seres humanos, dependemos de processos naturais que, em termos concretos, não conseguimos entender a ponto de estabelecer um paraíso tecnocrático na Terra. Precisamos nos despedir da esperança vã de colonizar outros planetas (como Marte) para começar de novo ou de fantasias ainda mais absurdas de conseguirmos instalar a nossa consciência como *software* em corpos de plástico indestrutíveis, como no seriado *Westworld*. A pandemia do coronavírus revelou a nossa vulnerabilidade e a complexidade social de uma forma perceptível para todos.

Complexidade e vulnerabilidade já existiam antes da pandemia, mas estavam "demoburocraticamente" (Niklas Luhmann) encobertas, isto é, nós não estávamos cientes delas porque o nosso sistema de saúde funcionava sem problemas para a maioria das pessoas. O reconhecimento de que o ser humano é um animal vulnerável, exposto a transformações ecológicas pelas quais ele também é responsável, precisa sempre ser inerente à política. Visto que não somos apenas animais, mas também seres vivos espirituais, que dispõem de percepção ética de contextos morais, a antropologia, a ética e a política estão inseparavelmente entrelaçadas no ser humano.

O Novo Iluminismo exige que apliquemos mais ciências (sobretudo as ciências humanas e sociais em pé de igualdade com as ciências naturais, comportamentais e da vida) para elaborarmos um autorretrato apropriado do ser humano. Além disso, ele exige também uma ética do não conhecimento, que se apoia no reconhecimento do fato de que não chegamos nem perto de vivermos numa era de conhecimento e domínio completos da natureza. Os progressos impressionantes e, em parte, desejáveis, no conhecimento e na tecnologia da Modernidade não podem continuar a omitir que existe uma infinitude de coisas que não conhecemos e nunca conheceremos. Por maior que seja o nosso conhecimento da natureza, o nosso não conhecimento é ainda maior (desde que se tornou evidente que o universo observável consiste em 95% de matéria e de energia escuras, que não podemos pesquisar diretamente por meio de experimentos). A realidade transcende nossa pretensão de conhecimento. Isso não é uma mera suposição, mas algo que conhecemos. Sabemos, de fato, que existe muito que não sabemos.

Como veremos, Sócrates estava certo, embora ele não tenha dito que não sabemos nada, mas que podemos conscientizar-nos de que não sabemos de muita coisa. A sabedoria de Sócrates é uma forma de conhecimento e não um culto cético à ignorância. Como animal, o ser humano pode conscientizar-se de seu não conhecimento. Sócrates chamou isso de sabedoria. E Carl von Linné seguiu Sócrates ao determinar o gênero do ser humano como *Homo sapiens*, pois *sapiens* significa "capaz de sabedoria", não significa "sábio". Como ser vivo espiritual, o ser humano é um animal filosófico, capaz de transformar a si mesmo e a realidade não humana ao fazer uma imagem de si mesmo. Convido, então, o leitor a partir comigo na aventura de sondar a nossa existência humana e animal, o sentido da vida e a profundeza do nosso não conhecimento!

Parte I
Nós e os outros (animais)

… ainda nos assombra a mesma incompreensibilidade de como é possível uma relação entre matéria e espírito. Deixamos para trás o ser humano como problema visível e vagante de toda filosofia …
Friedrich Wilhelm Joseph Schelling

Desde os primórdios, os seres humanos perguntam a si mesmos quem ou o que eles são. Para podermos responder a essa pergunta, precisamos diferenciar-nos de alguma coisa, pois definir algo consiste em delimitá-lo em relação a outra coisa. Uma das definições mais antigas do ser humano afirma que nós somos animais dotados de razão e de língua. O ser humano é, segundo Aristóteles, o *zôon logon echon*, o ser vivo que tem o *logos* (língua, razão), o que se transformou em latim em *animal rationale*, o animal racional[16].

Antes de analisarmos mais de perto essa característica de língua e racionalidade, que, supostamente, distingue o ser humano, é importante observar que a autodefinição mais antiga do ser humano, ou seja, a **antropologia** mais antiga, define o ser humano como um ser vivo, i.e., como um animal, como *zôon* ou *animal*. Já antes de Aristóteles, nas fases da consciência mitológica do ser humano, o ser humano é inserido no reino animal.

A imagem bíblica do ser humano é uma exceção, pois separa o ser humano do animal de modo óbvio. Só o ser humano é criado à imagem de Deus e é, portanto, um habitante excepcional do paraíso. Mesmo que ele seja visto como um habitante do jardim, ou seja, como parte da natureza, basta pensar na história da arca de Noé, em que ele não é só o ápice da criação, mas também um ser que é responsável pelos animais.

Como uma primeira observação podemos constatar que já muito antes das descobertas da teoria da evolução e em decorrência dela, da diferenciação rápida das ciências da vida (medicina, bioquímica, biologia molecular, bioinformática, genética, farmacologia, zoologia, ciência nutricional, neurociência etc.), o ser humano via-se como um ser vivo, i.e., como um animal. Na

---

16. ARISTOTELES. *Politik*. Hamburg, 1943, p. 4.

verdade, na história do espírito humano é normal que o ser humano defina-se como animal.

Ao longo dos milênios, a imagem do ser humano desenvolveu-se, sobretudo, porque nós mudamos a nossa imagem do animal. Por meio dos avanços nas ciências e na tecnologia na Modernidade, nós reconhecemos como a história natural é complexa. No século XIX, sobretudo após a revolução darwiniana, impôs-se a percepção de que as formas múltiplas da vida e, portanto, também as espécies animais, estão sujeitas aos processos da seleção natural. No sentido de que somos animais, nós nos adaptamos nos diferentes níveis da nossa vida ao nosso ambiente, que também moldamos simultaneamente. A natureza à qual pertencemos não é um recipiente estático, mas algo que transformamos por meio dos nossos processos de vida. E hoje sabemos que essa natureza, à qual nós nos adaptamos, é modificada há bilhões de anos por processos de vida e outras formas de vida, como as cianobactérias, que, ao longo de milhões de anos, produziram o oxigênio na atmosfera.

No século XIX, impôs-se, além da teoria revolucionária da evolução, também a percepção de que nós entendemos a nossa animalidade, a nossa existência animal, como algo que nos é estranho e que nos controla inconscientemente. As ciências recém-estabelecidas da biologia, da psicologia e da psiquiatria fizeram-nos olhar para um espelho no qual vimos não só agentes racionais, mas também animais que, de forma alguma, comportam-se sempre de forma sensata.

As descobertas impressionantes das ciências da vida permitiram, ao longo dos dois últimos séculos, que nos víssemos como fantoches dos nossos processos de vida. Hoje em dia é comum acreditarmos que nossos genes, nossos instintos, nossas redes neurais ou nossa personalidade biologicamente determinada controlam nossas decisões. O neurocientista vencedor do prêmio Nobel Eric Kandel acredita que aquilo que Freud chamou de inconsciente pode, com base nos métodos das ciências da vida, ser entendido como herança evolucionária[17]. Segundo ele, nós não só não seríamos, como dizia Freud, "senhores em nossa própria casa"[18] da nossa vida anímica, mas até mesmo estranhos em nosso próprio corpo, que produz nossa vivência consciente, o nosso ego como central de comando para adaptar-se ainda melhor ao ambiente.

É importante observar que Freud destronou o ser humano apenas aparentemente. Ele só identifica o famoso *id* com o 'animal em nós' e atribui ao ser humano um aparato psíquico complexo. Embora Freud queira inserir-nos na série de animais[19], ele acredita que os outros animais não dispõem daquilo que ele chama de ego, sem falar daquilo que ele chama de superego. O modelo freudiano do nosso aparato anímico segue o modelo que separa o animal em nós (o *id*) da nossa racionalidade (o ego e o superego), que, na nossa experiência, é sempre perturbada pela nossa existência animal, pelas nossas pulsões, razão pela qual ele acreditava que a nossa civilização é caracterizada por um mal-estar[20].

---

17. Cf. KANDEL, E. *Das Zeitalter der Erkenntnis* – Die Erforschung des Unbewussten in Kunst, Geist und Gehirn von der Wiener Moderne bis heute. Munique, 2012.

18. Freud, em seu ensaio "Uma dificuldade no caminho da psicanálise". *In: Imago* – Zeitschrift für Anwendung der Psychoanalyse auf die Geisteswissenschaften (1917), p. 6s.

19. *Ibid.*, p. 4: "Todos nós sabemos que a pesquisa de Charles Darwin, de seus colaboradores e precursores, pôs um fim a essa presunção do ser humano há mais de meio século. O ser humano não é nada mais e nada melhor do que um animal, ele mesmo surgiu da sequência de animais, mais próximo de algumas espécies, mais distante de outras".

20. Freud estabelece uma distinção entre o ser humano e o animal em muitas passagens e em muitos sentidos, apesar de afirmar ao mesmo tempo que nós

A história da imagem da natureza, do corpo, do animal e do ser humano, que aqui só posso tocar de passagem, mostra-nos que, de um lado, é normal que o ser humano defina-se como animal, mas que, de outro, o respectivo conceito de animal também altera a imagem do ser humano. O campo de pesquisa interdisciplinar há pouco tempo propagado como *Animal Studies* e **antrozoologia** ocupa-se exatamente com isso. Dependendo de como entendemos o termo "animal", a nossa autoimagem, i.e., a nossa imagem do ser humano, muda, e isso tem consequências éticas. Quando insistimos que precisamos de uma ética animal, mas só pensamos em mamíferos e ignoramos os insetos, porque o nosso conceito de animal é pouco amplo, agimos de forma diferente do que quando consideramos como animais todas as formas de vida não vegetais que se locomovem de forma autônoma (talvez até bactérias) e que precisam ser tratadas de forma ética.

A declaração "O ser humano é um animal" torna-se, assim, diante de uma análise mais meticulosa, um tanto complexa – e é disso que trata esta parte do livro, pois de um lado é decisivo o que o ser humano entende quando fala de um "ser vivo" ou de um "animal" ao inserir-se num evento natural; de outro também é importante refletir sobre as características que o diferenciam dos outros seres vivos, i.e., dos animais, com os quais ele compartilha, de acordo com suas próprias palavras, a animalidade.

---

só somos animais. Em *O mal-estar na cultura*, por exemplo, ele escreve: "Está na hora de cuidarmos da essência dessa cultura, cujo valor de felicidade é colocado em dúvida. Não exigiremos nenhuma fórmula que expresse essa essência em poucas palavras antes mesmo de termos obtido algo da investigação. Basta, então, repetir que a palavra 'cultura' designa a soma das conquistas e instituições em que a nossa vida afasta-se dos nossos ancestrais animais e que servem a dois propósitos: à proteção do ser humano contra a natureza e à regulamentação das relações entre os seres humanos" (FREUD, S. *Fragen der Gesellschaft. Ursprünge der Religion*. Frankfurt, M., 1974, p. 220).

O animal lógico – como o ser humano torna-se animal

A história da lógica é impulsionada de forma decisiva justamente pela autodefinição do ser humano como *animal rationale*. Como já mencionamos, Aristóteles define o ser humano como aquele ser vivo que dispõe do *logos*, do qual deriva a ideia da lógica. A **lógica** é aquela disciplina fundamental da filosofia cujo objeto é o pensamento racional. Ela ocupa-se com a questão de como nós pensamos (i.e., devemos pensar) corretamente (i.e., racionalmente), é o pensar sobre o pensar. A essência da definição aristotélica do ser humano como animal do *logos* é que, com isso, nós também somos um *animal lógico*: ter um *logos* significa ser capaz de delimitar coisas e a si mesmo de outras coisas de modo claro, ou seja, ser capaz de adquirir conhecimento de si mesmo e de outras coisas.

Desde Aristóteles, a lógica ensina que o caso perfeito de uma definição consiste em determinar primeiro um gênero (*genos*, em grego; *genus*, em latim) ao qual algo pertence, para então diferenciá-lo de outras espécies (*eidê*, em grego; *species*, em latim). A origem da divisão científica de tudo o que vive em gêneros e espécies é a lógica grega antiga.

Desde os gregos da Antiguidade, a genealogia da vida remete a um gênero supremo, que é representado por seres divinos, que o ser humano deve imitar para tornar-se igual a eles. Nessa tradição, a ordem de gênero e espécie é vista como *hierarquia*: quanto mais alta a posição de algo na hierarquia, mais próximo ele está do topo da ordem de valores, do ser perfeito ou do bem. Hierarquia significa, em sua tradução literal, "ordem sagrada", e esse pensamento provém sobretudo da angelologia, ou seja, da discussão da Antiguidade tardia e medieval sobre como o ser humano relaciona-se aos anjos e a Deus como fonte de todo ser e todo pensamento. A obra clássica nessa área é o escrito *Sobre a hierarquia celestial*, de Pseudo-Dionísio, o Areopagita. Esse escrito tem sua origem no século V ou VI e analisa a ordem dos anjos. O autor desconhecido desse escrito cunhou o conceito da hierarquia, que sempre apresenta também uma dimensão teológica. Há milênios, o ser humano não se define apenas pelo que o distingue do animal (ou seja, dos outros animais), mas também por meio daquilo que o distingue dos seres divinos.

Esse aspecto não pode ser ignorado com uma referência ingênua a uma imagem secular do ser humano, tão popularizada hoje em dia, que nos vê como um elemento mais ou menos normal na série dos fenômenos naturais, pois muitos, talvez até a maioria dos seres humanos, acreditam também nos dias de hoje que nós ocupamos uma posição privilegiada no reino dos animais, acreditam até que temos uma alma imortal ou que nós renascemos, ou seja, que não somos idênticos ao nosso corpo animal, que, talvez, algum dia, poderá ser descrito na língua das ciências da vida atuais.

O conceito do animal que divide o reino dos seres vivos em gêneros e espécies não é, de acordo com sua origem, neutro em relação a valores. Desde o início ele contém valorações que ocorrem em níveis diferentes. Assim, diferenciamos, por exemplo, entre exemplares normais de uma espécie e suas variantes, de modo que os conceitos de ser humano, leão, pombo etc. são vistos como formas normais, dos quais se distinguem os exemplares deficientes – uma concepção que é criticada de maneira correta pelas teorias de gênero ou pelos *disability studies*.

Os filósofos gregos partiam da convicção básica de que os princípios fundamentais da ordem da realidade são, em sua essência, mais poderosos e melhores do que aquilo que depende desses princípios. Eles colocavam elementos como a água, o fogo e o ar no topo da ordem da existência, enquanto as coisas individuais encontradas na natureza eram vistas como manifestações de uma estrutura inferior a elementos fundamentais e mais poderosos do que nós. Ainda ouvimos um eco disso na ideia de que as leis naturais determinam (como se fossem leis divinas) o que pode acontecer. Afinal de contas, nada nem ninguém pode esquivar-se da força da gravidade. O conceito grego de um princípio (*arché*) não significa apenas começo, mas também império. Conceitos de ordem das ciências da vida e ideias de poder são tradicionalmente entrelaçados de modo estreito. Isso ainda está demasiado inscrito no nosso raciocínio, quando, por exemplo, nós nos vemos como produto final da evolução e acreditamos que ocupamos o topo do desenvolvimento porque acreditamos que toda a natureza depende de como nós vivemos.

> O que distingue uma espécie de todas as outras espécies dentro do mesmo gênero costuma ser chamado de **diferença específica**. O que nos interessa aqui é uma diferença específica (um agrupamento tipicamente filosófico, não um erro de impressão): a **diferença antropológica**. Ela consiste em como e em que o ser humano distingue-se de outros seres vivos[21].

O ponto de partida desta parte do livro é a convicção de que o ser humano transformou-se em animal quando ele começou a distinguir-se de modo específico dos outros seres vivos, i.e., quando começou a definir-se. Quando o ser humano define a si mesmo, ele introduz a ideia de que ele é um animal mais

---

21. Trabalhos mais recentes sobre esse tema filosófico-animal foram feitos por Markus Wild. Cf. esp.: *Die anthropologische Differenz* – Der Geist der Tiere in der frühen Neuzeit bei Montaigne, Descartes und Hume. Berlim; Nova York, 2006. Suas introduções recomendáveis: *Tierphilosophie zur Einführung*. Hamburgo, 2008; e ainda a GRIMM, H. *Tierethik zur Einführung*. Hamburgo, 2016.

alguma outra coisa (digamos, por exemplo: língua, razão, espírito, alma imortal) e, assim, ele não só se torna ser humano, mas também, a nosso ver, um animal especial. O ser humano é, portanto, um animal porque ele compreende-se como animal. Adaptando um ditado da grande filósofa existencialista Simone de Beauvoir, poderíamos dizer que o ser humano não nasce animal, ele torna-se animal[22].

O caso é diferente quando se trata de nós como seres humanos. Não precisamos tornar-nos seres humanos, nós já o somos durante o nosso desenvolvimento no ventre materno porque temos um DNA humano característico, que viabiliza fases de desenvolvimento que, primeiro, acontecem no ventre materno e, depois do nascimento, em comunidades maiores, e nisso se expressa a nossa forma de vida biologicamente descritível. Se isso é determinado por uma estrutura celular ou por uma escala temporal, que define a partir de quando, exatamente, um óvulo fertilizado torna-se um ser humano, é uma pergunta difícil e significativa do ponto de vista ético, com a qual não quero me ocupar aqui. Só sabemos que nós somos seres humanos muitos meses antes do nosso nascimento, de modo que nossa existência humana não é algo que podemos aprender e em que podemos fracassar. Nossa existência humana é inalienável e não é possível perdê-la. Nossa existência animal, i.e., nossa autodefinição como animal, porém, é historicamente contingente, i.e., outras imagens do ser humano eram e são possíveis[23].

---

22. Cf. BEAUVOIR, S. *Das andere Geschlecht – Sitten und Sexus der Frau*. Hamburgo, 1968, p. 265: "Não nascemos mulheres, tornamo-nos mulheres".

23. Vale observar que a nossa existência animal não é idêntica ao fato de o nosso corpo existir, pois esse fato biológico elementar é, como tantos outros fatos humano-medicinais, independente de como nós mesmos compreendemo-nos.

O algo específico

O ser humano não nasce como animal, i.e., ele não se desenvolve em animal no ventre materno para, então, por meio de um treinamento social, transformar-se em parte da sociedade cultural e espiritual da humanidade. O ser humano é, assim que se torna um ser vivo no ventre materno, um ser humano no sentido pleno da palavra. O ser humano não nasce como um *hardware* biológico no qual precisaria ser instalado um *software* cultural por meio da educação. É por isso que a dignidade humana só está vinculada à existência humana e a nenhuma outra condição – por exemplo, o desenvolvimento de habilidades e capacidades superiores.

Visto mais de perto, não é como Aristóteles imaginava, que o ser humano distingue-se dos outros animais por meio de suas características da razão e da organização política (que, ao lado da razão, ele considerava característica do ser humano)[24]. E nenhuma das outras concepções tradicionais, segundo as quais poderíamos identificar uma característica distintiva, um *definiens* do ser humano, que nos diferencia inequivocadamente de todos os outros animais, consegue representar a essência do ser humano.

> O ser humano não é intrinsicamente animal, mas por sua autodefinição. No contexto de sua resposta à pergunta de quem ou o que nós somos, o ser humano separa uma parte, a animalidade, de si mesmo. Essa separação é a origem do conceito equivocado de um reino animal no qual o ser humano destaca-se graças a características especiais e diferença específica.

Ao definir-se, o ser humano diferencia-se dos outros animais. Ele compreende-se como *animal + alguma coisa*. Esse algo

---

24. ARISTOTELES. *Politik*. Hamburgo, 1943, p. 4.

específico, que nos caracteriza, precisa, de acordo com essa lógica, estar ausente nos outros animais, caso contrário nós estaríamos delimitados de forma correta deles.

A dificuldade não é, como muitos acreditam hoje, que não existe tal característica especial da existência humana (na verdade, existem muitas dessas características); antes, ela consiste no fato de que nós mesmos identificamos dentro de nós um núcleo da existência animal, o conceito da animalidade. Compartilhamos essa animalidade com outros animais ao mesmo tempo em que acreditamos que nós nos diferenciamos deles por algo específico.

Quando o algo específico consiste em língua e racionalidade, das quais os outros animais carecem *per definitionem*, então essas faculdades precisam estar ausentes também na nossa animalidade. O "animal em nós" apresenta-se, portanto, como uma parte irracional da nossa alma, uma noção defendida sem restrições por Platão, o professor de Aristóteles.

Ocorre, porém, que, por meio da autodefinição do ser humano, a animalidade também é definida, pois, na nossa autodefinição, nós a separamos do nosso algo especial. Mas isso significa que a animalidade, por meio da qual nós nos definimos desse modo, já é algo deficiente, ou seja, ela representa uma falta, já que ela não representa todo o ser humano. Em suma, o conceito de animal que resulta da autodefinição do ser humano como animal + alguma coisa gera a ideia de um reino animal ao qual todos os animais pertencem da mesma forma, mas que também destacam-se dele por meio de características específicas. Assim, projetamos uma parte da nossa autodefinição, a existência animal deficiente, sobre os outros seres vivos. Ao contrário do animal humano, os animais animais são definidos como seres deficientes aos quais falta aquilo que nos diferencia.

E como se isso não bastasse, num segundo passo, o conceito da nossa animalidade já contém uma valoração implícita ou explícita, pois, há milênios, aquilo que diferencia e define o ser humano é visto não só como uma característica que nós temos, mas também como uma fonte especial de valores. E isso é correto, pois nós, os seres humanos, somos capazes de um tipo especial de reflexão moral, ou seja, somos capazes de desenvolver uma ética.

> Em geral, a ética pode ser considerada uma subdisciplina da filosofia, que se ocupa com a pergunta: o que todos nós, que somos seres humanos, devemos fazer ou deixar de fazer?[25]

Visto que todos nós somos capazes de entender os fundamentos das nossas ações e de definir como somos como seres humanos, nós também podemos mudar a nós mesmos. A forma como nós nos definimos como seres humanos determina quem nós somos, de modo que a antropologia passa a ser uma fonte decisiva da percepção de valores. Nós somos seres humanos também sem definição, por isso nossa dignidade humana não depende de uma definição nem de uma imagem do ser humano.

No entanto existem imagens do ser humano que questionam a nossa dignidade humana ou que desumanizam o ser humano, razão pela qual é importante observar de modo crítico como exatamente o ser humano delimita-se em relação a outras coisas ou a outros seres vivos.

O psicólogo norte-americano Barry Schwartz expressa isso de modo perfeito, quando, em seu livro *Trabalhar para quê?*, ele constata:

---

25. GABRIEL, M. Ética para tempos sombrios. Petrópolis, 2021. GABRIEL, M.; SCOBEL, G. *Zwischen Gut und Böse – Philosophie der radikalen Mitte*. Hamburgo, 2021.

> As teorias sobre a natureza humana ocupam um lugar peculiar nas ciências. Não existe razão para temermos que nossas teorias sobre o cosmo transformá-lo-ão. Os planetas pouco se importam com o que pensamos e quais teorias nós desenvolvemos sobre eles. No entanto é justificada a preocupação de que as nossas teorias sobre a natureza humana possam transformar a natureza humana em longo prazo. [...] A natureza do ser humano [...] é, em grande parte, produto da sociedade em que ele vive[26].

É, portanto, correto que o ser humano tenha uma responsabilidade especial por si mesmo e pelos outros seres vivos. Enquanto os leões não contemplam uma vida vegetariana e os chimpanzés não procuram estabelecer uma igualdade de gêneros, concretizando os objetivos justos do feminismo em suas instituições, nós, como seres humanos, somos capazes de tais revisões fundamentais e, portanto, de progresso moral. Por isso nós não somos apenas o problema que causa a mudança climática e a destruição do meio ambiente, somos também a única solução que pode nos salvar. Os outros seres vivos não tentarão diminuir a emissão de CO2 nem mudarão seus desejos de consumo. Cabe a nós revisar a nossa imagem da natureza, do animal e do ser humano se quisermos trabalhar em conjunto nesta Modernidade tecnológica deveras industrializada e globalmente conectada para que todos os seres humanos neste planeta possam ter uma vida digna.

A despeito de todos os progressos modernos, estamos muito longe disso. Precisamos sempre nos lembrar de que vários desses progressos humanos que tiraram muitas pessoas da pobreza extrema também geraram a mudança climática, a destruição do

---

26. SCHWARTZ, B. *Warum wir arbeiten*. Frankfurt, 2016, p. 20s.

meio ambiente e a produção de armas de destruição em massa, que provocaram essa pobreza na Modernidade. As crises de fome na Modernidade também são resultados do progresso científico-tecnológico e de cadeias de produção globais, que estão bastante vinculadas a ideias neoliberais, segundo as quais o comércio global automaticamente garante, de alguma forma, o progresso humano, o que é um equívoco, como comprova mais uma vez a guerra da Rússia contra a Ucrânia.

> Essa nossa capacidade de desenvolver uma ética não nos eleva acima dos outros seres vivos. Ela não justifica nenhuma pretensão de liderança ou poder sobre o Planeta Terra, no máximo é o fundamento para um convívio responsável uns com os outros e com os outros seres vivos, que compartilham conosco nosso habitat, i.e., a superfície do Planeta Terra.

A diferença antropológica por meio da qual nós nos diferenciamos de "outros animais" não é, em si, dada pela biologia, mas instaurada por nós. A capacidade de constatar tais diferenças, ou seja, de ter uma autoimagem, porém, é-nos dada. Embora esse fato implique que nós somos a fonte de percepção para valores objetivos que os outros seres vivos não percebem, é bem disso que segue que nós podemos perceber o que devemos aos outros seres vivos, i.e., como devemos agir em relação a eles. Visto que podemos agir de forma diferente, devemos nos comportar a fim de proteger os outros seres vivos. A ética animal vem do fato de que somos capazes de um juízo moral, o que também significa que nós precisamos perguntar-nos se podemos matar mosquitos à vontade (porque eles atacam-nos e ameaçam-nos) ou se, como no outono de 2020, na Dinamarca, podemos matar milhões de doninhas porque elas foram infectadas pelo coronavírus e nós temos medo de novas variantes (que vieram do ser humano e não das doninhas!). Nossos animais domésticos, porém, e nossos parentes, os primatas, devem ser tratados com carinho. Nossa ética animal cotidiana é, em grande parte, antropocêntrica, porque nós simpatizamos com alguns "animais", mas não com outros. É aqui que se evidencia o mecanismo de projeção que eu critico a seguir. A ética animal só poderá progredir se superarmos o conceito de animal dominante ou o transformarmos de modo que o antropocentrismo seja superado, o que se manifesta no fato de nós simpatizarmos com "animais" com os quais convivemos no nível mesoscópico, ao mesmo tempo em que nós, como humanidade, somos responsáveis pela extinção do maior número de animais há milhões de anos.

A natureza não é um safari

No contexto de sua autodefinição, o ser humano ignora que os outros animais não chegam nem perto de terem tanto em comum a ponto de, ao contrário dele, serem essencialmente todos iguais. Não nos encontramos em algum tipo de safari organizado pela natureza, no qual nos perguntamos, a partir de um ponto de observação mais ou menos seguro, de que modo fazemos parte do reino animal e, ao mesmo tempo, destacamo-nos dele.

Em decorrência da revolução darwinista, que permitiu explicar a evolução das espécies animais a partir de princípios dos quais, sobretudo graças às conquistas microbiológicas, surgiram as ciências da vida, a autodefinição do ser humano curiosamente mudou muito pouco. Uma pessoa que hoje expressa a tese de que o ser humano é um animal, costuma querer dizer com isso algo deste tipo: somos descendentes dos macacos ou, de modo mais preciso: existem antepassados que os primatas humanos e os primatas não humanos têm em comum. Portanto nós nos encontramos em algum galho da evolução que, como um todo, remete a formas primordiais da vida, a partir das quais, por meio da variação de genótipos e fenótipos, que hoje podem ser investigados com grande precisão, todas as espécies animais conhecidas formaram-se.

Mas essa concepção do ser humano como animal não é uma percepção cientificamente comprovada da nossa essência. A pesquisa evolucionário-biológica da animalidade não explica o ser humano, tampouco como a pesquisa geológica do mármore explica o *Davi* de Michelangelo. O que ela explica com sucesso são os detalhes causais da interação entre diferentes sistemas celulares naqueles organismos que nós identificamos como exemplares do ser humano. Sem processos vitais no nível celular não existiriam seres humanos. No entanto disso não segue que nós somos idênticos a eles, ou seja, que nós somos amontoados complexos de células.

> A nossa animalidade, a existência animal, fundamenta-se naqueles processos graças aos quais nós vivemos e sobrevivemos. Esses processos físicos e bioquímicos são encontrados também fora do ser humano. Mas visto que sempre precisamos definir a nós mesmos para sermos animais, não nos esgotamos nesses processos. Ser animal e ser vivo de modo cientificamente perceptível são duas coisas diferentes. Contudo isso também significa que as imagens do ser humano que pretendem desvincular a nossa existência humana desses processos e da nossa animalidade são errados, por exemplo, quando nos identificam a partir de uma alma imortal que se perdeu num corpo humano.

Precisamos nos perguntar como a nossa imagem de nós como animais relaciona-se ao nosso conhecimento humano-biológico, que, de forma alguma, é completo nem pode ser completo, visto que os sistemas biológicos, graças aos quais nós somos animais humanos, não podem ser conhecidos em sua totalidade. O sistema nervoso humano (incluindo o cérebro, que está intimamente vinculado aos nossos processos mentais) é complexo e dinâmico demais para nutrirmos uma esperança realista de entendê-lo em seu funcionamento a ponto de podermos prever ou até controlar o seu desenvolvimento dinâmico[27].

A tese segundo a qual o ser humano *torna*-se animal por meio de sua autodefinição como animal não significa, porém, que a teoria da evolução, a pesquisa biológico-molecular ou humano-medicinal esteja equivocada. Significa, antes, que os processos elementares da vida, que são investigados pelas ciências da vida, não podem reconhecer por inteiro a nossa existência humana. O ser humano é (como todos os outros seres vivos também) sempre mais do que um acúmulo complexo de células; uma visão da existência humana e animal que nos reduz a processos celulares só resulta quando ignoramos que nós somos seres vivos espirituais que não podem ser plenamente identificados com sua constituição orgânica.

Aristóteles acreditava que nós podemos identificar a essência da animalidade humana no fato de que "um ser humano gera um ser humano"[28]. Embora os seres humanos não possam ser cruzados com leões porque eles são incapazes de produzir descendentes biológicos por meio da reprodução sexual, isso funciona entre seres humanos. Para Aristóteles, a capacidade de reprodução dentro de uma espécie representa a animalidade por meio da qual nós não nos diferenciamos de outros animais,

---

27. GABRIEL, M. *Eu não sou meu cérebro*. Petrópolis: Vozes, 2018.

28. ARISTOTELES. *Metaphysik* – Schriften zur ersten Philosophie. Stuttgart, 1970, p. 304.

pois leões e girafas também não podem ser cruzados. Essa concepção é, ainda hoje, considerada o padrão para a definição das espécies ("espécies = unidades geneticamente isoladas e reprodutoras"[29]).

Mas já aqui, Aristóteles, e, com ele, grande parte das ciências humanas modernas, muito mais avançadas em termos biológico-evolucionários do que na Antiguidade, encontram-se num dilema, pois nem todos os seres humanos são capazes de reprodução. Quando analisamos os exemplares humanos, vemos que não só as crianças são incapazes de reproduzirem-se até determinada idade, mas também muitos humanos adultos. Portanto é errado acreditar que a nossa animalidade, a nossa inclusão numa espécie, possa ser definida pelo fato de sermos capazes de reprodução, visto que isso também aplica-se a outros seres vivos e não caracteriza o ser humano. Seres humanos jovens não são capazes de reprodução e isso vale também para muitos outros seres vivos jovens. Além disso, vale para os seres vivos que nem todos os indivíduos são capazes ou estão dispostos a reproduzirem-se.

A convicção de Aristóteles segundo a qual deveríamos definir as espécies no contexto de uma teoria da reprodução própria, ou seja, da reprodução de formas semelhantes, exerce uma influência até hoje. Da *genealogia*, que se ocupa com a origem geral de formas, surgiu mais tarde a *genética*, graças à qual podemos reconhecer os detalhes dos planos de construção dos organismos.

Vale observar que Darwin não conseguiu resolver de forma concreta o **problema da especiação**, i.e., da formação das espécies, pois ele "nada sabia de genética", como constata o filósofo

---

29. Por exemplo, MUNK, K. (org.), *Taschenlehrbuch Zoologie*. Stuttgart; Nova York, 2010, p. 5.

norte-americano Daniel C. Dennett[30]. Dennett observa que o critério da impossibilidade de cruzamento (quando duas formas de vida não podem gerar descendentes comuns por intermédio da reprodução sexual) "não é nítido nos limites"[31]. O **critério do isolamento reprodutivo** não é suficiente para solucionar o problema da especiação. No entanto, desde a vinculação da teoria da hereditariedade de Gregor Mendel à genética moderna (que, até que enfim, conseguiu comprovar a existência dos genes), ele ainda é visto como elemento essencial do **neodarwinismo** (i.e., darwinismo + genética).

O neodarwinismo é novo no sentido de que ele junta as linhas hereditárias geneticamente investigáveis com as ideias da seleção natural de Darwin, o que é praxe nas ciências da vida modernas[32]. Além disso, ele é controverso porque, muitas vezes, ele apresenta-se em conjunto com a concepção ultrapassada do gene egoísta, i.e., com a ideia de que, no fundo, nós somos lutadores individualistas cujo único propósito é transmitir seus genes para a próxima geração. Mas o médico e neurocientista Joachim Bauer argumentou há pouco tempo que, porventura, poderíamos falar de empatia até no nível dos genes[33].

Embora a genética e as chamadas ciências da vida forneçam-nos resultados de pesquisa pertinentes e, portanto, fatos, elas ainda não conseguem solucionar o enigma de como nós podemos definir-nos de modo sensato como animais. A *ideia*

---

30. DENNETT, D.C. *Darwins gefährliches Erbe – Die Evolution und der Sinn des Lebens.* Hamburgo, 1997, p. 55.

31. *Ibid.*, p. 56.

32. Sobre a discussão da pergunta biofilosófica de como podemos definir uma espécie, cf., por exemplo, ERESHEFSKY, M. (org.). *The units of evolution* – Essays on the nature of species. Cambridge, 1992.

33. Cf. BAUER, J. *Das empathische Gen* – Humanität, das Gute und die Bestimmung des Menschen. Friburgo; Basileia; Viena, 2021.

apenas aparentemente *neutra* de que os animais seriam aqueles seres vivos que se organizam e se reproduzem, que são divididos em espécies e capazes de gerar descendentes, formula implícita ou até explicitamente um *ideal normativo*, que afirma que a nossa animalidade depende da nossa capacidade de reprodução. Quem não consegue reproduzir-se não seria, então, um animal nem um ser humano, ou seria um animal e um ser humano com um déficit.

Nesse ponto, é válido um argumento central das *teorias de gênero*: a autocompreensão do ser humano como animal capaz de reproduzir-se expressa direta ou indiretamente um ideal normativo da organização das sociedades humanas[34]. A partir da concepção do ser humano como um animal capaz de reproduzir-se surgiram formas socialmente muito eficazes da ideologia e uma ordem reprodutiva social que determina de modo normativo de que maneira nós, seres humanos, somos bem-sucedidos como animais. Ainda hoje, a definição do ser humano como animal e da existência animal por meio da capacidade de reprodução resulta em ideologias e, em parte, concepções absurdas da sexualidade humana – basta pensar nas discussões religioso-fundamentalistas sobre contracepção.

> A contracepção só pode apresentar-se como um problema moral porque a capacidade e a disposição de reprodução são usadas para definir o animal humano, o que é um caso da **estrutura de projeção**, que será descrita a seguir. Primeiro, o ser humano cons-

---

34. Para uma visão geral do amplo campo de pesquisa, cf. KORTENDIEK, B. et al. (orgs.): *Handbuch Interdisziplinäre Geschlechterforschung*. Wiesbaden, 2019. Para um contexto adicional, que leva em conta não só o gênero, mas também outras características que se sobrepõem ao gênero, razão pela qual falamos também de interseccionalidade, cf. MEYER, K. *Theorien der Intersektionalität zur Einführung*. Hamburgo, 2017.

tata sua própria animalidade e tenta identificar características que ele compartilha com outros animais. Disso surge, então, o conceito do animal em geral.

No próximo passo, a existência animal volta a ser aplicada ao ser humano, ou para domesticá-lo, por meio de cultura e de civilização, ou para identificar-se normativamente com ele (rejeitando a contracepção e elevando a capacidade de reprodução da nossa espécie animal a um dever).

O antropoceno como superestimação própria

O desenvolvimento moderno da biologia como ciência da vida fez com que, hoje, o ser humano insira-se no reino animal à luz de determinadas pesquisas. O mais tardar desde Darwin, muitos acreditam que somos animais no mesmo sentido de todos os outros seres vivos que nós classificamos como tais[35]. O ser humano é uma espécie entre outras e ele evoluiu de acordo com os mesmos princípios que podem ser pesquisados pela ciência natural e, sobretudo, pela biologia molecular, como todas as outras formas de vida. Isso é correto.

No entanto o ser humano distingue-se de todos os outros animais não só em termos zoológicos ou genéticos, ou seja, não só pelo fato de só poder gerar descendentes com outros seres humanos (o que, como já mencionamos, nem vale para todos os seres humanos individuais). Os seres humanos fazem muitas coisas que nenhum outro ser vivo é capaz de fazer: nós viajamos em aviões para passar as férias numa praia; plantamos vinhas; praticamos ciências naturais e humanas; trabalhamos em prédios comerciais; exploramos outros seres humanos para satisfazer

---

35. Importante representante dessa posição é a obra: DENNETT, D. C. *Darwins gefährliches Erbe. Die Evolution und der Sinn des Lebens*. Hamburgo, 1997.

nossa ganância de consumo; escrevemos romances; defendemos o feminismo e os direitos de pessoas trans; realizamos eleições; programamos computadores; aprendemos línguas estrangeiras e lemos este livro.

O ser humano distingue-se dos outros seres vivos de infinitas maneiras. Esses outros seres vivos também são diferentes entre si: bactérias, fungos, girafas, botos, morcegos, árvores etc. não podem ser inseridos em um mundo homogêneo das plantas ou dos animais. Bactérias e morcegos fazem coisas igualmente diferentes, têm habilidades diferentes, como os seres humanos e os campos. As bactérias são capazes de existir junto a fontes quentes no mar profundo e produzem oxigênio; morcegos têm uma percepção da realidade bem diferente da nossa. Nossa inteligência e nossas capacidades de solucionar problemas estão adaptadas ao nosso ambiente, e disso não devemos deduzir que elas representam alguma norma absoluta. Os líquens, presentes em muitos lugares do mundo e de vida bastante longa, não se inserem de maneira fácil no esquema 'planta, animal, ser humano', tampouco as bactérias – sem falar dos vírus, que exercem um papel essencial no reino dos seres vivos sem inserirem-se de maneira perfeita em lugar algum.

Por isso deveríamos questionar nossa convicção segundo a qual algum ser vivo seria *apenas* um animal, ou seja, um evento natural controlado por seus instintos, que só se interessa pela sobrevivência própria e pela sobrevivência da sua espécie. O reconhecimento de que o ser humano não é *apenas* um animal faz parte da biologia evolutiva tanto quanto o reconhecimento de que o nosso organismo desenvolve-se de acordo com um plano genético-molecular que se parece bastante com o de alguns outros seres vivos.

O debate sobre o que distingue o ser humano de outros animais apesar de ele inserir-se no reino animal está longe de ser concluído. O próprio Charles Darwin fez questão de identificar a diferença entre o ser humano e os outros animais sem comprometer seu reconhecimento recém-adquirido sobre a origem das espécies. No quarto capítulo de sua obra *A descendência do homem*, ele fala em detalhe sobre "as habilidades intelectuais do homem e dos animais" e inicia suas reflexões da seguinte forma:

> Eu assino a opinião dos autores que afirmam que, entre todas as diferenças entre o homem e os animais, o sentimento moral ou a consciência é a mais significativa. Esse sentimento [...] expressa-se de forma concentrada naquelas palavras sucintas e significativas, porém autoritárias, "você deve!". É o mais nobre de todos os atributos do homem; ele o impulsiona a não hesitar em arriscar sua vida por outra criatura ou, após reflexão cuidadosa, simplesmente por meio do senso profundo de justiça ou dever, sacrificá-la por alguma causa importante[36].

Logo em seguida, Darwin continua com uma citação de *Crítica da razão prática*, de Kant[37]. Com isso, ele insere-se, de forma um tanto surpreendente, de modo claro na tradição de Kant, que entende o ser humano como um ser vivo moral, que é receptivo para o imperativo categórico. Este afirma que nós sempre deve-

---

36. DARWIN, C. *Die Abstammung des Menschen*. Stuttgart, 1982, p. 75.

37. Darwin cita a seguinte passagem de Immanuel Kant: "*Dever!* nome grande e nobre, que nada tens de querido que inclua bajulação, mas exige submissão, mas também não ameaças, o que causaria rejeição natural na alma e assustaria para motivar a vontade, mas simplesmente estabeleces uma lei que, de modo automático, invade a alma e, contra sua própria vontade, adquire admiração (mesmo que nem sempre obediência), diante da qual todas as inclinações se calam, embora ajam secretamente contra ela, que é tua origem digna e onde se encontra a raiz de sua nobre ascendência [...]?" (cf. KANT, I. *Kritik der praktischen Vernunft*. Stuttgart, 1998, p. 139s., p. 154 da primeira edição).

mos agir de tal forma que a nossa ação poderia servir como uma regra absoluta, como uma lei que vale para todos. As formulações diferentes que Kant encontrou para esse imperativo expressam todas as convicções fundamentais de que uma ação moralmente boa é válida de modo pleno, ou seja, que ela independe dos interesses individuais de uma pessoa. Portanto a moral excede em muito o altruísmo, pois este pode conter um interesse próprio; para a moral, porém, Kant afirma que nós podemos fazer o que é correto sem qualquer interesse próprio.

Darwin acredita que existem pré-formas de normatividade moral, ou seja, de um dever incondicional, também em outros seres vivos, nos animais; no entanto ele destaca o homem claramente deles. Assim, ele alega, por exemplo, que os cachorros "têm algo semelhante à consciência"[38] e que, em termos gerais, "o sentimento moral separou-se dos instintos sociais originais"[39]. Além disso, Darwin acata juízos racistas de seu tempo em relação aos "selvagens", que percorrem toda a obra. Para ele, os "selvagens" só são seres humanos num sentido limitado e, em certo sentido, eles são piores do que os animais, mas isso é outro tema.

Se até mesmo Darwin, o fundador da teoria da evolução, acredita que o ser humano não se insere perfeitamente no reino animal, isso mostra, no mínimo, que a relação entre a nossa imagem do homem e a nossa imagem do animal não pode ser considerada resolvida com uma simples referência a Darwin e à teoria da evolução, pois de forma alguma ele inseriu-nos de maneira equivocada no reino dos animais, como costumamos imaginar hoje em dia.

---

38. DARWIN, C. *Die Abstammung des Menschen*, p. 77.

39. *Ibid.*, p. 85.

Como ressalta o pesquisador de complexidade Dirk Brockmann, é preciso lembrar também que os conceitos de animais e plantas de Darwin baseiam-se em observações que abarcam apenas "um segmento pequeno da natureza"[40]:

> Suas argumentações referem-se a fenômenos que observamos em animais e plantas "grandes". Todo o mundo microbiológico permaneceu oculto a Darwin. E se nos lembrarmos de que a diversidade de espécies entre os micro-organismos (bactérias e arqueias) é mais ou menos 100.000 vezes maior do que a de todas as plantas e animais, a teoria baseia-se num grupo marginal das formas de vida[41].

Portanto o reconhecimento de que o ser humano é um animal parece ser tão lógico hoje em dia que ele já faz parte dos conhecimentos gerais. Por outro lado, essa "lógica" aparente é questionada implícita ou até explicitamente pela pesquisa das ciências da vida, que dissolvem o conceito de animal quando o submetem a uma análise mais minuciosa.

O reconhecimento da nossa existência animal é limitado, implícita ou ocultamente, pelo fato de o ser humano imaginar-se como fator muito importante dos estados planetários ou como topo de uma árvore genealógica. Na era da crise climática, a fala do "antropoceno", que remete ao químico e vencedor do prêmio Nobel Paul Crutzen (falecido em 2021), goza de grande popularidade. Na era do **antropoceno**, o ser humano teria se tornado o fator geológico decisivo, o que se expressaria na intensidade da mudança climática produzida pelo homem.

---

40. BROCKMANN, D. *Im Wald vor lauter Baumen* – Unsere komplexe Welt besser verstehen. Munique, 2021, p. 190.

41. *Ibid.*, p. 190.

Há milênios, espécies são extintas por causa da atividade humana, portanto a biodiversidade diminui e isso também muda os processos em muitos níveis da evolução da vida. Embora seja bastante correto que somos responsáveis pelos danos enormes causados aos nossos fundamentos da vida, já que, dia após dia, nós alimentamos a mudança climática com o nosso estilo de vida, com o nosso trânsito, com a nossa indústria e, infelizmente, também com as nossas guerras terríveis, muitas vezes nós nem nos damos conta disso. Uma pessoa que, por exemplo, assiste a um documentário sobre a mudança climática numa plataforma de *streaming*, emite em meia hora mais ou menos a mesma quantidade de $CO2$ que uma pessoa que percorre entre seis e sete quilômetros com seu carro movido a gasolina (é o que afirmam alguns cálculos)[42]. Clique após clique, *like* após *like*, pesquisa após pesquisa, nós contribuímos para o aquecimento da Terra, sem falar na quantidade gigantesca de energia consumida pelos servidores graças aos quais a humanidade pode conectar-se globalmente pela internet.

É, então, uma ironia amarga que a espécie tida como a mais evoluída encontra-se a caminho de sua extinção e até sabe disso. Mas a mensagem da teoria da evolução nesse momento é que nenhuma espécie encontra-se no topo de uma árvore genealógica, pois a evolução não é uma linha, mas uma rede complexa de diferentes desenvolvimentos que não estão sob o nosso controle. Por isso é uma superestimação própria do ser humano quando ele acredita viver no antropoceno, pois ele não tem importância

---

42. Aqui, o estudo em: https://theshiftproject.org/wp-content/uploads/2019/07/2019-02.pdf; e um pouco de discussão crítica em: https://www.br.de/wissen/netflix-klimaschaedlich-planetb-streamen-oekologischer-fussabdruck-berechnung-100.html. Quaisquer que sejam os detalhes energéticos (e eu não sou especialista nessa área), sabemos que a digitalização contribui bastante para o aquecimento da Terra e por isso não deve ser subestimada.

para o planeta. O planeta em si não percebe se estamos vivendo no antropoceno, e a tal da natureza não se importa com os tipos de biodiversidade que existem. Na verdade, formulações como "a natureza não se importa conosco" ou "a natureza é cruel porque ela não se interessa por nós" são falsamente antropocêntricas porque, para a natureza, nada importa ou não importa. A mudança climática causada pelo ser humano é um problema para ele e para muitos outros seres vivos, mas não é nem destruição da natureza, nem mesmo o início do fim da vida. Não somos capazes de destruir a natureza, e nós não somos nem início, nem fim da história da vida.

Por isso o conceito do antropoceno ainda não conseguiu inserir-se nas descobertas oficiais das ciências da Terra. Trata-se de um conceito popular, mas não é um conceito geologicamente reconhecido. O sociólogo francês pós-moderno Bruno Latour vê nisso um descaso no qual se expressaria uma concepção retrógrada da Terra[43].

---

43. Cf. a abordagem especulativa em Bruno Latour: *Kampf um Gaia* – Acht Vortrage über das neue Klimaregime. Berlim, 2017; sobretudo, a quarta palestra. Não cabe delinear aqui as muitas diferenças entre as reflexões desenvolvidas no texto principal e a tentativa de Latour de superar os conceitos do ser humano e da natureza. No entanto considero a seguinte passagem a expressão de uma conclusão errada: "Visto que a natureza nada mais é do que um elemento dentro de um complexo de, no mínimo, três conceitos, aos quais a cultura pertence tanto quanto aquele que determina as características dos dois. Nesse sentido, não existe natureza, não, pelo menos, como domínio próprio, apenas como a metade de um par definido por um único conceito" (*Ibid.*, p. 40; cf. tb. p. 245 e 380). Aqui se revela mais uma vez a herança construtivista de Latour: ele contesta a existência de uma natureza independente de nós porque acredita que o conceito da natureza aplica-se apenas em contraste com o conceito de cultura. Esse é o mesmo tipo de conclusão errada como aquela que afirma que não podemos imaginar uma floresta independente de nós sem imaginá-la e, então, deduzir disso que não existem florestas independentes da nossa imaginação. A verdade é que nós imaginamos, sim, uma floresta independente, o que não é muito difícil. Latour precisaria fazer mais para demonstrar que a natureza como um todo depende, num sentido profundo, de seu contraste com a cultura.

A imagem relacionada à expressão do "antropoceno" da posição geológica central do ser humano ainda parte do pressuposto da posição de exceção do ser humano. Quando atribuímos a nós mesmos a capacidade de representar um perigo para o planeta como um todo e para todos os seres vivos, nós nos superestimamos e projetamos uma imagem da biosfera na qual ainda somos a coroa – mesmo que diabólica – da criação. O aquecimento da Terra causado pelo ser humano, do qual nenhum ser humano sensato pode duvidar há décadas, não deveria, portanto, ser usado como fundamento para uma narrativa errada. O ser humano não é coroa da criação nem seu destruidor. No entanto isso não pretende negar o fato de que nós colocamos em risco ou até destruímos o fundamento de sobrevivência de muitos seres vivos e que somos responsáveis pela extinção em massa de inúmeras espécies.

Também popular é a ideia de que só existiria uma única sequência evolutiva das espécies, em cujo fim estaria o ser humano. Porém não existe apenas uma única linhagem evolutiva, mas muitas ramificações e variações, que não parecem seguir a um princípio orientador. As vias evolutivas das muitas formas de vida que conhecemos hoje podem, no máximo, ser avaliadas biologicamente segundo o êxito ou a resistência das formas de vida. Se as classificarmos segundo esse critério, o ser humano com certeza não é um ser vivo muito bem-sucedido. Muitas das formas de vida que existem hoje, como bactérias, fungos e plantas, continuarão a existir por muito tempo após a extinção do ser humano. Se, portanto, existisse algo ou alguém que merecesse o título de "coroa da criação" ou "topo da evolução", seria uma forma de vida microbiológica e não um daqueles seres vivos que costumamos identificar como animais.

Em todo o caso, ainda não foi decidido se a época da existência humana é, sob uma perspectiva biológica, tão significativa como ela nos parece ser. Mesmo assim, o ser humano ocupa, como veremos mais adiante, o centro, i.e., o centro da vida espiritual. Nossas capacidades de autodeterminação espiritual e, portanto, também a autodefinição são um fenômeno de exceção. Por isso deveríamos também reformular a pergunta pelo sentido da vida e não tentar respondê-la exclusiva ou primariamente a partir das ciências da vida. É disso que tratará a segunda parte deste livro.

O entrelaçamento: plantas, morcegos, fungos

A fim de tirar do caminho a ideia de que o homem seria, de um lado, um animal no sentido biológico e, de outro, de importância especial (positiva ou negativa) para o nosso planeta, basta realizar um simples experimento mental: pergunte-se com que forma de vida uma civilização alienígena inteligente entraria em contato se ela observasse o nosso planeta. Partindo do pressuposto de que os alienígenas não apresentassem uma forma semelhante à nossa (como imagina a maioria das fantasias de ficção científica de forma um tanto ingênua), eles poderiam, ao analisarem as formas de vida encontradas no nosso planeta, preferir comunicar-se mais com as plantas do que com os animais, pois as plantas representam uma parte impressionante da biomassa e, em muitos níveis, dos quais não costumamos ter consciência, elas são os formadores reais dos processos de tudo que vive – um tema que, nas contemplações filosófica e biológica, exerce um papel cada vez mais importante[44]. Mas, talvez, os alienígenas

---

44. Cf. MANCUSO, S. *Die Pflanzen und ihre Rechte* – Eine Charta zur Erhaltung unserer Natur. Stuttgart, 2021. • MANCUSO, S.; VIOLA, A. *Die Intelligenz*

preferissem comunicar-se com as bactérias ou com os fungos, pois eles ocorrem em toda a parte, até no mar profundo e na estratosfera, e fazem uma contribuição significativa para a história natural da vida.

Quando nos colocamos na posição da vida não animal, a húbris humana, segundo a qual nós seríamos o topo da evolução, no sentido positivo ou negativo, relativiza-se. A realidade é que as diferentes formas de vida encontradas no nosso planeta formam um entrelaçamento, um tecido, no qual não existem hierarquias biológicas. A realidade da vida consiste no fato de que existe uma abundância transbordante de vida, o que levou o filósofo Gilles Deleuze e o psicanalista Félix Guattari, já na década de 1970, a partirem de *rizomas*, ou seja, de entrelaçamentos subterrâneos e não de árvores genealógicas para descrever as evoluções da vida[45]. A vida prolifera-se e produz entrelaçamentos que podem ser tão complexos quanto o sistema nervoso humano, que se apresenta como cada vez mais complexo quanto mais as ciências neurológicas estudam-no.

---

der Pflanzen. Munique, 2015; e os livros populares de Peter Wohlleben, como: *Das geheime Leben der Bäume* – Was sie fühlen, wie sie kommunizieren – die Entdeckung einer verborgenen Welt. Munique, 2015. Outra fundamentação da ontologia da vida pode ser encontrada em SHELDRAKE, M. *Verwobenes Leben* – Wie Pilze unsere Welt formen und unsere Zukunft beeinflussen. Berlim, 2020. Porém, uma maior influência sobre a atmosfera podem ter os micro-organismos, como as bactérias, o que afirma a famosa "hipótese de Gaia", de James Lovelock. Cf., p. ex., *Unsere Erde wird überleben* – Gaia: Eine optimistische Ökologie. Munique, 1982. E, como exemplo mais inquietante, LOVELOCK, J. *Gaias Rache* – Warum die Erde sich wehrt. Berlim, 2017. O sociólogo pós-moderno Bruno Latour chega a considerar Lovelock como o Galileu Galilei da Pós-modernidade, que teria iniciado uma nova era e um novo regime climático. Cf. LATOUR, B. *Kampf um Gaia* – Acht Vorträge über das neue Klimaregime. Berlim, 2017. Não cabe discutir criticamente essas posições aqui. Cito essa literatura para orientar os leitores.

45. DELEUZE, G.; GUATTARI, F. *Rhizom*. Berlim, 1977.

Os seres vivos formam um rizoma – uma descoberta que é, no mínimo, tão antiga quanto a famosa teoria das ideias de Platão. Em seu diálogo *Sofista*, no qual Platão ocupa-se com a pergunta sobre como aparência, equívoco e não ser podem ser pensados e superados pela filosofia, ele desenvolve a tese segundo a qual os nossos pensamentos – para os quais ele cunhou a palavra "ideia (ἰδέα, εἶδος)" – formariam um tecido vivo de entrelaçamentos, uma *symplokê* (συμπλοκή). Isso faz de Platão não só o precursor da internet, mas aponta, sobretudo, para o fato de que ele reconheceu que a vida (ζωή) prolifera-se sem controle e que dela rebentam formas[46].

> Nesse tecido de entrelaçamentos, o ser humano ocupa uma posição importante, pois somos aqueles seres vivos em que o tecido alcança autoconhecimento: a natureza sabe de si mesma porque nós sabemos dela. O ser humano é, pelo que sabemos, o único ser vivo no qual a natureza ou o universo reconhece a si mesmo.

Outra maneira evidente de questionar a superestimação própria do ser humano e que a teoria da evolução não conseguiu superar, consiste em colocar-se na posição de seres vivos que dispõem de outros órgãos sensuais diferentes, ou seja, mais adaptados. Do ponto de vista de um golfinho ou de um morcego, ou até mesmo de uma ratazana, o ser humano é uma criatura um tanto miserável – ele não consegue voar, não consegue nadar muito bem nem consegue comunicar-se por meio de um sonar, não têm uma comunidade estável e têm um olfato ruim.

---

46. Por exemplo, a famosa passagem, em seu diálogo sofista: "Mas, por Zeus, como alguém pode querer que acreditemos que o ente absoluto realmente não possua movimento, nem vida, nem alma, nem percepção, ou seja, que ele não seja vivo nem raciocine, mas que permaneça em santidade, despido de qualquer razão, e em total imobilidade?" Cf. PLATÃO. *Sämtliche Dialoge*. Vol. VI. Hamburgo, 1998, p. 89.

Quem sabe se nossos animais domésticos, em especial os gatos e os cachorros, não têm pena de nós e por isso nos trazem o galho que jogamos ou, de vez em quando, um rato que caçaram durante a noite. Outros seres vivos localizam suas vítimas ou membros de sua espécie por meio de níveis da realidade que se tornaram acessíveis aos nossos sentidos apenas pelos aprimoramentos tecnológicos. Contanto que pensem em comparar-se conosco, eles poderiam cair vítima da nossa mesma ilusão e superestimação. Sim, eles poderiam até desenvolver **preconceitos especistas**, ou seja, poderiam acreditar que a espécie deles, por causa de suas peculiaridades (por exemplo, por causa de uma visão extraordinária nos pássaros ou do sonar nos morcegos), é muito superior ao ser humano tão limitado, ainda mais por ele ser tão tolo a ponto de poluir e destruir o seu próprio meio ambiente e achar-se tão inteligente ao fazê-lo. Portanto a evolução das espécies deveria ensinar-nos a percepção radical de que a natureza não é organizada hierarquicamente: as formas de vida que antecedem ao ser humano não se inserem em algum tipo de linha com o ser humano e não culminam de forma mais ou menos aleatória nele. No colorido reino da vida, nós somos um fenômeno tão marginal quanto na estrutura do universo descrito pela astrofísica. A nossa posição na Via Láctea encontra-se em algum ponto em alguma das inúmeras galáxias, que, do nosso ponto de vista, só é especial porque nós estamos nela. Na verdade, até mesmo isso é um exagero, porque os conceitos de um centro e de uma periferia no universo ou na teoria da evolução não fazem sentido. Por isso a afirmação segundo a qual nós seríamos apenas um animal periférico num planeta periférico diz mais sobre nós mesmos do que sobre a nossa posição real no universo, como veremos na segunda parte do livro.

A ideia de uma árvore genealógica que abarque todas as espécies, que parte de seres vivos muito simples e, então, ramifica-se, oculta a descoberta radical das modernas ciências da vida de que o planeta ferve de vida em todos os níveis. Sob o ponto de vista biológico, as inúmeras formas de vida não têm uma hierarquia nem existe um desenvolvimento direcionado. Além disso, estamos muito longe de termos descoberto todas as espécies e de entendermos como todas essas formas estão conectadas evolutivamente. E é essa uma descoberta importante das modernas ciências da vida, que descobrem cada vez mais sobre os detalhes da vida, mas são obrigadas a reconhecer que elas não têm como obter uma visão geral da existência como um todo.

Cada ser humano individual é um zoológico de seres vivos, que se fundem simbioticamente no nosso organismo, i.e., eles convivem de tal forma que todos eles tenham uma vantagem em sua sobrevivência. Sem essa convivência, ou seja, sem simbiose, nós não existiríamos. O microbioma humano, i.e., os vírus, as bactérias e os fungos que nos colonizam abrangem um número muito maior de células do que o ser humano sem microbioma, que, sem essa conexão com outros seres vivos, não conseguiria sobreviver.

Portanto somos parte da natureza num sentido muito mais radical do que reconhecemos no dia a dia, pois no nosso cotidiano como seres vivos espirituais, nós tentamos domesticar a nossa própria fisicalidade por meio da construção de muitas camadas culturais (desde a roupa até as formas mais elevadas da arte, desde a organização de grupos pequenos, como as famílias, até a formação de Estados), graças às quais aparentamos manter à distância e controlar a natureza dentro e fora de nós[47].

---

47. Dessa forma, a nossa sociedade hierarquicamente organizada reflete-se também em nossa imagem da natureza e do animal, razão pela qual já se discu-

Continuidade, descontinuidade ou ambas?

Embora a maioria das pessoas parta do pressuposto de uma história ramificada da evolução animal-ser humano, muitas continuam a acreditar que elas não são animais, que, por causa de seu senso, de sua razão, de seu espírito ou de qualquer outra capacidade especial, que nos caracteriza como ser humano, o lugar que nos cabe não é o reino animal. Em especial os criacionistas modernos (que acreditam que Deus criou o universo e todos os seus seres vivos há apenas alguns milhares de anos) rejeitam de modo injustificado a teoria da evolução como um todo e da simplificação inadmissível segundo a qual o ser humano descenderia do macaco, i.e., de um antepassado comum aos primatas. Mas independentemente do conflito entre aqueles que acreditam reconhecer nas planilhas da vida um traço de intenção divina e aqueles que acreditam que todas as formas de vida nada mais são do que mutações aleatórias que podem ser explicadas pelos mecanismos evolutivos, ainda não descobrimos como, de modo exato, encaixamo-nos na natureza. Não precisamos ser criacionistas para reconhecer que nossas capacidades espirituais não podem ser explicadas de maneira sensata pela linguagem da biologia ou da psicologia evolutivas[48]. Para reconhecer que a teoria da evolução não fornece uma onisciência sobre o ser humano, basta admitir que as ciências sociais, as ciências do espírito e o

---

tia quando Darwin ainda era vivo, se a teoria da evolução britânica não seria, em essência, uma transferência das relações socioeconômicas das modernas nações industrializadas para o reino animal. Cf. a discussão de Friedrich Engels sobre essa pergunta, à qual ele dá uma resposta negativa, adotando a teoria de Darwin sobre a luta pela existência. Cf. a polêmica anti-Dühring em: *Herrn Eugen Dührings Umwälzung der Wissenschaft*. Stuttgart, 1894.

48. Para uma discussão crítica dos fundamentos da psicologia evolutiva, cf. ELLIS, G.; SOLMS, M. *Beyond evolutionary psychology* – How and why neuropsychological modules arise. Cambridge, 2017.

nosso autoconhecimento humano explicam o ser humano tanto quanto as declarações da ciência natural.

No que diz respeito à relação entre ser humano e animal, podemos distinguir duas tradições de pensamento: a tese da continuidade e a tese da descontinuidade.

> A **tese da continuidade** afirma que o ser humano é, em primeiro lugar, animal, como todos os outros animais, e que, em segundo lugar, cada característica que, ao que parece, diferencia-nos fundamentalmente dos outros animais (moral, língua, cultura, autoconsciência, bipedismo e todas as outras coisas que já foram citadas) pode ser observada também no reino animal, mesmo que em outras formas. Portanto o ser humano diferencia-se apenas gradual, mas não totalmente, de outras espécies animais. A **tese da descontinuidade**, por sua vez, afirma que o ser humano distingue-se dos outros animais por uma série de características (moral, língua, cultura, autoconsciência, bipedismo, e todas as outras que já foram citadas).

A tese da descontinuidade também insere o ser humano no reino animal, mas, com base em capacidades específicas, em geral definidas como intelectuais, confere-lhe um reino próprio, que transcende a animalidade. Isso, então, levanta a pergunta de como nossas faculdades intelectuais superiores estão conectadas com a nossa animalidade. Como veremos, nem os teóricos da descontinuidade, nem os da continuidade, conseguem responder essa pergunta com facilidade.

Nesse contexto, um diagnóstico muito popular dos teóricos da continuidade afirma que a ideia dos teóricos da descontinuidade segundo a qual o ser humano seria algo especial, um ser vivo que deveria ser distinguido radicalmente da existência animal, é uma das razões essenciais para a nossa tendência avassaladora de exterminar outras formas de vida e de destruir o 'meio ambiente' como um todo. Sob essa perspectiva, acusamos, então, as pessoas religiosas, que se recusam a aceitar a sua animalidade e o fato de que o monoteísmo, com sua ideia do ser humano como coroa da criação, teria causado imensos danos aos outros animais[49]. Mas essa acusação é um tanto equivocada se levarmos em conta que em suas longas fases de sociedades fundamentadas em religiões, a humanidade tem sido muito mais sustentável e até mais respeitosa em seu convívio com o meio ambiente do que tem ocorrido desde a industrialização. E quando a industrialização começou, que, numa velocidade incrível e em escala global, envolveu-nos numa crise climática catastrófica dentro de pouco mais de duzentos anos, as explicações religiosas do mundo perderam sua influência e foram substituídas por uma imagem tecnocrática do dele. Em sua união a um sistema econômico que se baseia na ilusão de um crescimento ilimitado, essa imagem moderna do mundo causou mais danos do que todas as religiões juntas (e com isso eu não contesto que todas as religiões – também o budismo e o hinduísmo, aparentemente pacíficos – também geraram violência e convicções equivocadas).

---

49. Cf. o texto clássico de Lynn White Jr.: "The historical roots of our ecological crisis". *In*: *Science* 155/3767 (10 mar. 1967), p. 1.203-1.207. Também White concede que não é o cristianismo em si (ela até encerra seu texto cantando louvores a São Francisco de Assis, algo que deveria alegrar o papa atual) que representa o problema, mas uma revolução agrária, na qual uma tradição do cristianismo une-se à exploração científico-tecnológica da natureza. Para outra interpretação da "origem religiosa da crise ecológica" a partir do espírito do gnosticismo, uma vertente filosófico-religiosa da Antiguidade tardia, para a qual o cristianismo também contribuiu, cf. LATOUR, B. *Kampf um Gaia*. Berlim, 2017, p. 357ss., com as respectivas provas. Não considero correta essa genealogia, pois de nenhuma visão do mundo religioso-cosmológica segue uma ética da destruição da natureza. Mas esse é outro tema, pois a tese segundo a qual a crise ecológica só começaria por volta de 1850 (segundo White) está historicamente muito distante da gnose e do cristianismo medieval para poder jogar a culpa em cima deles (e não em cima da Modernidade secular industrial).

Em todo o caso, a industrialização não foi impulsionada por monoteístas que se consideram a coroa da criação, mas pelo fato de o progresso científico-tecnológico ter sido desvinculado da pergunta pela "posição do ser humano no cosmo", como formulou o filósofo Max Scheler[50].

As ideias monoteístas sobre a relação entre ser humano, animal e Deus não são responsáveis pela industrialização nem pelo fato de que, na Modernidade e em todos os níveis do convívio humano, nós nos encontramos numa crise de sustentabilidade. No máximo, essa crítica poderia ser aplicada à imagem do mundo, do ser humano, do naturalismo e do cientificismo (ambos fundamentados na teoria da continuidade), segundo os quais o mundo e a realidade como um todo poderiam ser explicados e controlados – para isso bastaria compreender o ser humano como um fenômeno natural, como um elemento de um sistema energético-material gigantesco, no qual interagem subsistemas de complexidades diferentes (desde partículas elementares e sólidas até galáxias e o universo como um todo). Se combinarmos essa concepção com a perspectiva de gestão científico-comportamental, segundo a qual o ideal seria conduzir as sociedades de forma puramente econômica para gerar riqueza economicamente medível, o que resulta é a fórmula para a autodestruição moderna.

A metáfora do mundo e do ser humano como máquina, ou, de modo mais atual, como computador, não é apenas uma distorção unilateral da realidade[51]. Ela também contribui para um esvaziamento de sentido dos nossos conceitos de ser humano, natureza, vida e meio ambiente, sendo responsável por, até hoje,

---

50. SCHELER, M. *Die Stellung des Menschen im Kosmos*. Berlim, 1928.

51. Cf. COBB, M. *The idea of the brain* – A history. Londres, 2020. • RISKIN, J. *The restless clock* – A history of the centuries-long argument over what makes living things tick. Chicago; Londres, 2016.

as nações industrializadas não estarem dispostas a mudarem, de fato, seu estilo de vida e de, enfim, revincular o progresso científico-tecnológico ao progresso humano e, portanto, moral.

Essa revinculação é defendida pelos economistas Dennis Snower e Katharina Lima de Miranda, que desenvolveram indicadores (além do PIB, que todos sabem ser problemático) que permitem medir as consequências sociais e ecológicas da ação econômica[52]. E o já mencionado Tyson Yunkaporta – para mencionar só alguns dos desenvolvimentos – trabalha com alunos na Austrália, para descobrir como podemos usar conhecimento indígena para corrigir os desequilíbrios do nosso sistema monetário. Quando vemos progresso apenas no acúmulo de descobertas científico-naturais individuais para aproveitá-las tecnologicamente, ignoramos a dimensão ético-filosófica da história humana. Se quisermos saber quem nós somos, é evidente que precisamos da maior visão geral científica possível e do maior número de fatos possível, mas disso jamais segue quem nós queremos e devemos ser. A natureza como tal não é uma fonte de valores, ela não nos dita o que devemos fazer, mesmo que o conhecimento sobre ela forneça-nos conhecimentos sobre a nossa relação pró-social (orientada pelo bem-estar também de outros) a partir dos quais não podemos deduzir nem fundamentar a ética.

> A seguir sugiro, contra a suposição segundo a qual o ser humano seria um animal e se inseriria perfeitamente nos fenômenos naturais, uma posição alternativa, pois a ideia de que o ser humano seria um animal no mesmo sentido de todos os outros seres

---

52. Cf.: https://www.global-solutions-initiative.org/recoupling-dashboard/. Agradeço a Dennis Sower pelas muitas discussões que travamos desde fevereiro de 2020 sobre esses temas no The New Institute, em Hamburgo.

vivos não humanos que hoje consideramos "animais" é uma razão pela qual adotamos a postura moderna de dominação e de controle em relação à natureza, que nos levou à beira do autoextermínio.

A luta com o espelho

Eu alego que, diante de uma análise mais minuciosa, o conceito do animal e, portanto, da animalidade revela-se como plano de projeção. Nós geramos a ideia de um reino animal homogêneo a partir de uma ideia humana, demasiadamente humana, do animal, que pode ser desmascarada como expressão indireta de uma relação perturbada do ser humano com sua própria "animalidade".

Esta é a **tese da projeção**: o ser humano cria uma imagem de si mesmo em que a existência animal é um conceito de deficiência, pois ela precisa ser completada pela peculiaridade humana. Então ele imagina que os outros animais seriam seres humanos sem essa peculiaridade e, portanto, seres deficientes. Mas é assim que ele ignora a peculiaridade dos outros seres vivos e começa a identificar o nicho humano, o nosso meio ambiente, com a natureza em si.

Sob a superfície dessa projeção esconde-se a consciência de que, na natureza, encontramos uma variedade gigantesca de formas de vida que nos são muito estranhas, que aproximamos de nós e tornamos mais compreensíveis subsumindo muitas delas sob o conceito problemático do animal como ser deficiente. Isso levanta, em primeiro lugar, a pergunta de como nós mesmos nos encaixamos nesse reino animal – é uma pergunta enganosa, pois esse reino animal, que parece ser homogêneo, não existe, independentemente da nossa projeção humana. Nesse nível, o nosso confronto com os (outros) animais e com o nosso meio ambiente compartilhado, a natureza, é um tipo de *luta com um espelho*.

É claro que existe uma multiplicidade de formas de vida. Estamos ainda muito longe de classificar todas elas. Só podemos ter uma noção mais ou menos vaga de quão colorido é o reino de tudo que vive no nosso planeta, muito permanece oculto a nós, porque os nossos aparelhos de medição não conseguem captá-lo. Essas múltiplas formas de vida não podem apenas ser classificadas como plantas, animais e seres humanos, pois também os animais não humanos são diferentes entre si. O conceito de animal ignora isso no sentido de que ele é composto de tal modo que transforma os animais num tipo de massa indistinguível, da qual o ser humano diferencia-se por alguma característica ou algumas poucas características.

Típico do nosso olhar sobre os animais é que nós sempre nos concentramos na diferença em relação ao ser humano ou na semelhança com ele: os chimpanzés nos são próximos, os bonobos são ainda mais próximos, sentimos empatia pelos mamíferos – pelo menos quando não os comemos –, somos menos empáticos com os anfíbios e a maioria dos protetores de animais mata insetos sem que isso pese em sua consciência. Após uma votação popular fracassada em fevereiro de 2021, que pretendia conceder direitos aos primatas não humanos, a rádio e televisão suíça comentou o resultado negativo cinicamente dizendo que a iniciativa dos primatas era "uma pergunta filosófica interessante – e nada mais"[53], o que, em vista do sofrimento enorme que causamos a outros seres vivos, revela um nível de reflexão preocupantemente baixo. Aquilo que fazemos com outros seres vivos (desde a criação de animais em massa, os experimentos animais

---

53. Cf.: https://www.srf.ch/news/abstimmungen-13-februar-2022/nein-zurprimaten-initiative-eine-interessante-philosophische-frage-mehrnicht.

muito brutais ou os massacres que causamos entre eles e que não são investigados por nenhuma comissão de ética, como aconteceu com os visons durante a pandemia, para nos proteger contra perigos) não pode ser justificado com a devida ética.

O fato de agirmos com uma maldade radical em relação a outros seres vivos é algo incômodo, que não deveríamos tentar amenizar dizendo que nossos crimes cruéis seriam "uma pergunta filosófica interessante". Fato é que o ser humano continua a comportar-se como se ele fosse a medida de todas as coisas, como já criticavam os pensadores gregos Xenófanes e Protágoras há milênios.

No entanto não sabemos o que, de fato, a ética animal exige de nós, apesar de sabermos muito bem que a criação de animais em massa em sua forma industrializada atual, para escolher o exemplo mais óbvio, é moralmente reprovável e até mesmo má no sentido radical.

Vale observar que ninguém defende uma ética do pé de atleta, que, sem nenhuma consciência pesada, combatemos com os remédios apropriados, já que a nossa ética animal (por mais condenável que ela seja em vista da criação de animais em massa) limita-se a formas de vida que se assemelham à nossa autoimagem como animais. Dessa forma, nós transformamos os animais em imagens da nossa própria animalidade, e isso é, também, um eco da nossa herança teológica do monoteísmo. Afinal de contas, Noé não leva em sua arca as bactérias, os fungos e as formas de vida capazes da partenogênese, ou seja, da reprodução assexuada. Como já mencionei, isso não é uma objeção à ética animal, mas um indício de que, na nossa forma atual, expressam-se também projeções humanas, demasiadamente humanas.

Se supormos que existem diferentes espécies de animais, isso pressupõe que exista um gênero chamado "animal" de tal modo que os diferentes animais distinguem-se uns dos outros por características específicas. No entanto não existe critério para definir quando algo é um animal, cujas características são compartilhadas por todos os animais que existem, para que pudéssemos reconhecer primeiramente sua animalidade geral e genérica para, então, especificá-las em seus detalhes. Hoje em dia, quando a zoologia define um animal como forma de vida multicelular, que não são plantas nem fungos (e que são definidos pelo seu metabolismo), todos os organismos unicelulares são excluídos do reino animal. Sem dúvida, podemos supor que os animais (que a zoologia costuma chamar de *animalia* ou *metazoa*) são aqueles organismos multicelulares que comem outros organismos, que são capazes de locomover-se, que, como embriões, desenvolvem-se de determinado modo etc. Encontramos essas classificações nos manuais da zoologia, que se ocupam com a pergunta como podemos fazer uma distinção científica "entre **grupos naturais**, i.e., **táxons** (táxons como produtos da natureza e táxons no sentido de **construtos humanos**)". Então descobrimos que "a classificação em 'animais', inclusive 'animais' e 'plantas' unicelulares" não reflete esse tipo de "relação sistemática", ou seja, que ela é um construto humano. "No entanto, parte-se do pressuposto de que todos os eucariotas são um táxon monofilético, como também os animais multicelulares (= animalia ou metazoa)"[54]. Na linguagem técnica da zoologia atual, isso significa

---

54. Todas essas citações: *Taschenlehrbuch Zoologie*, p. 3s. Sobre a relação do conceito de animal com a biologia moderna e como consciência e vida relacionam-se, cf. mais recentemente: GODFREY-SMITH, P. *Metazoa* – Animal life and the birth of the mind. Nova York, 2021. Agradeço a Jocelyn Maclure pela dica desse livro, que só pude acessar após a redação da primeira parte, de modo que ele não pode mais ser incluído nesta discussão. Cito aqui apenas a diferença mais decisiva: Godfrey-Smith defende um materialismo e um monismo biológico, segundo os quais todos os fenômenos – também, portanto, a vida do espírito em todos os seus níveis – pertencem à natureza. Ele tenta preencher

que todos os organismos multicelulares remetem a uma forma primordial a partir da qual eles desenvolveram-se.

Ao mesmo tempo, sabemos que é bem provável que existam milhões de formas de vida que ainda não foram descobertas. Nossa taxonomia, ou seja, nossa classificação das formas de vida, tem o melhor fundamento científico quando podemos determinar ligações com a ajuda de métodos moleculares (isto é, genéticos). No entanto tudo isso diz respeito aos nossos interesses classificatórios, mas não mostra que todos os seres vivos que existem são, de fato, objetivamente classificados de modo que eles podem ser considerados plantas, fungos ou animais multicelulares. A hipótese segundo a qual os organismos multicelulares estão interligados pode, hoje, ser considerada segura, mas mesmo assim ela é, sem dúvida, uma hipótese científica falível.

Com certeza, existe tudo aquilo que as ciências da vida – às quais pertence também a zoologia – encontram. No nível analítico das ciências da vida, reconhecemos inúmeros sistemas causais (o sistema circulatório, a digestão etc.) que, num organismo complexo como o corpo humano, estão interligados uns aos outros. E todas as formas de vida que conhecemos, por sua vez, fazem parte de sistemas ecológicos que consistem em organismos de diferentes níveis de complexidade. Quanto mais as ciências da vida avançam, melhor conseguimos explicar a interação dos muitos sistemas parciais que encontramos em organismos. Sabemos, é claro, que existe uma multiplicidade de formas de vida, desde as bactérias até os elefantes, desde as algas até os bonobos etc.

---

a lacuna entre o nosso espírito e a nossa existência animal inserindo-nos no reino animal, uma manobra contra a qual eu formulo objeções fundamentais neste livro. A despeito dessas diferenças e de outras diferenças fundamentais, ele elabora o quanto a nossa concepção de animais é provincialmente marcada pelo fato de que a maioria de nós ainda não realizou a mudança zoológica de um conceito de animal ingênuo para um conceito dos metazoas.

Graças às descobertas microbiológicas da biologia moderna (que, em essência, foram feitas ao longo dos últimos 150 anos), hoje podemos ver os seres vivos como sistemas complexos que, com a ajuda de processos que podem ser descritos bioquímica e, portanto, também fisicamente, defendem-se contra sua dissolução no meio ambiente, ou seja, contra a entropia[55]. Por isso parece lógico entender a vida e os seres vivos por intermédio de processos observáveis da autopreservação e da autorreprodução (incluindo o crescimento mediante divisão celular, característica de organismos complexos) e definir critérios adicionais para a vida, como metabolismo ou troca de informações com o meio ambiente.

Como admite qualquer manual da biologia moderna, nós não dispomos de uma definição de "vida", apenas de "**listas** práticas **de características**" da vida, como o metabolismo, a entropia baixa, o crescimento, a reprodução e o processamento de informações. No entanto trata-se aqui de características que "ocorrem também em sistemas não vivos"[56], por exemplo, em processos de combustão, em cristais, em vírus de computador e em sistemas técnicos, como câmeras de celular[57].

Na nossa tentativa de definir o que é vida, logo nos deparamos com regiões limites e zonas do não conhecimento. Por exemplo, é difícil responder à pergunta se um vírus vive e como sistemas vivos desenvolveram-se a partir de matéria não viva.

---

55. A visão já popularizada de que a vida estaria essencialmente vinculada à segunda lei da termodinâmica, i.e., ao tema da entropia, foi promulgada pelo grande físico Erwin Schrödinger, Cf. SCHRÖDINGER, E. *Was ist Leben?* Die lebende Zelle mit den Augen des Physikers betrachtet. Munique, 1989.

56. FRITSCHE, O. *Biologie für Einsteiger* – Prinzipien des Lebens verstehen. Berlim; Heidelberg, 2015, p. 3.

57. Cf. *Ibid.* a lista das características com exemplos em sistemas não identificados como vivos.

Durante a longa pandemia do coronavírus, eu conversei com muitos especialistas das ciências da vida. Todos eles explicaram que a exclusão do vírus do reino dos seres vivos é, no melhor dos casos, plausível pela determinação aleatória de que os vírus só conseguem multiplicar-se num único hospedeiro. Porém isso não é prova de que eles não são vivos, é apenas uma insistência em uma definição específica de vida. Visto que os vírus podem ser pesquisados evolutiva e, portanto, cientificamente (algo sobre o qual o público é informado quase todos os dias nos debates midiáticos sobre virologia e epidemiologia), parece lógico incluí-los no reino dos seres vivos, algo que foi confirmado nessas conversas por alguns virologistas e imunologistas de renome.

Se, como já mencionado, é questionável que os critérios citados para sistemas vivos não valem também para sistemas que, à primeira vista, não parecem ser seres vivos nem consistem em matéria orgânica, por que, então, são vistos como vivos os sistemas que consideramos vivos, mas não aqueles que satisfazem aos mesmos critérios (por exemplo, cristais e até mesmo pedras), mas que nós não queremos classificar como vivos? Se não dispormos de uma definição de "vida", apenas de listas de características, essa pergunta não pode ser respondida. Isso levanta a suspeita de que nem sabemos o que é vida.

Contemplemos simulações da vida, como o jogo de computador *O jogo da vida*, que o matemático John Horton Conway desenvolveu na década de 1970. Ele baseia-se em uma teoria de autômatos celulares, que obedecem a certas regras e certos padrões matemáticos, o que faz com que o jogador tenha a impressão de que, diante de seus olhos, formas simples transformem-se em padrões vivos. Vale a pena jogar uma rodada desse jogo[58]. Por

---

58. Existem muitas plataformas *on-line* de fácil acesso em que você pode assistir ao *Jogo da vida*; por exemplo: https://beltoforion.de/de/game_of_life/.

isso, alguns cientistas, como o físico Max Tegmark, que trabalha no Massachusetts Institute of Technology (MIT), acreditam que a vida não depende apenas de matéria orgânica, mas de padrões formais de autorreplicação (ou seja, da repetição de padrões semelhantes, por exemplo, por meio da divisão celular), o que faz com que o limite evidente entre fenômenos naturais anorgânicos, como meteoros de um lado e plantas e animais de outro, seja dissolvido num alto nível de abstração[59]. Com isso, Tegmark levanta a pergunta se sistemas de vida artificial (*artificial life*), que podem ser programados, são vivos, i.e., se uma forma específica da matéria (orgânica) é necessária para a vida.

Veja bem, eu mesmo defendi em outro lugar que a vida precisou desenvolver-se ao longo de milhões de anos e que ela necessitou de um fundamento material apropriado (por exemplo, carbono e outras moléculas que provieram de estrelas implodidas)[60]. Mas fato é que essas perguntas fundamentais não podem ser respondidas apenas com uma referência às descobertas das ciências da vida nem a listas de características dela.

A pergunta: "O que é vida?" não pode ser respondida exclusivamente do ponto de vista das ciências naturais ou das ciências da vida, reconhecimento este que voltou a ocupar o centro da discussão na filosofia da vida[61]. Há muito, os cientistas da vida não trabalham mais com a ideia de que a realidade pode ser dividida em objetos não vivos, plantas e animais. Nós, sob a nossa perspectiva humana, insistimos nessa classificação e reagimos

---

59. Cf. TEGMARK, M. *Leben 3.0* – Mensch sein im Zeitalter Künstlicher Intelligenz. Berlim, 2017.

60. Cf. GABRIEL, M. *O sentido do pensar:* A filosofia desafia a inteligência artificial. Petrópolis: Vozes, 2021.

61. Cf. THOMPSON, M. *Leben und Handeln* – Grundstrukturen der Praxis und des praktischen Denkens. Berlim, 2011.

com surpresa quando, em algum momento da nossa vida, descobrimos que as coisas não são tão simples assim.

O que significa entender-se como animal?

Desde o início é um erro definir o ser humano à diferença do animal para, então, determinar o tamanho dessa diferença e em que, exatamente, ela consiste. Antes, deveríamos, com base na aparente evidência de que nós somos animais, entender que, por isso, não somos *apenas* animais. Na verdade nenhuma forma de vida que conhecemos é *apenas* animal: cada forma de vida distingue-se de todas as outras. Claro, as ciências da vida permitem-nos identificar padrões que, por exemplo, descrevem probabilidades e meios de reprodução sem que pudéssemos deduzir disso um catálogo de critérios que faz do ser humano um ser humano apenas por causa de sua capacidade de gerar descendentes com outros seres humanos (o que, como já vimos, é a ideia primordial aristotélica da especificação das espécies). Mas seres humanos, jumentos e golfinhos não são animais porque se reproduzem sexualmente, já que nem todas as formas de vida multiplicam-se pela reprodução sexual (alguns seres vivos são capazes de reproduzirem-se por meio da partenogênese e da reprodução assexuada, como os afídios) e, em segundo lugar, porque nem todos os indivíduos de uma espécie que parece ser homogênea são capazes de fazê-lo. Basta pensar nas abelhas, das quais apenas alguns poucos exemplares garantem a reprodução sexual do coletivo.

Se, portanto, o ser humano é um animal ou, como eu direi, se ele é *o* animal por excelência, a nossa autodefinição como animal de uma espécie específica precisa tratar da relação entre a nossa animalidade e a nossa humanidade, que, claro, distingue-nos de outros seres vivos. Assim, a diferença entre ser humano e outras formas de vida deixa de ser reconstruída ao longo de uma diferença entre existência humana e existência animal. Desse modo, as outras formas de vida são libertadas do jugo da existência animal, pois deixamos de compreendê-las *apenas* como animais (impulsionados por seus instintos, por exemplo) em oposição ao animal humano especial. Aquelas formas de vida que chamamos de animais deixam de ser seres humanos deficientes que dispõem de um metabolismo e de instintos, mas não de razão e de língua, o que liberta os supostos animais não humanos de sua ligação muito íntima com a nossa autoimagem como animais e permite que seu direito próprio seja reconhecido.

A pergunta à qual respondem tanto a tese da continuidade quanto a tese da descontinuidade (o homem distingue-se do animal gradual ou fundamentalmente?) é, portanto, errada, pois ela pressupõe que existem *os* animais, aos quais o ser humano pertence ou não.

> A zoologia cria classificações sistemáticas dos metazoa (i.e., dos sistemas vivos complexos e multicelulares) com a ajuda de métodos e descobertas das ciências da vida, mas isso não significa que exista um reino animal ao qual o ser humano pertence ou não. Graças às descobertas modernas das ciências da vida, a classificação zoológica já não depende mais do conceito dos animais (dos *animalia*), antes, consegue identificar padrões nas formas de tecidos em nível elementar biológico-celular. A classificação dos eventos naturais em vivos e não vivos não precisa do conceito de animal.

Logo o ser humano compartilha, no nível orgânico, muitas características com outros seres vivos, mas também se distingue organicamente e pelas suas múltiplas capacidades de muitos outros seres vivos, sem que pudéssemos deduzir disso uma definição no sentido clássico. Além disso, somos especiais, i.e., diferentes de outros seres vivos, em tantos sentidos que deveria ser absurdo querer procurar uma única característica específica ou um pequeno grupo de características para diferenciar o ser humano dos outros seres vivos. Não precisamos de estudos científicos abrangentes para determinar que, no nosso planeta, só os seres humanos praticam a matemática como ciência, só eles fazem filmes, compram maiôs, aprendem a falar francês, abrem lojas de moda, defendem o feminismo e se empenham em prol da proteção dos animais. Da mesma forma como gatos e cachorros fazem coisas que seriam impossíveis para nós.

Assim como deveria ser natural – mesmo que difícil de digerir – que nós somos animais, da mesma forma é evidente, mas insuportável para muitos, que um "abismo" – como disse corretamente o filósofo francês Jacques Derrida – separa-nos das outras formas de vida, que, ao contrário do ser humano, costumamos chamar de "os animais"[62].

Agora, se o conceito de animal é desenvolvido a partir do fato de o ser humano considerar-se animal e, então, projetar essa existência animal sobre outros seres vivos, podemos até afirmar que o ser humano é um animal paradigmático, ou seja, que ele é exemplo para como nós imaginamos os outros animais.

> Chamemos isso à **primeira tese antropológica principal**. Nosso conceito de animal é sempre desenvolvido em vista do ser humano, que, em nossa análise do reino animal, serve como nosso ponto de partida. O que se apresenta a nós como animal é, portanto,

---

62. DERRIDA, J. *Das Tier, das ich also bin*. Viena, 2010, p. 31s. Cf. sobre a lacuna entre o ser humano e os outros animais do ponto de vista psicológico: SUDDENDORF, T. *Der Unterschied. Was den Menschen zum Menschen macht*. Berlim, 2014.

extraído consciente ou inconscientemente da nossa própria natureza e, então, é projetado mais ou menos acriticamente sobre as outras formas de vida. A pergunta sobre como o ser humano relaciona-se com o animal é substituída pela pergunta de como o ser humano define-se como animal. Com isso ele recorre a um espelho distorcido, no qual ele não reconhece direito nem a si mesmo, nem aos outros seres vivos.

As teses de continuidade e de descontinuidade são, portanto, em parte verdadeiras, mesmo que se baseiem numa pergunta equivocada: desde que estejamos vivos, existe uma continuidade com outras formas de vida. Os procedimentos apropriados das modernas ciências da vida permitem pesquisar isso melhor do que nunca. Hoje sabemos mais sobre o ser humano como animal do que toda a humanidade antes do século XX. Isso é impressionante. Mas é bem essa conquista científica admirável que serve como prova imediata para a tese da descontinuidade, visto que apenas o ser humano se interessa e é capaz de desenvolver teorias científicas sobre o ser humano como animal e sobre os elementos da vida que ele compartilha com todas as formas de vida que conhecemos. Evidentemente, o ser humano é o único ser vivo que conhecemos que tem um grande interesse em comparar-se a outros animais e, ao mesmo tempo, diferenciar-se deles. Portanto o ser humano é o único animal que, partindo de sua auto-observação, desenvolve um conceito de animal e o impõe às outras formas de vida. Dessa forma, elas apresentam-se como seres deficientes porque elas são iguais aos seres humanos (i.e., animais), a quem falta algo, ou seja, aquilo por meio do qual nós definimos a nossa posição especial[63].

---

63. Estou ciente de que isso representa uma inversão da famosa tese de Arnold Gehlens, que definiu o ser humano como "ser deficiente" ao compará-lo aos animais.

Isso é expresso pela **segunda tese antropológica principal**, que afirma que o ser humano é o animal que não deseja ser animal[64]. Ao mesmo tempo em que o ser humano determina sua "animalidade", ele empenha-se em livrar-se dela e em identificar-se com aquela parte sua que o distingue dos outros animais.

Nesse contexto, constatamos que, do ponto de vista do ser humano, os outros animais fundem-se num tipo de biomassa ou num grande amontoado indiferenciado de animais.

No fim das contas, é absurdo querer separar as formas da vida em seres humanos e animais. E também é absurdo inserir o ser humano num suposto reino animal. Embora exista uma multiplicidade de padrões celulares e de formas de vida elementares que ninguém conhece em sua totalidade, não existe nenhum reino animal que consista em linhagens genealógicas organizadas na forma de uma árvore – é uma representação antiga da qual nós ainda não conseguimos nos livrar.

A razão pela qual nós diferenciamos o ser humano dos animais não humanos deveria ser acompanhada pelo reconhecimento de que os muitos organismos e as várias formas de vida que encontramos fora do ser humano – desde bactérias até cachorrinhos de colo – também não devem ser reduzidos a meros animais, ou seja, a produtos da evolução controlados por seus instintos. Disso segue que nenhum animal é *apenas* animal, justamente porque a ideia da existência animal é uma abstração errada e uma projeção da nossa relação dividida conosco mesmos.

Desde que o ser humano seja o animal paradigmático (ou seja, aquele ser vivo do qual deduzimos o conceito de animal), podemos estudar em nós mesmos os desequilíbrios e as patolo-

---

64. Cf. GABRIEL, M. *Der Sinn des Denkens*, p. 17.

gias que causamos quando nós mesmos nos entendemos segundo o padrão de um conceito de animal indiferenciado e, assim, projetam uma autoimagem distorcida sobre os outros animais que, na verdade, são-nos bastante estranhos.

Formulando de modo um pouco paradoxal, podemos ousar uma **terceira hipótese antropológica principal**: o ser humano é o único animal que conhecemos.

No lugar da ideia de que a nossa existência humana deve ser localizada no reino animal, pretendo defender a concepção contrária, ou seja, que o reino animal pode ser descoberto e identificado em nossa estrutura biológica, em nossos pensamentos e em nossas autoimagens. O objetivo da seguinte sondagem antropológica consiste em, primeiramente, reconhecer a estranheza dos outros 'animais' para, então, reconhecer nas duas próximas partes do livro que nós mesmos nos somos estranhos por causa da nossa animalidade.

A natureza não se encontra apenas 'lá fora', no 'mundo selvagem', ela não é um 'corpo estranho' que precise ser explicado e controlado por meio da ciência e da tecnologia. Ao contrário, a natureza dentro e fora de nós é, sobretudo, algo que só podemos constatar de forma insuficiente e incompleta. Os fenômenos da nossa animalidade, que incluem os nossos desejos e sentimentos, a nossa vulnerabilidade e mortalidade, alcançam o âmago do ser humano. Isso deveria ser a fonte de uma humildade apropriada diante da superioridade praticamente ilimitada de uma natureza muito estranha sobre a nossa capacidade (impressionante, sim) de entendermos e controlarmos de modo parcial essa natureza estranha dentro e fora de nós. Mas esse entendimento e esse controle não fazem de nós senhores ou senhoras da criação, mas participantes de um evento complexo que, no fim das contas, sempre supera o nosso poder de compreensão.

Por que não somos anfíbios

E nada muda se olharmos para o outro lado da moeda, a razão. Como constata Mefistófeles em seu diálogo com Deus no "Prólogo no céu", em *Fausto*, de Goethe:

> O pequeno Deus do mundo nunca muda. E é tão estranho quanto no primeiro dia.
> Ele viveria um pouco melhor
> Se tu não lhe tivesses dado o brilho da luz celestial;
> Ele o chama de razão e só o utiliza
> Para ser mais animal do que qualquer animal[65].

Mefistófeles formula aqui uma percepção profunda, mesmo que não esteja falando muito sério. Essa percepção afirma que a pressuposição adicional sobre o ser humano segundo a qual ele dispõe, além de sua animalidade, de uma diferença específica ao animal, da razão, isso de forma alguma eleva-nos automaticamente sobre a natureza. Mefistófeles rejeita aqui (e nesse ponto Goethe deve ter concordado com o seu personagem) a teoria anfíbia, como eu a chamo.

> A **teoria anfíbia** (uma variante da tese da descontinuidade) afirma que o ser humano tem duas formas de vida (*amphibios* = vida dupla). De um lado, nós somos animais como todos os outros animais; de outro, vivemos a vida superior da razão.

A essa tese, que remete aos antigos gregos, condiz que, na época, Aristóteles apoiou-se no fato de que, no grego antigo, existem pelo menos duas palavras para a vida: *bios* e *zoê*. O diag-

---

65. GOETHE, J.W. *Faust*. Vol. 1. Ditzingen, 2014, p. 10.

nóstico filológico e filosófico dessa diferenciação é, aqui, um tanto complicado[66]. Mesmo assim, podemos fazer a constata-

---

66. Essa diferenciação exerce um papel importante na teoria política do filósofo italiano Giorgio Agamben. Ela é introduzida já no início de sua obra *Homo sacer* – Die souveräne macht und das nackte leben. Frankfurt, 2002. Agamben interpreta-a de tal modo que somente *bios* designaria as formas de vidas social e política do ser humano, enquanto *zoe* seria aquele conceito a partir do qual surge mais tarde a ideia daquela vida que precisa ser orientada, controlada e subjugada para dominá-la. O próprio Agamben deduz esse modo de pensar, que se expressa na filosofia moderna do Estado, sobretudo no *Leviatã*, de Thomas Hobbes, da definição aristotélica do ser humano como *zoon politikon*. Visto que o ser humano, como animal, é, a princípio, apenas um ser vivo entre muitos, o que o diferencia dos outros seres vivos é a política – e na Modernidade isso significa, sobretudo, o Estado –, o que desumaniza a sua existência animal. Sobre a relação entre o conceito de animal e a soberania política, cf. DERRIDA, J. *Das Tier und der Souverän I* – Seminar 2001-2002. Viena, 2015. No entanto é necessário observar nessas interpretações da terminologia grega que elas contêm uma valorização que, acima de tudo, em Agamben, é realizada explicitamente. Elas pretendem mostrar que o Estado subjuga e controla a vida e, assim, delimita-a de forma ilegítima, ignorando que não existe apenas uma biopolítica totalitária, que, em seu caso extremo, desumaniza o ser humano, mas que existe também um sistema moderno de saúde e segurança que os seres humanos aceitam de bom grado. Nesse ponto, o reconhecimento crítico formulado por pensadores como Michel Foucault, Agamben e Derrida costuma ser exagerado e usado para construir uma narrativa segundo a qual a aceitação voluntária de uma biopolítica estatal também seria a expressão de uma estratégia de poder silenciosa e invisível, por trás da qual não se esconderiam intenções explícitas, mas estruturas anônimas; por exemplo, cf. as descrições unilaterais e apocalípticas em: HAN, B.-C. *Psychopolitik* – Neoliberalismus und die neuen Machttechniken. Frankfurt, 2014; e os bizarros tratamentos sobre a política de saúde na pandemia do coronavírus em: AGAMBEN, G. *An welchem Punkt stehen wir? Die Epidemie als Politik*. Viena, 2021. Embora seja correto que a medicina moderna possa ver o corpo humano como sistema da vida nua (o que corresponde ao ponto de vista da terceira pessoa), isso não significa que tal coisa nunca possa ser desejável. Certamente, eu prefiro procurar o meu dentista a procurar o dentista de Aristóteles. Uma análise crítica da biopolítica não deveria contemplá-la dentro do horizonte de especulações apocalípticas, pois isso a torna cega aos detalhes relevantes e leva-a a ver cada biopolítica como uma estratégia de submissão explícita ou oculta. O pediatra que vacina as crianças contra o sarampo e, assim, salva vidas, não subjuga ninguém; antes, possibilita liberdade. Os detalhes das medidas contra a pandemia é um tema diferente, mas vale aqui o chamado "imperativo virológico", que afirma que devemos fazer tudo que seja eticamente justificável para reduzir as consequências catastróficas de uma contaminação em massa incontrolada.

ção geral de que até mesmo os deuses ou o Deus supremo, que Aristóteles imaginava como o motor imóvel do cosmo, pelo qual tudo se orienta, é um ser vivo (*zôon*). Isso não significa que devemos compreender como um animal; isso caracteriza um lado da nossa vida, aquele que realmente ou supostamente nos coloca em contato com o divino. Mefistófeles chama isso – de modo propositalmente ambíguo – de o "brilho da luz celestial". Para ele, o ser humano é *apenas* um animal, razão pela qual ele confronta Fausto para provar contra Deus que até um puro espírito de pesquisador é movido por desejos terrenos.

Após pouco mais de dez mil linhas no final de *Fausto II*, Mefistófeles perde quando fica claro que o celestial e o humano estão entrelaçados. No entanto, num ponto decisivo, Mefistófeles está certo: o emprego da razão humana não anula a nossa animalidade, ele apenas a transforma.

> A antropologia filosófica ocupa-se com a pergunta: quem ou o quê é o ser humano? Cada resposta concreta a essa pergunta principal da antropologia produz uma imagem do ser humano. Uma **imagem do ser humano** é, em geral, uma autodefinição dele, ou seja, uma concepção concreta daquilo em que consiste a existência humana.

A teoria anfíbia é, aqui, uma concepção influente da existência humana, uma imagem do ser humano. Encontramos essa imagem do ser humano em muitas tradições. Ela expressa-se de forma clara em Platão e Aristóteles, que, com ênfases diferentes, diferenciam entre três tipos de vida ou animação.

Em Platão, a posição inferior é ocupada pela faculdade do desejo (*to epithymêtikón*). Na nossa vida, esse desejo é expresso como busca elementar por prazer e para evitar sofrimento. De modo paradigmático, o desejo está vinculado à alimentação e à reprodução. A partir dessa faculdade, desenvolve-se, ao longo de milênios, a teoria do inconsciente e, na forma atual, a pesquisa sobre impulsos animais elementares que compartilhamos com outros animais.

A posição intermediária é ocupada por *thymoeidés*, que, segundo Platão, referem-se aos impulsos da excitação e indignação. *Thymoeidés* é aquela dimensão da nossa vida, do nosso pensamento e do nosso sentimento à qual apelam de forma paradigmática as redes sociais e as mídias *on-line*. O nível intermediário do animal humano é aquele que se expõe à manipulação, à ideologia e à propaganda, de modo que ele permite-se ser convencido por uma opinião e depois por outra sem pestanejar.

O ponto mais elevado da vida humana supera, então, os desejos animais e as opiniões impulsivas. Platão fala de *logistikon*, da nossa parte racional. Na Antiguidade, os filósofos após Platão ocuparam-se durante séculos com a pergunta se a parte racional do ser humano é imortal ou não – um tema que não deveria ser descartado precipitadamente. Desde Platão até o Iluminismo moderno de Moses Mendelssohn e até depois dele, foram feitas reflexões filosóficas sérias sobre a imortalidade da alma[67]. Mas isso é outro tema e nos ocupará mais adiante.

O importante é que Platão e seu aluno Aristóteles e, em seguida, milhares de anos da história europeia do espírito defenderam uma teoria anfíbia[68]. Segundo essa teoria, o ser humano

---

67. MENDELSSOHN, M. *Phädon oder über die Unsterblichkeit der Seele.* Berlim; Stettin, 1767.

68. Teorias anfíbias podem assumir formas muito bizarras. Cf. PARFIT, D. "The body below the neck is not an essential part of us" (Derek Parfit: "We are not human beings". *In*: BLATTI, S.; SNOWDON, P. (org.): *Animalism – New essays on persons, animals, and identity.* Oxford 2016, p. 31-49, aqui p. 40), por exemplo, acredita que nós só somos idênticos com uma parte do nosso corpo, até mesmo apenas com uma parte do nosso espírito (i.e., com a nossa memória).

é, de um lado, um animal como todos os outros e, de outro, ele eleva-se em parte acima do reino animal e vincula o ser humano à dimensão do divino. Assim, o ser humano vive pelo menos duas vidas, a vida de um animal e a vida de um ser semelhante a Deus – e disso surgiu, na antropologia e na filosofia animal recentes, a objeção das duas vidas.

> A **objeção das duas vidas** afirma que o ser humano não pode levar duas vidas ao mesmo tempo, a vida de um exemplar do gênero animal *Homo sapiens* e a vida de uma pessoa racional que nunca é totalmente idêntica ao seu corpo[69].

A teoria anfíbia nem precisa ser influenciada por nenhuma religião, muito menos pelo monoteísmo. E podemos encontrá-la não só na história do espírito europeia. Em todos os lugares, como, no Egito antigo, no hinduísmo ou no budismo, em que aparece a crença de que o ser humano possa renascer ou ascender a outras esferas da existência, nós vemos traços do pensamento anfíbio.

A palavra animal – por que não existe zoológico

No nosso século, a teoria anfíbia é questionada por algumas escolas de pensamento da filosofia animal e da antropologia. Aqui, a filosofia animal do filósofo francês Jacques Derrida é muito importante e, em muitos sentidos, acata pensamentos da filósofa francesa Elisabeth de Fontenay[70].

---

69. Cf. sobre essa objeção, por exemplo, MCDOWELL, J. "Reductionism and the First Person". *In*: DANCY, J. (org.). *Reading Parfit*. Oxford, 1997, p. 230-250.

70. Cf., por exemplo, a vasta história da postura filosófica sobre o silêncio dos animais: FONTENAY, É. *Le silence des betes* – La philosophie a l'epreuve de l'animalité. Paris, 1999.

Em sua obra tardia *O animal que logo sou* (2010), Derrida desenvolveu a ideia de que o conceito de animal distorce radicalmente a realidade das múltiplas formas de vida que nós chamamos de "os animais", pois tudo aquilo que subsumimos ao conceito do "animal" resulta numa confusão que ele chama de quimera. Uma quimera serve, em geral, para designar uma ilusão. Por outro lado, é uma referência à mitologia grega, em que Chímaira é um ser misto que cospe fogo, do qual falam os épicos arcaicos de Hesíodo e Homero. Chímaira é uma fusão de leão, cabra e dragão e é um dos seres mistos mais famosos da história.

Derrida conclui que, na verdade, o conceito de animal aponta para esse tipo de ser misto, para um reino animal colorido e diverso, mas que, na realidade, consiste em tantas formas de vida que acabam esquivando-se de nossos esforços de classificação.

> *Ecce animot*. Nem uma espécie, nem um gênero, nem um indivíduo, isso é uma multiplicidade irredutível de coisas mortais e mais um clone duplo ou uma palavra-mala, um tipo de híbrido monstruoso, uma Quimera, que espera ser morta por seu Belerofonte[71].

Derrida reconheceu que o conceito de animal é a expressão de uma "animalidade de certos animais [*animalité de certains animaux*]"[72], ou seja, uma projeção da nossa animalidade sobre o reino animal que, na realidade, é e permanece muito alheio a nós. Com isso, porém, Derrida não pretende dizer que nós, desde Darwin, tenhamos aprendido a inserir no reino animal. Ao contrário, o que ele pretende fazer é ressaltar a heterogeneidade radical dos animais com base em uma "atenção mais à diferença, às diferenças, às heterogeneidades e às rupturas profundas [...]

---

71. DERRIDA, J. *Das Tier, das ich also bin*, p. 71.

72. Ibid., p. 97.

do que ao homogêneo e ao contínuo"[73]: "Eu nunca acreditei em uma continuidade homogênea entre aquilo que *se* chama de humano e aquilo que *ele* chama de animal"[74].

> Independentemente da nossa classificação do reino animal, que, até o século XX, foi realizada com a ajuda de fenótipos, já que a genética ainda não tinha as possibilidades tecnológicas disponíveis hoje em dia, na verdade, não existe nada – **de acordo com a percepção de Derrida** – que corresponda ao nosso confuso conceito de animal.

Derrida reforça esse pensamento por intermédio de uma série de jogos de palavras. O mais importante nesse contexto é *l'animot*. A fonética dessa palavra é idêntica ao plural francês de *animal*, ou seja, *animaux*. A palavra consiste em "ani" e "mot", a palavra francesa para "palavra". Com isso, Derrida refere-se ao seu ponto de partida filosófico da **virada linguística**, segundo a qual o método da filosofia consiste em analisar a língua e, portanto, os signos, por meio dos quais nós tornamos compreensível a realidade. Nesse contexto, Derrida percebe que não é por acaso que o ser humano distingue-se por meio de sua autodesignação como ser vivo racional e dotado de língua e, então, funde-a para criar uma quimera, um acúmulo de matéria biológica, que alcança seu auge no conceito questionável da "biomassa".

Chamemos de **teoria do zoológico** a ideia de que enfiamos as formas de vida que encontramos em jaulas de um zoológico de acordo com a nossa vontade e as nossas categorias, das quais fazem parte as classificações zoológicas que transformam a biomassa em uma multiplicidade de 'animais' diferentes. O zoológico não independe do fato de nós o estabelecermos, e existe

---

73. Ibid., p. 56.
74. Ibid., grifos no texto original.

um campo de pesquisa que se ocupa com a pergunta de como os zoológicos foram introduzidos em decorrência da revolução científica moderna e do Iluminismo para erguer, dentro das cidades humanas, um símbolo visível para a dominação bem-sucedida da natureza.

No entanto o ser humano não levou em conta que os animais não podem ser enjaulados, visto que as múltiplas formas de vida que conhecemos não ocorrem apenas "lá fora", no "mundo selvagem", também habitam o nosso corpo e podem ser encontradas tanto a nossa volta como dentro de nós. O ser humano não vive num âmbito protegido que, às vezes, é invadido por vírus, fungos e bactérias. A verdade é que micro-organismos e pequenos seres vivos encontram-se por toda a parte, e nós não conseguiríamos sobreviver sem eles. O ser humano existe em muitas simbioses, nossa vida exige que nos entrelacemos com outros seres vivos e que, ao mesmo tempo, nós os matemos quase com cada respiração.

Animalismo, o grande truque e a anomalia

Há alguns anos, estabeleceu-se na filosofia a expressão "animalismo" como antítese à teoria anfíbia[75]. Se seguirmos a definição conceitual de Stephan Blattis e Paul F. Snowdon, que, em 2016, publicaram uma ontologia importante sobre o animalismo, podemos constatar:

---

75. A não ser confundido com outro significado da mesma palavra também difundido na filosofia do animal, que Corine Pelluchon descreve da seguinte forma: "Animalismo é uma designação para os movimentos filosófico, social, cultural e político nos quais se reúnem pessoas que, por meio de seu modo de vida e de sua ação coletiva, empenham-se em prol da proteção dos interesses dos animais" (PELLUCHON, C. *Manifest fur die Tiere*. Munique, 2020, p. 70).

Animalismo é a tese segundo a qual cada um de nós é idêntico a um animal de determinada espécie. Chamamos essa espécie de *Homo sapiens*. Em palavras menos técnicas, cada um de nós é um animal humano. Segundo essa proposta, podemos dizer que, em diferentes lugares, encontra-se, ao mesmo tempo, um animal e um de nós, e que essas duas coisas são realmente a mesma coisa[76].

Ao contrário da teoria anfíbia, portanto, o animalismo afirma que nós somos totalmente animais, ou seja, que embora exista uma diferença específica entre animais humanos e não humanos, não existe, porém, uma diferença entre nosso lado animal e nosso lado não animal. O ser humano é, portanto, completamente animal.

Para alguns leitores, o animalismo parecerá uma coisa tão natural que eles não conseguem imaginar como alguém poderia defender outra posição. Eles poderiam estar tentados a apoiarem-se nas descobertas mais simples da biologia moderna desde Darwin: visto que o ser humano faz parte da evolução, ele é, naturalmente, um animal. Que mais ele seria? No entanto as coisas não são tão fáceis, como mostram os críticos do animalismo. O filósofo norte-americano Eric Olson (embora também defenda uma versão do animalismo) acerta em cheio quando escreve:

> O que nós somos? Comecemos nossa análise de respostas a essa pergunta com a opinião de que nós somos animais: organismos biológicos, membros da espécie de primatas *Homo sapiens*. Isso exerce certa atração imediata. Parecemos ser animais. Quando você come, ou dorme, ou fala, come, dorme ou fala um animal humano. Quando você olha no espelho,

---

76. BLATTI, S.; SNOWDON, P.F. (orgs.): *Animalism* – New essays on persons, animals, and identity. Oxford, 2016, p. 2.

um animal olha de volta. A maioria das pessoas comum acredita que nós somos animais [...], mas não é tão fácil assim [...]. A impressão de sermos animais poderia ter sua origem no fato de que estamos de modo muito íntimo ligados aos animais – por exemplo, por termos um corpo animal – e não por sermos, de fato, animais. Todo o peso da autoridade fala contra a tese de que somos animais. Quase todos os grandes personagens da história da filosofia ocidental contestaram isso, desde Platão e Agostinho até Descartes, Leibniz, Locke, Berkeley, Hume e Kant (Aristóteles e seus seguidores são uma exceção importante.) A suposição não é, de forma alguma, mais popular na filosofia não ocidental, e a maioria daqueles que hoje estudam identidade pessoal, ou contestam inequivocadamente que nós somos animais, ou afirmam algo que é incompatível com a existência animal[77].

Vejamos um importante exemplo atual da crítica ao animalismo, a contribuição do filósofo britânico Derek Parfit (falecido em 2017) no volume sobre animalismo já aqui mencionado. Parfit tornou-se famoso com seus experimentos mentais sobre a identidade pessoal, que podemos ilustrar com a ajuda de filmes como *Star Trek* ou o maravilhoso *O grande truque* (2006), de Christopher Nolan[78]. Ponto de partida da crítica de Parfit ao animalismo é a pergunta se uma cópia exata, qualitativamente indistinguível do meu organismo, que surge em outro lugar do universo, é idêntica a mim. É bem isso que acontece em *O grande truque*. No filme de Nolan, um mágico chamado Angier

---

77. OLSON, E.T. *What are we?* A study in personal ontology. Oxford, 2007, p. 23s.

78. Cf. a clássica obra Derek Parfit: *Reasons and persons*. Nova York, 1986 – um livro repleto de experimentos mentais de ficção científica, desde teletransporte até transplantações de cérebro.

desenvolve Nikola Teslas (representado por David Bowie) com a ajuda de um aparelho, um truque de magia: quando a pessoa entra num tanque de água, ela afoga-se, ao mesmo tempo em que um clone exato é produzido e, após a morte do original, apresenta-se como tal e recebe toda a glória. O clone é indistinguível do original também interiormente. Nem ele mesmo sabe se ele é clone ou original, pois ele é gerado com todos os estados internos e mentais do original. Em suas obras, Parfit aplica esse truque de magia mentalmente a um teletransportador, com a ajuda do qual uma pessoa pode voltar a existir em qualquer lugar do universo, pelo preço, porém, de que o original que entra no transportador é destruído.

Hervé Le Tellier brinca com a mesma ideia em seu romance *A anomalia*. No livro, o mesmo avião da Air France pousa em Nova York após três meses, com os mesmos passageiros, de modo que, de repente, eles passam a existir duas vezes e encontram-se ao longo do romance. A obra descreve alguns dos encontros dos gêmeos paradoxais, sem oferecer uma resposta à pergunta como essa multiplicação ocorreu. Infelizmente, porém, o romance favorece a chamada hipótese de simulação, que remete ao filósofo Nick Bostrom e que eu expliquei (e refutei) em outro lugar[79]. Segundo essa hipótese é mais provável que nós sejamos personagens numa simulação de computador, que produziu uma civilização muito mais inteligente, na qual nós não somos os seres vivos de carne e osso que acreditamos ser.

Entretanto essa hipótese levanta o problema da nossa identidade verdadeira: seríamos apenas figuras numa simulação, seríamos animais ou seríamos idênticos aos nossos fluxos de cons-

---

79. GABRIEL, M. *Der Sinn des Denkens*, p. 249-253.

ciência, de modo que não importa se nós somos feitos à base de carbono ou se somos arquivos num *chip* de silício?

> Esses simples experimentos mentais ilustram de maneira clara o problema da **identidade pessoal temporal**. Ela consiste no fato de não podermos dizer sem mais nem menos se e em que sentido eu sou o mesmo que fui 25 anos atrás. Se todas as células do meu corpo fossem substituídas por outras, mas organizadas da mesma forma (o que acontece com muitas células do corpo e de órgãos inteiros – por exemplo, a pele – várias vezes ao longo da vida), o animal que disso resultasse seria idêntico a mim ou não?

O animalismo afirma que sim e defende a tese de que a continuidade da minha pessoa, ou seja, meu eu, seria *biológica* ao longo de várias fases da vida, razão pela qual falamos aqui de **continuidade biológica**. Disso distingue-se outra abordagem, defendida por Parfit, que vê a identidade pessoal numa **continuidade psicológica** ao longo do tempo: eu sou o mesmo que fui 25 anos atrás porque existe uma ligação espiritual entre o meu eu atual e o meu eu de então. O melhor exemplo para essa abordagem é a obra do filósofo britânico John Locke. Para ele, uma pessoa é o seguinte:

> [...] um ser pensante e racional dotado de razão e do dom de reflexão, que consegue compreender-se como si mesmo e como o mesmo ser pensante em diferentes tempos e lugares[80].

Mesmo que não acreditemos em uma continuidade biológica nem em uma continuidade, não é fácil encontrar um erro substancial nessas abordagens. A razão pela qual podemos acreditar

---

80. LOCKE, J. *Ein Versuch über den menschlichen Verstand*. Berlim, 1872, p. 280.

ser algo que não seja idêntico com um animal está no fato de que nós conseguimos imaginar que o corpo animal externamente visível de um ser humano continue a viver, ao mesmo tempo em que temos certeza absoluta de que a pessoa já faleceu.

Parfit lembra o caso muito discutido de Nancy Cruzans, vítima de um acidente, cujo tronco cerebral manteve vivo o seu corpo por muitos anos, ao mesmo tempo em que os médicos constataram que seu cérebro já tinha morrido e que, por isso, ela já não existia mais como pessoa (provavelmente). Foi com base nesse caso que, em 1990, o Supreme Court permitiu que os pais dela suspendessem a nutrição artificial de seu corpo mortal. Parfit comenta esse caso difícil do ponto de vista ético da seguinte maneira:

> Quando o cérebro de Cruzan morreu, seus pais convenceram-se de que a pessoa Cruzan tinha deixado o seu corpo, enquanto o animal humano continuava a existir com um coração que batia e um pulmão que respirava, até que, enfim, a sonda gástrica foi removida, o coração parou de bater e o animal pôde descansar em paz[81].

Essa reflexão é expressão de uma definição dualista um tanto bruta do animal. Se imaginarmos um dálmata que tivesse sofrido morte cerebral, mas que continuasse sendo ventilado artificialmente, essa lógica diria que ele continuaria sendo um dálmata, e não apenas o seu corpo. No entanto muitos animais têm consciência, de modo que, aqui, Parfit distingue entre seres vivos com e sem consciência, mas isso não lança luz sobre a pergunta de que em que sentido o ser humano seria um animal.

Outro experimento mental que exerce um papel decisivo na discussão sobre a importância do animalismo gira em torno da

---

81. PARFIT, D. "Why we are not human beings", p. 41.

pergunta se nós ainda seríamos nós mesmos se o nosso cérebro fosse transplantado para outro corpo (podemos ter dúvidas legítimas em relação à possibilidade real desse procedimento; clinicamente, pelo menos, ainda não somos capazes disso). Aqui, Parfit acredita que nós ainda seríamos nós mesmos se, algum dia, acordássemos no corpo de outra pessoa, e disso ele deduz que nós jamais somos idênticos ao animal inteiro, no máximo com uma parte de um animal (o cérebro). Porém, para ele, existe uma objeção válida a isso, visto que não podemos refutar completamente a possibilidade de ainda sermos nós mesmos quando, de maneira espontânea, aparecêssemos em outro lugar como cópias física e psicológica exatas de nós mesmos. Mas nem aqui a reflexão de Parfit leva-nos a um autoconhecimento da forma de vida humana, pois poderíamos fazer a mesma pergunta quanto ao transplante do cérebro e à cópia exata de um dálmata.

Parfit distingue três vertentes teóricas contrárias que, mesmo assim, deveríamos levar a sério: o *imaterialismo*, o *lockeanismo* e o *animalismo*:

> A nossa identidade pessoal ao longo de diferentes intervalos (e funções sociais) consiste, portanto, em sermos uma substância pensante imaterial (**imaterialismo**), em nos considerarmos a mesma pessoa que se reconhece como si mesma (**lockeanismo**) ou em sermos o mesmo organismo que, por um tempo, defende-se contra a entropia, ou seja, contra a tendência de dissolução de estruturas no universo físico (**animalismo**).

Além das brigas filosóficas que separam essas posições, outra coisa importante deve ser contemplada no nosso contexto. Tanto os animalistas quanto seus adversários apoiam-se numa concepção de animalidade que eles não questionam. Enquanto os animalistas acreditam que a biologia moderna teria nos ensinado que podemos inserir-nos no reino animal sem maiores problemas, os antianimalistas afirmam que nós não somos apenas animais de determinada espécie e, portanto, objetos da pesquisa científica, mas também pessoas com faculdades intelectuais. Desde Locke, **pessoa** representa um conceito jurídico: uma pessoa é um eu que tem determinados direitos e obrigações, deduzidos do fato de que somos dotados de razão[82]. Uma pessoa é definida por relações sociais e morais e não se esgota nos processos energético-materiais da autopreservação, por meio dos quais um animal como organismo defende-se contra a pressão ambiental. Evidentemente, não apenas os seres humanos, mas também outros seres vivos, têm direitos, o que é uma conquista do Estado de direito, graças à qual podemos impedir pelo menos algumas das crueldades desnecessárias e moralmente condenáveis em relação a outros seres vivos. No entanto é difícil deduzir desses direitos dos animais, também possíveis obrigações dos animais, e encorajar golfinhos ou gorilas a trabalharem em prol da igualdade dos gêneros.

O ser humano tão animal quanto máquina?

Tanto os animalistas quanto os antianimalistas acreditam que devemos compreender o "animal" como algo que seja objeto das ciências da vida. Mas as ciências da vida, por sua parte, têm, com boas razões metodológicas, obrigações em relação ao mecanicismo, ou seja, a uma determinada forma de pensar. E essa forma de pensar chega em seus limites quando tentamos

---

82. Sobre o campo temático da pessoa, cf. STURMA, D. *Philosophie der Person – Die Selbstverhältnisse von Subjektivität und Moralität*. Paderborn; Munique; Viena; Zurique, 1997. • QUANTE, M. *Person*. Berlim; Nova York, 2007.

nos identificar como seres humanos com um complexo autômato celular. O **mecanicismo** como forma de pensar consiste em compreender um sistema de elementos (células, por exemplo) organizados e interligados de determinado modo a partir de uma interação entre suas partes. O mecanicismo dissolve um sistema vivo complexo como um animal humano completo em muitos subsistemas, que, por sua vez, podem ser estudados em seus mínimos detalhes para, assim, entender e influenciar indiretamente o funcionamento do sistema inteiro.

Devemos a forma de pensar mecanicista à medicina humana moderna que, há pouco tempo, conseguiu desenvolver com uma velocidade impressionante uma gama inteira de vacina contra o SARS-Cov-2. Quando vamos ao médico, é melhor que ele tenha tido uma formação mecanicista e divida o paciente em subsistemas, para os quais existem especialistas, cujo conhecimento costuma estar à altura das pesquisas mais recentes. Nesse sentido, não tenho nenhuma objeção ao mecanicismo como método, porém isso não significa que o mecanicismo represente uma imagem humana sensata ou até mesmo correta, significa apenas que um modo de pensar mecanicista é capaz de produzir importantes métodos e modelos científicos.

Ao mecanicismo contrapõe-se o **holismo**, que insiste que, no fim das contas, um ser vivo só é um organismo quando visto como um todo. Um coração bate como parte de sistemas que, juntos, garantem que eu, como um ser humano, possa levar uma vida (longa e saudável, se eu tiver sorte). O holismo compreende os subsistemas do organismo a partir de sua posição funcional dentro de um todo, que, na lógica explicativa, precede as partes. Justamente nas ciências da vida, um modo de pensar holístico e sistêmico exerce na atualidade um papel relevante, como mostra o fisiólogo britânico de Oxford Denis

Noble em seus livros – que recomendo – *The music of life* e *Dance to the tune of life*[83].

Fato é que, hoje, nós entendemos o sistema biológico chamado ser humano apenas em algumas de suas partes, e para isso existe uma série de razões. Visto como um todo, o ser humano é complexo demais para que possamos explicá-lo totalmente de forma mecanicista. Nesse contexto, **complexidade** significa, no mínimo, que só podemos explicar e entender um todo se o dividirmos em subsistemas, sendo que, por sua vez, essa divisão dissolve ou altera características essenciais do sistema maior. Sistemas complexos não podem ser entendidos no todo pela divisão em partes, que entendemos melhor porque essa divisão altera características essenciais do sistema que queremos entender. Sistemas complexos são imprevisíveis, eles nunca se comportam de uma maneira que nos permite controlá-los em sua totalidade[84].

Cito um exemplo concreto da realidade cotidiana da pandemia do coronavírus, que nos confrontou de forma drástica com o fenômeno da complexidade: ao restringirmos os contatos por meio do *lockdown* de subsistemas da sociedade (por exemplo, a suspensão de aulas), geramos, em outros lugares, novos contatos. As pessoas isolaram-se em pequenos grupos, como as famílias, visto que um isolamento completo não é possível nem desejável, especialmente para crianças. Nesses grupos do *lockdown*, o vírus espalhava-se sem controle, de forma que a pandemia transferiu-se para outros grupos de maneira amenizada. Por isso o

---

83. NOBLE, D. *The music of life* – Biology beyond the genome. Nova York, 2006. NOBLE, D. *Dance to the tune of life* – Biological relativity. Cambridge, 2017.

84. Por isso complexidade é, no mínimo, epistemologicamente (do grego *episteme* = conhecimento), talvez, porém, também ontologicamente (do grego *on* = ente) real, o que, na maioria dos casos, é indistinguível para nós porque precisamos entender cada sistema complexo como tal, o que costuma dificultar as coisas.

sistema complexo da pandemia não pode apenas ser subdividido em unidades pequenas – em contaminações individuais ou até mesmo em partículas individuais do vírus – sem que ele se transformasse de maneira incontrolável, pois parte da pandemia também era a reação social.

Paradoxalmente, por intermédio de medidas para combater a pandemia, geramos novas probabilidades de infecção, que foram limitadas com a imposição de novas restrições aos contatos, até ser alcançado o limite que – pelo menos em democracias liberais – de violação dos direitos humanos elementares. As restrições impostas aos direitos fundamentais para controlar a pandemia foram drásticas, mas nem elas conseguiram encerrar a pandemia rapidamente, e ainda geraram danos colaterais incalculáveis em outros lugares do sistema complexo, que é a sociedade.

O próprio vírus alimentava-se da complexidade do organismo humano. Ele espalhava-se nos subsistemas, em alguns casos alterando a interação e o equilíbrio entre esses subsistemas, a ponto de causar casos terríveis e graves de Covid-19 – algo não interessante ao vírus, pois a morte do hospedeiro priva-o de sua base de existência.

Na Modernidade, uma ênfase excessiva do mecanicismo resultou, sobretudo desde Descartes, na ideia de que os animais seriam máquinas, i.e., sistemas que consistem em muitas partes e com cujo comportamento o sistema como um todo é idêntico. Descartes vê os animais como uma coleção de órgãos. O ser humano, afirma Descartes, age "pela razão"; os animais "somente de acordo com a organização de seus órgãos"[85]. A diferença es-

---

85. DESCARTES, R. *Discours de la méthode pour bien conduire sa raison et chercher la vérité dans les sciences / Von der Methode des richtigen Vernunftgebrauchs und der wissenschaftlichen Forschung.* Hamburgo, 1990, p. 93.

sencial entre nós e os animais consiste, portanto, no fato de que nós dispomos de razão e língua como "instrumento universal",

> que está a nosso serviço em todas as ocasiões, enquanto esses órgãos necessitam de uma instalação especial para cada ação; isso torna improvável que, numa única máquina, existam suficientes órgãos diferentes que lhes permitiria agir em todos os casos da vida da mesma forma como a nossa razão faz-nos agir[86].

Descartes reduz os animais a uma coleção de órgãos, a um organismo que ele entende como máquina, cujas partes produzem determinados efeitos. Por isso falamos nesse contexto também de **reducionismo**, que basicamente remete o todo às suas partes. Por exemplo, uma pessoa que explica o comportamento de um ser humano com a ajuda da pesquisa neurocientífica de seus padrões neuronais pensa de forma também reducionista que alguém que explica a identidade de uma pessoa ao longo de diferentes intervalos com a continuidade biológica de um amontoado de células organizadas de um homem animal.

---

86. *Ibid.* Diga-se de passagem que, desse parágrafo e de muitos outros lugares e pensamentos de sua obra, segue que Descartes não é um dualista moderno. Ele não afirma que cada estado mental corresponderia a um estado neuronal, de modo que corpo e alma estão intimamente interligados, mas, mesmo assim, são diferentes. Se ele fosse dualista, ele afirmaria, por exemplo, que uma substância imaterial (a famosa *res cogitans*) interage de certa forma com o nosso corpo, agindo sobre a glândula pineal – uma concepção que costuma ser atribuída a ele. Mas esse dualismo metafísico não pode ser encontrado em Descartes, pois, para ele, as atividades do pensamento (*cogitare*) incluem não só o pensar (*intelligere*), mas também o sentir (*sentire*), as imaginações (*imaginari*) e o querer (*velle*). Tudo isso, porém, só existe na interação entre corpo e espírito, de modo que Descartes não reduz a *res cogitans* a uma dimensão imaterial. Devo essa percepção histórica, filosoficamente importante, para a nossa compreensão da divisão moderna de sujeito e objeto, cf. ROMETSCH, J. *Freiheit zur Wahrheit* – Grundlagen der Erkenntnis am Beispiel von Descartes und Locke. Frankfurt, 2018.

Após Descartes, Julien Offray de La Mettrie – que foi perseguido por causa de suas teses e acolhido pelo rei dos filósofos, Francisco, o Grande, em Potsdam – analisou a existência humana da forma mais bruta possível. Em seu manifesto *O homem-máquina (L'homme-machine)* ele argumentou de modo inadequado em prol da tese de que todos os animais e, portanto, também o ser humano, seriam máquinas desalmadas[87]. Seu ponto de partida é que todo o universo nada mais é do que uma única máquina gigante que pode ser explicada de forma total a partir da interação de suas partes, de modo que também o ser humano, como animal, esgota-se totalmente nessa estrutura. Para La Mettrie, tudo que existe pode ser explicado maquinalmente, a partir da interação das partes individuais. Por isso nem os animais, nem o ser humano, poderiam ser uma exceção.

La Mettrie é a testemunha principal da enorme projeção de um equívoco referente ao ser humano sobre a realidade como um todo. Seu equívoco consiste no fato de que ele vê sua própria animalidade como um aparato de pequenos elementos que, no espelho, tem a aparência de La Mettrie. Então ele transfere essa imagem distorcida de si mesmo para os outros animais, executando um *salto mortale* no último ato ao considerar toda a realidade como uma máquina.

Um dos equívocos mais graves do mecanicismo e, portanto, do reducionismo mais comum consiste na confusão de dois tipos de totalidades: *somas*, de um lado, e *integridade*, de outro, o que foi reconhecido pelo biólogo e filósofo Hans Driesch, que foi um representante importante do holismo[88]. Uma mera soma

---

87. LA METTRIE, J. O. *L'Homme Machine / Der Mensch eine Maschine*. Stuttgart, 2001.

88. DRIESCH, H. *Die Maschine und der Organismus*. Leipzig, 1935, esp. p. 69-72.

forma uma totalidade, mas não uma integridade. Como Driesch observa,

> certa unidade [...] em objetos naturais que são totalidades somadas, com certeza existirá, visto que entre suas partes existe uma relação da atração mútua, que talvez não seja comprovável. Uma "unidade de ação" existe, portanto[89].

O que Driesch formula aqui de forma um tanto complicada é o pensamento segundo o qual processos e objetos no universo cientificamente observável sempre se encontram numa relação de interação com processos às vezes distantes, o que já ocorre apenas porque eles pertencem ao mesmo campo físico. Minha escrivaninha e minha xícara de café interagem (a xícara permanece em pé sobre a escrivaninha). Mesmo assim, ambas só formam uma soma porque sua unidade de ação pode ser dissolvida (sobre minha escrivaninha) sem que os objetos deixem de existir. O caso é diferente nos seres vivos. Quando divido um sapo em duas partes (por favor, não faça isso), ele deixa de ser um sapo. Por isso um sapo não é um amontoado sumário de células, mas um organismo.

Na observação sumária da natureza tudo está interligado com outra coisa no mínimo quando existe algum contato causal entre as partes. Dessa forma, encontramos na natureza as ligações estruturais mais aventureiras. Sob essa perspectiva, a ponta do meu nariz representa uma totalidade com a Torre Eiffel, porque ambos estão causalmente interligados (por exemplo, eu poderia tocar a Torre Eiffel com a ponta do meu nariz). Duas pessoas também formam esse tipo de soma causal quando elas dão suas mãos ou se beijam. Mas, nesse caso, as duas pessoas

---

89. *Ibid.*, p. 71.

não se fundem de forma total. Precisamos de outro conceito não só sumário e aditivo de uma totalidade, que Driesch chama de integridade. Integridades são

> totalidades, que sugerem à observação um conceito diferente da mera soma. Menciono aleatoriamente: mesa, sapo, partitura, conteúdo da vontade, estrutura de sentido[90].

Como exemplo para a diferença entre soma e integralidade, Driesch cita a diferença entre a mera soma de palavras "Porque embora cachorro com o sem" e a frase "A Grécia produziu muito pensadores grandes". A primeira sequência de palavras não faz sentido, embora apresente uma ordem composta da soma de suas partes. A segunda sequência de palavras, porém, tem um sentido e, portanto, apresenta uma unidade que transforma as partes da frase num todo, que, óbvio, não é idêntico à mera soma de suas partes. Podemos descrever isso também por meio da diferença entre dois seres humanos que se beijam e que, durante o beijo, fundem-se numa unidade de sentido, e dois seres humanos que, por acaso, acabam sentados um ao lado do outro num ônibus sem formarem uma unidade de sentido.

Driesch defende a tese segundo a qual os organismos devem ser entendidos a partir de uma "causalidade de integralidade"[91], uma concepção que se expressa em seu ensinamento, muito criticado, mas pouco estudado, do vitalismo – uma tradição de pensamento que, na filosofia da natureza e do meio ambiente atual, está sendo revitalizada, por exemplo, pela cientista política norte-americana Jane Bennett[92].

---

90. *Ibid.*, p. 71.

91. *Ibid.*, p. 70.

92. BENNETT, J. *Lebhafte Materie* – Eine politische Okologie der Dinge. Berlim, 2020.

O **vitalismo** é a tese holística segundo a qual os seres vivos, que nós classificamos como organismos, formam integralidades, que são mais do que a soma de suas partes. O todo é, portanto, o portador decisivo da causalidade da estrutura, i.e., podemos explicar melhor o comportamento das partes de um organismo a partir do todo e a partir de funções vice-versa.

Essa tese não é obsoleta nem foi refutada pela ciência natural, como costumam alegar sem provas e sem ocupação histórica com as grandes abordagens vitalistas de Driesch ou do famoso filósofo vitalista Henri Bergson, contemporâneo de Driesch e vencedor do Prêmio Nobel de Literatura[93]. Em física, biologia, informática, teoria da ciência e metafísica atuais fala-se da causalidade *top-down* (o todo determina o comportamento das partes), que o cosmólogo e matemático George Francis Rayner identifica até em sistemas puramente físicos não vivos[94]. Isso revitaliza o vitalismo verdadeiro que, de forma alguma, postula que existe uma força vital misteriosa, mas que aponta para o fato de que sistemas vivos precisam ser entendidos como integralidades, nas quais as partes e o todo interagem de um modo que não pode ser compreendido apenas pela análise da mecânica das partes.

A briga travada na época entre Driesch e alguns filósofos reducionistas do chamado Círculo de Viena de forma alguma foi decidida em favor do mecanicismo e do reducionismo. Ao

---

93. Bergson envolveu-se também numa discussão interessante com Einstein. Ele afirmava, contra Einstein, que a nossa vivência do tempo não podia ser reduzida ao tempo físico, sobre o qual o físico tinha apresentado descobertas revolucionárias no contexto de sua teoria da relatividade. Cf. a representação muito interessante do contexto histórico em: CANALES, J. *The physicist and the philosopher* – Einstein, Bergson, and the debate that changed our understanding of time. Princeton, 2016.

94. VOOSHOLZ, J.; GABRIEL, M. (orgs.): *Top-down causation and emergence*. Cham, 2021.

contrário, as ciências da vida atuais conhecem efeitos da nossa alimentação em nível molecular, o que significa que os nossos genes são determinados também por aquilo que nós fazemos como integralidades[95]. Existem, assim, efeitos do todo sobre suas partes, e o vitalismo só defendia isso. Em todo o caso, seria um exagero gritante deduzir, a partir do conhecimento atual sobre os processos elementares que ocorrem num animal, que ele nada mais é do que a soma de suas partes. Isso é simplesmente errado.

O mecanicismo que Descartes e, depois dele, La Mettrie, consideravam ser algo tão óbvio não condiz ao seu objeto, o vivo. A aplicação da tese do animal como máquina ao ser humano, realizada por La Mettrie, é interessante porque ela executa rigidamente o padrão que ocupa o centro do título do livro: primeiro o ser humano projeta, para delimitar-se de sua autocompreensão, o conceito mecanicista do animal sobre formas de vida que lhe são estranhas para, então, identificar-se com essa animalidade distorcida: o animal é visto como máquina, logo somos compreendidos como animais, e, assim, também nos tornamos máquinas. O mecanicismo teve tanto sucesso porque ele nutre a ilusão da possibilidade de entender e dominar a natureza.

Animais como nós? Os valores de Korsgaard

Há pouco tempo, a filósofa prática Christine M. Korsgaard, professora em Harvard, apresentou uma abordagem para a fundamentação de uma ética animal que nos permite mostrar como os nossos conceitos de animal, ser humano e natureza estão in-

---

95. Cf. BAUER, J. *Das empathische Gen* – Humanität, das Gute und die Bestimmung des Menschen. Friburgo, 2021.

terligados[96]. Korsgaard compreende o ser humano como animal capaz de ciência e ética e, por isso, consegue assumir uma perspectiva que pretende ser válida para todos os animais. Ela tenta, portanto, deduzir – a partir da nossa faculdade intelectual mais elevada – obrigações morais em relação aos animais não humanos, nossos *fellow creatures,* como ela os chama.

Porém sua abordagem tem um ponto fraco que precisamos remover. Ela não leva sua percepção, segundo a qual o ser humano está muito vinculado aos outros animais até o fim. Sua tentativa de definir o ser humano como animal falha – um padrão típico que já conhecemos – porque ela não julga que os animais sejam capazes de muita coisa, porque ela os vê como seres deficientes, como seres humanos a quem falta algo essencialmente humano (nesse caso, ciência e ética). É uma variante daquilo que a filósofa francesa Corine Pelluchon designa como "zoologia privativa"[97].

> **Zoologia privativa** (do latim *privare* = privar, roubar) é uma teoria que entende animais não humanos como animais da mesma forma como nós mesmos nos vemos como animais, reconhecendo, porém, nos outros animais, uma deficiência, já que lhes falta exatamente aquilo que nos distingue deles (ciência, razão, moral, língua, matemática ou qualquer outra coisa).

O ponto de partida de Korsgaard é a tese de que os seres vivos – ou, como já mencionamos, as criaturas (*creatures*) – "não

---

96. KORSGAARD, C.M. *Tiere wie wir* – Warum wir moralische Pflichten gegenüber Tieren haben. Munique, 2021. Observe a alteração do significado na tradução do título original, em que o ser humano é contraposto não aos animais, mas aos *other animals*. O título original é *Fellow creatures – Our obgliations to the other animals*. Oxford, 2018.

97. PELLUCHON, C. *Das Zeitalter des Lebendigen* – Eine neue Philosophie der Aufklarung. Darmstadt, 2021, p. 80.

[se encontram] em nenhuma hierarquia absoluta de sua importância"[98]. Assim os seres humanos não valem mais do que leões. Mas ela logo apressa-se a relativizar isso um pouco: "Mais precisamente: existe [...] *quase* nenhum ponto de vista a partir do qual podemos fazer tal julgamento"[99].

Korsgaard tira sua conclusão de que o ser humano não vale mais (nem menos) do que as outras criaturas do fato de que cada valor que um ser vivo possa registrar, ou seja, qualquer sentido de uma ação ou até mesmo da vida como um todo, depende de que a criatura sinta esse valor. Valores seriam, portanto, como é costume dizer, subjetivos ou, como ela fala, "amarrados (*tethered*)". O fato de eu preferir vinho a cerveja é, nesse sentido, um valor amarrado. Com base em minhas preferências, eu atribuo ao vinho um valor, um sentido em minha vida, que ele não precisa ter na vida de outras pessoas ou de outros seres vivos.

Verdade é que o nosso meio ambiente é marcado pelo fato de que nós, como seres vivos, o remodelamos como um nicho ecológico. Nós não nos vemos apenas em uma natureza, antes, transformamos o lugar em que nos encontramos em muitos níveis – também por transformarmos a atmosfera não só pela nossa respiração e, sim, infelizmente, muito mais com os nossos carros, as nossas usinas a carvão etc. Korsgaard vê as nossas valorizações como projeções das quais, na realidade, não resta nada além das coisas em sua mera materialidade, às quais nós, a partir da perspectiva subjetiva da nossa vida, atribuímos um valor que elas não têm.

> Cadeiras e mesas só existem a partir da perspectiva de criaturas que precisam ou usam móveis. Sem elas continuariam a existir coisas de madeira com tal e tal

---

98. KORSGAARD, C.M. *Tiere wie wir*, p. 25.
99. *Ibid.*

forma, mas não existiriam móveis. Se fôssemos elípticos e nadássemos pela atmosfera como um peixe, no nosso mundo não existiriam mesas nem cadeiras. Por conseguinte, os valores só existem sob o ponto de vista de determinado tipo de criatura, que avalia as coisas, ou seja, que tem uma atitude avaliadora em relação às coisas[100].

Korsgaard acredita, portanto, que todas as formas de vida têm seus valores específicos, sendo que os indivíduos de uma espécie podem desenvolver valorizações individuais. Mas a natureza em si, afirma ela, não tem nenhum valor. Só os seres vivos atribuem-lhe valores com base em sua perspectiva própria quando avaliam a natureza. Para Korsgaard, os valores vêm a existir quando seres vivos avaliam algo. E isso já lhe fornece uma definição para o animal:

> Um animal é – pelo menos no sentido em que emprego o conceito aqui – um tipo especial de organismo vivo que, por meio de seus sentidos, tem consciência (pelo menos parcial) de seu ambiente para, então, agir à luz dessa consciência. Ele orienta-se pelas suas representações para, no sentido funcional do "bom para" e "ruim para", receber aquilo que é bom para ele e evitar aquilo que é ruim para ele. Para que o sistema de representações possa prestar o seu serviço, ele precisa ter aquilo que eu chamarei de um caráter "ligado a valores"[101].

Todas essas reflexões levam-nos a pensar que Korsgaard coloca o ser humano no mesmo nível de todas as formas de vida. Assim, o ser humano seria um animal como todos os outros, isto é, para ela, o ser humano seria um ser vivo que, baseado seu pon-

---

100. *Ibid.*, p. 45.
101. *Ibid.*, p. 37.

to de vista, avalia a realidade e, assim, tenta realizar seus interesses, sobretudo, a sua sobrevivência.

Mas Korsgaard não seria famosa como filósofa da ética por representar um ponto de vista (supostamente) kantiano se, de alguma forma, ela não abrisse espaço para o pensamento segundo o qual a nossa capacidade de pensar e agir eticamente é central e transcende as valorações só relativas das outras criaturas. Korsgaard acredita que só o ser humano é capaz de desenvolver "ciência e ética"[102], pois só nós temos a capacidade de alcançar "uma percepção avassaladora sobre o mundo natural"[103]:

> Ele [o mundo natural] existe em total independência dos nossos interesses, é a obra de forças mecânicas que não se importam conosco nem com os outros animais. É um mundo em que não existe nenhuma garantia de que as coisas acabarão bem para nós, para os outros seres humanos, para os animais ou para a vida[104].

Agora, Korsgaard pretende deduzir uma ética em geral e a ética animal em especial justamente desse ponto de vista niilista moderno, o que é interessante porque revela o entrelaçamento das imagens do mundo, do ser humano e do animal na imagem do ser humano.

> O **niilismo moderno** é a tese que diz que a natureza em si não tem nenhum valor, sentido ou importância. Ela não se importa conosco nem com as nossas necessidades; antes, é simplesmente a estrutura energético-material geral em que, em algum momento, surgiram seres vivos, que avaliam seu meio ambiente, e essa é a origem de todos os valores.

---

102. *Ibid.*, p. 75.

103. *Ibid.*

104. *Ibid.*

Korsgaard usa esse niilismo como fundamento da ética, no sentido de que ela vincula-o à nossa capacidade de ignorar os nossos interesses egoístas e reconhecer que aquilo que nós prezamos como indivíduos ou bando não tem valor objetivo. Assim, acredita ela, abre-se espaço para o reconhecimento das valorações de outras pessoas e de outros seres vivos, e para a percepção de que eles não existem "no mundo para o *nosso* usufruto"[105].

Com recurso a reflexões da filosofia do animal, Korsgaard parte – de modo análogo ao imperativo categórico de Kant – do pressuposto de que só seres vivos capazes de se perguntarem o que seria correto com base no ponto de vista de todos os envolvidos estariam capacitados a dar uma resposta a perguntas éticas.

> Perguntas éticas ocupam-se – e nisso devemos concordar com Korsgaard – com aquilo que devemos fazer ou deixar de fazer pelo fato de sermos seres humanos. A capacidade de formular perguntas éticas e de respondê-las pressupõe que somos capazes de renunciar aos nossos interesses em prol de outros.

A essa altura, Korsgaard inicia uma manobra que já conhecemos da tradição kantiana. Estou falando da seguinte reflexão, que também conseguimos entender sem um estudo complexo de Kant: quando valorizamos qualquer coisa porque ela condiz com os nossos interesses, nós compartilhamos uma qualidade formal com todos os outros seres vivos que também valorizam e prezam algo – seja fontes de alimento, sexualidade ou qualquer outra coisa. Todos aqueles que se interessam por algo são um eu, i.e., eles identificam-se dentro de uma estrutura que consiste neles e em algo não idêntico a eles. Ser alguém, ou seja, ser si mesmo, pressupõe vivenciar sua vida como realização própria de

---

105. *Ibid.*, p. 76.

um lado e, de outro, como evento alheio; ou ser alguém significa poder diferenciar entre eu e não eu. Korsgaard, recorrendo à linguagem filosófica tradicional, chama isso de autoconsciência[106].

Isso, porém, ainda não responde à pergunta por que alguém é capaz de distinguir entre o bem e o mal e, portanto, entre algo que todos deveriam fazer ou deixar de fazer. Por isso é necessário o componente reflexivo adicional segundo o qual os seres vivos capazes de compreenderem a si mesmos como fontes de valores autoconsciente são fins em si mesmos. Na leitura de Kant por Korsgaard, isso é justificado da seguinte forma: os seres humanos têm dignidade e, portanto, um valor incondicional porque somos capazes de nos compreendermos como fontes de valores, sem a qual não existiriam valores absolutos e incondicionais, como a dignidade humana.

Segundo Korsgaard, por meio da nossa estrutura como fontes de valores autoconscientes, nós produzimos o valor absoluto da capacidade de valorizar. Assim, libertamos a ética graças à nossa existência como o Barão de Münchhausen puxando-nos pelos nossos próprios cabelos do pântano de uma animalidade ainda não moralmente equipada. Korsgaard acredita que do fato de que os seres vivos estabelecem valores relativos (por exemplo, quando estão com fome e prezam um bom queijo), segue, então, que a fonte de valores tem em si um valor incondicional e não apenas relativo.

Essa manobra apresenta falhas em muitos lugares, porém ela leva-nos a duas consequências difíceis de serem defendidas, cuja identificação nos ajudará a progredir. Em primeiro lugar, em Korsgaard, essa construção resulta num antirrealismo agudo, que ela formula na seguinte passagem, exemplar para esse conceito:

---

106. *Ibid.*, p. 48-55.

O antirrealismo agudo segundo Korsgaard: padrões morais nada mais são do que os padrões de comportamento que todos nós podemos querer que as pessoas sigam. No entanto, diferentemente do que você talvez tenha imaginado, a razão pela qual todos conseguem consentir em tal comportamento não é porque ele é moralmente correto. Ao contrário, ele é moralmente correto porque todos podem consentir nele[107].

Realismo seria a concepção pela qual existem valores objetivos e reconhecíveis por nós que existem de modo independente do nosso reconhecimento, enquanto o antirrealismo afirma que valores só existem porque nós os reconhecemos.

O antirrealismo apresenta alguns pontos fracos, porque ele não consegue explicar como nós avaliamos e justificamos ações e decisões concretas. Basta lembrar os muitos problemas éticos que exerceram um papel importante durante a pandemia do coronavírus. Todos concordaram com o uso obrigatório de máscaras em escolas de ensino fundamental, com um toque de recolher a partir das dez da noite ou até mesmo com uma triagem numa situação de falta de bens medicinais? No caso concreto, a situação, complexa do ponto de vista ético, dificilmente poderá ser resolvida com o estabelecimento de um consenso aceito por todos. Por isso a ideia de que, nos casos concretos, existiria algo que todos podem aceitar é um exagero da concepção conforme a qual os valores morais seriam cons-

---

107. *Ibid.*, p. 164. Korsgaard recorre aqui à abordagem de seu colega em Harvard, Thomas M. Scanlon, que faz uma reflexão semelhante em *What we owe to each other* (Cambridge; Londres, 1998). Mas, como muitos outros, Scanlon realizou outra virada realista para evitar as consequências absurdas que resultam quando compreendemos todas as verdades morais, i.e., todas as respostas a perguntas éticas, como expressão das regras de construção para um consenso humano. Cf. SCANLON, T.M. *Being realistic about reasons*. Nova York, 2014.

titutivos, ou seja, conceitualmente vinculados a um consenso. Essa ideia exagera a observação correta e importante de que existem muitos casos em que nós concordamos eticamente e reconhecemos os mesmos fatos morais como algo natural (por exemplo, a ideia de que não devemos matar outra pessoa). Do fato de que consenso ético é possível não segue, porém, que a ética esgota-se no consenso, ou seja, que não existem valores objetivos de que trata a discussão ética.

Independentemente, porém, da pergunta se a ética pode ser fundamentada na construção de consensos ideais (que, em questões difíceis, nunca existem!), a versão de Korsgaard de um antirrealismo agudo leva-a a uma posição antropocêntrica não justificada. Por que, por exemplo, se seguíssemos a posição de Korsgaard, não deveríamos reduzir de modo radical a biodiversidade se isso trouxesse benefícios ao ser humano? Se precisássemos exterminar outras espécies animais para vivermos de forma mais saudável, mais longa e mais feliz, isso seria moralmente justificado só porque todos os seres humanos concordariam com isso? Nós evitaríamos algumas mortes humanas se matássemos todas as abelhas e vespas, mas disso não segue que seria moralmente correto fazê-lo se todos os seres humanos fossem a favor de proteger os alérgicos entre nós (dos quais eu faço parte). Embora elas sejam bastante perigosas para mim e muitas outras pessoas, eu consideraria um erro moral e até mesmo uma ideia maligna exterminar todas para proteger vidas humanas. E mesmo que todos – alérgicos e não alérgicos – chegassem ao consenso de que as abelhas e vespas devem ser destruídas para proteger o ser humano, isso não eliminaria o erro moral de submeter esses insetos a tal genocídio.

Korsgaard responde a isso dizendo que devemos levar em conta o ponto de vista dos outros seres vivos, perguntando-nos o que seria do interesse de todos. Mas os animais – sem falar do nosso meio ambiente compartilhado – não são contemplados eticamente como seres independentes de nós como fontes de valores absolutas, ou seja, eles não são convidados a participarem do "parlamento das coisas", como expressa o sociólogo francês pós-moderno Bruno Latour[108].

Tudo isso é resultado do ponto de partida de Korsgaard: quando o ser humano é visto como coroa da criação, que se distingue de todos os outros animais por meio de sua percepção mais elevada e, assim, produz valores morais universais, os outros seres vivos tornam-se "cocriaturas", ou seja, *fellow creatures*.

Trata-se de um rebaixamento no sentido de que, mais uma vez, os outros animais são vistos como seres deficientes do ponto de vista humano, ou seja, os animais são animais humanos sem o especificamente humano da ciência e da ética – um caso claro de zoologia privativa. Assim, nem surge a pergunta se nós, os seres humanos, poderíamos aprender algo com os outros seres vivos pró-sociais em questões referentes à moral. Ao contrário, o reino animal apresenta-se como estado natural puro, no qual valem apenas os interesses implacáveis sem que os agentes jamais fossem capazes de alcançar uma percepção moral.

Mas como Korsgaard pode ter tanta certeza de que alguns dos outros seres vivos não são capazes de reconhecer o bem e o mal? É verdade que nós, humanos, discutimos por meio da fala o que devemos e não devemos fazer, estando aptos a nos comunicar e a formular as razões para as nossas ações de forma diferente, pelo que sabemos, das outras formas de vida (quem consegue dizer o que baleias, abelhas ou florestas discutem entre si?). Mas do "silêncio dos animais", como formula Elisabeth de

---

108. LATOUR, B. *Das Parlament der Dinge*. Frankfurt, 2010.

Fontenay, filósofa francesa dos animais, não segue necessariamente que eles sejam incapazes de fazer um julgamento moral[109].

Alice Crary – *inside ethics*

E é aqui que uma abordagem da filósofa nova-iorquina Alice Crary nos ajuda a avançar. Em seu livro *Inside ethics*, ela demonstra que o pensamento ético não ocorre "vindo de fora" (*from outside*)[110]. O que ela quer dizer é que a pergunta sobre o que devemos fazer por razões morais em uma situação de ação concreta, que sempre compartilhamos com outras pessoas e seres vivos não humanos, nunca pode ser abordada contemplando a realidade apenas do ponto de vista objetivo de uma análise empírica.

Quando você vê um cachorro gritando de dor porque alguém pisou em sua pata, você não precisa de um estudo para constatar que alguém cometeu um mal contra o cachorro que deveria ter sido evitado. Uma pessoa que pisa na pata de um cachorro por mera diversão comete, portanto, um erro moral, e faz algo que se insere no âmbito do mal. E da mesma forma que você não deveria roubar o filho de seus pais para devorá-lo, sob um ponto de vista moral, você precisa perguntar-se se é moralmente apropriado comer um bife de vitela, pois o bezerro também tem pais que não querem que seu filho acabe no prato de outra espécie.

No entanto essa argumentação pressupõe que o sofrimento inimaginável e terrível que pais humanos são obrigados a suportar quando eles são separados de seus filhos (eu, como pai, não

---

109. FONTENAY, É. *Le silence des betes* – La philosophie a l'epreuve de l'animalite. Paris, 1998.

110. CRARY, A. *Inside ethics* – On the demands of moral thought. Cambridge; Londres, 2016, p. 2.

quero nem imaginar os horrores aos quais crianças e seus pais são submetidos todos os dias) ocorra de forma análoga também em outros seres vivos. Como aprendi há pouco tempo durante uma visita a uma fazenda, em seus desejos sexuais e em seus comportamentos agressivos, os touros não diferenciam a sua própria cria e a de outros touros, o que é usado como justificativa para separar os bezerros de seus pais. Isso não justifica o consumo dos bezerros, é apenas um indício de que as nossas relações de parentesco e de categorias sociais são muito mais complexas e refletidas eticamente do que as de muitos outros seres vivos com os quais nos identificamos de modo mais fácil. Como veremos mais adiante, precisamos reconhecer que os seres humanos são bem diferentes dos outros seres vivos em muitos sentidos, razão pela qual o conceito de animal é, por tradição, também um conceito para as formas de vida que nos são bastante estranhas – motivo que levou muitas culturas e muitas religiões endeusarem-nas por precaução.

Nós vivenciamos a realidade como moralmente carregada, ou seja, de modo que sentimos que devemos fazer ou deixar de fazer determinadas coisas. Não temos nenhuma razão para crer que outros seres vivos que também têm um juízo normativo, i.e., que classificam seu ambiente em circunstâncias agradáveis e desagradáveis, encontrem-se fora da ética e sejam meros eventos naturais sem nenhum valor intrínseco. Ao contrário, tudo que sabemos sobre a vida hoje em dia indica que outros seres vivos também vivenciam valores, ou seja, eles também orientam-se por valores (alguns animais preferem determinadas paisagens a outras por razões estéticas), mas que eles não registram em escrita nem transmitem de outra forma.

Não sabemos como é ser um cachorro, uma abelha, um polvo ou um morcego, mas tudo indica que a realidade desses seres vivos não é apenas uma ocorrência anônima e, sim, que é percebida como algo que tem valor. O comportamento inequivocamente pró-social que observamos fora do âmbito humano (e que constatamos já no nível microbiológico) pode ser classificado como indício de reconhecimento de valores. Disso não segue que as abelhas têm uma ética explícita e que desenvolvem um estado com base nela; significa, sim, que elas são capazes de compreender que a realidade tem valor, da mesma forma que as abelhas e outros seres vivos com certeza são capazes de reconhecer se há poucas ou muitas flores num campo sem que, por isso, sejam capazes de desenvolver uma teoria matemática de números ou grandezas.

Por isso Crary rejeita o niilismo, i.e., a "visão do mundo mais aceita, que diz que a estrutura material real do mundo carece de qualquer valor moral"[111]. Visto que, segundo o niilismo moderno, os seres humanos e outros seres vivos, como corpos pertencem a uma camada da realidade despida de valores, encontramo-nos – e os outros seres vivos quase que de maneira total – fora da ética, e precisamos justificar porque nós deveríamos nos comportarmos de forma moralmente correta. Como vimos, Korsgaard acredita que isso é dado por nossa capacidade reflexiva de nos compreendermos como fonte de valores, mas disso vem que apenas o nosso juízo racional, reflexivo e autoconsciente representa uma fonte de valores verdadeira. Assim, Korsgaard dá continuidade à antiga divisão primordial do ser humano em um lado animal e um lado racional, que nos faz ver os outros seres vivos como meros animais.

O **dualismo antropológico** é a tese que diz que um ser humano consiste em dois elementos, uma par-

---

111. *Ibid.*, p. 11.

te animal e irracional e uma parte especificamente humana, em geral considerada como mais valiosa. O problema principal dessa tese manifesta-se quando a parte irracional é entendida de modo errado como livre de valores ou até mesmo inferior, ou seja, como mero "animal em nós".

Crary evita esse dualismo antropológico ao rejeitar, desde o início, a ideia de que a realidade seria despida de valores. Essa concepção é refutada pelo fato de que, no dia a dia, nós não partimos do pressuposto de que nos encontramos num espaço natural sem valores e eticamente neutro, que impregnamos com nossas valorações, de certa forma, mentais. Uma análise mais minuciosa revela que essa concepção de uma natureza cruel e despida de valores que não se importa com nenhum de nós é também uma valoração, ou seja, uma concepção avaliadora da realidade.

Crary substitui esse niilismo moderno por uma concepção da realidade conforme a qual nós não precisamos recorrer a argumentações complexas para defender-nos contra o niilismo, pois sempre existimos *inside ethics*, ou seja, dentro de juízos de valores que, desde o início, incluem outros seres vivos.

> O mundo está cheio de coisas equipadas com valor moral objetivo, ou seja, de seres humanos e animais. Portanto agimos corretamente quando levamos a sério o nosso entendimento natural de juízos morais e os vemos como avaliações guiadas pelo mundo da responsabilidade apropriada em relação a esses valores[112].

A abordagem de Crary parte do ponto correto. Quando falamos de questões da ética em geral e da ética animal em especial,

---

112. *Ibid.*, p. 88s.

a relação entre ser humano, animal, natureza e realidade é questionada. Uma das razões pelas quais nos encontramos a caminho do autoextermínio não sustentável é que temos uma concepção equivocada de nós mesmos, que vê o ser humano como observador, como parte de uma realidade desvinculada da natureza. Isso nos cega para as inúmeras interações que ocorrem entre as nossas atividades e o chamado meio ambiente, que não nos cerca, mas impregna. O meio ambiente não está ao nosso redor, mas dentro de nós (basta pensar nos muitos organismos que nos habitam ou no simples fato de que nós mesmos somos parte de campos físicos). Assim, interferimos sem perceber na natureza quando, por exemplo, ficamos irritados na internet com o fato de que o mundo não está fazendo o suficiente para proteger a natureza; cada clique, cada busca no Google, cada postagem, cada *like*, cada mensagem, cada videoconferência, gera e usa dados que não existiriam sem os servidores, que consomem quantidades gigantescas de energia. Nesse sentido, o nosso mundo digital parece com a matriz descrita no filme mais recente de *Matrix – Resurrections*. Literalmente, as pessoas instalaram-se na sala de máquinas de um futuro distópico, em que sua vida mental transcorre de modo digital, ao mesmo tempo em que elas tentam criar uma ou duas plantinhas em sua sala.

Subjetividade e objetividade – por que nós não somos estranhos na natureza

Hoje, muitos acreditam que *a* ciência é o paradigma de uma constatação objetiva de fatos que deveriam orientar as nossas questões sociais – quando, por exemplo, ouvimos que *a* ciência deveria exercer um papel político maior contra os *fake news*. Mas não existe uma ciência unificada que tudo abrange, só disciplinas muito diferentes que alcançam conhecimento com métodos diferenciados. Para expressar isso com as palavras do fundador da ecologia (a quem devemos o conceito do meio ambiente), Jakob Johann von Uexküll:

> Hoje em dia, a palavra "ciência" é usada para praticar um fetichismo risível. Por isso vale lembrar que a ciência nada mais é do que a soma de todas as opiniões dos pesquisadores atuais[113].

É claro que isso não significa que não existam fatos que, graças aos métodos científicos, possamos constatar ou contestar de modo sensato. Naturalmente, isso vale também para os complexos fenômenos de crise contra os quais lutamos. É óbvio que existe uma mudança climática vinculada à nossa civilização científico-tecnológica, que nos lançou numa era de um gigantesco consumo de energia. Sabemos disso graças a diferentes áreas científicas, sem as quais não existiria uma mudança climática tão catastrófica. Sem a física, a química e a geologia modernas não existiriam combustíveis fósseis, nem motores, nem armas nucleares e biológicas. Acreditar que a ciência e a tecnologia conseguirão resolver sozinhas os problemas que elas ajudaram a causar é um equívoco ingênuo, do qual precisamos nos livrar o quanto antes.

Muitas especialidades científicas (desde subdisciplinas da física aplicada até a biologia) pesquisam os efeitos e as consequências da mudança climática e podem e devem ser usadas para desenvolver maneiras de viver mais sustentáveis. Mas sem as pesquisas e os métodos sociológicos, históricos e das ciências da política e da cultura não temos como lidar de forma sensata com

---

113. UEXKÜLL, J. J. *Umwelt und Innenwelt der Tiere*. Berlim; Heidelberg, 2014, p. 19.

a mudança climática. É preciso analisar a Índia ou a China como formações históricas e sociais complexas se quisermos entender que tipo de sustentabilidade é compatível com suas respectivas formações sociais. Não basta pensar em reduzir a emissão de gás carbônico. Precisamos também levar em conta dimensões históricas, culturais, sociais e religiosas da vida humana, que não podem ser analisadas pelas ciências naturais. Em suma: existe uma multiplicidade de ciências que só têm em comum o fato de que elas obtiveram sucesso e alcançaram conhecimento utilizando métodos objetivos e historicamente desenvolvidos.

E é claro que apenas as ciências não resolverão a crise climática; precisamos também de novas práticas e novas formas socialmente organizadas de viver e vivenciar, que não podem ser produzidas por elas. Por que, por exemplo, precisamos importar vinhos de todos os cantos do mundo se, hoje em dia, podemos produzir vinhos bons em quase todos os lugares? Temos que começar a valorizar produtos regionais e não querer ter acesso a bens globais a qualquer hora. Essa não é uma questão científica e, sim, de estética, de desejo, de *marketing* etc.

O apelo para apoiarmos *a* ciência, que, diante da complexa situação de crise em que nos encontramos trata-se de algo necessário, ignora que os problemas que agora queremos solucionar com ciência, economia e tecnologia surgiram justamente porque, poucas décadas após a Revolução Francesa, o progresso moral foi desvinculado do progresso científico-tecnológico[114]. Em decorrência disso, impôs-se a ideia insustentável de que objetividade seria descrever a realidade na forma de modelos matemáticos para, assim, torná-la previsível e controlável. Mas foi justo

---

114. Cf. GABRIEL, M. *Ética para tempos sombrios. Op. cit.*, e, semelhantemente, de uma perspectiva econômica: MIRANDA, K.L.; SNOWER, D.J.: Recoupling economic and social prosperity. *Global Perspectives* (2020) 1(1), p. 11867.

essa compreensão instrumental da natureza que permitiu que a moderna combinação de ciência e tecnologia produzisse produtos que vêm destruindo o nosso planeta. Longe de redimir a humanidade e de explicar como nós poderíamos levar uma vida correta, *a* ciência (no singular) viabilizou a sociedade de energia e consumo que, hoje, queremos dominar com mais ciência.

Por trás da ideia de que só precisamos de mais ciência e de mais tecnologia para solucionarmos as nossas crises esconde-se uma série de equívocos, sobretudo um equívoco relacionado à objetividade, como mostrou, entre outros, Alice Crary. Para compreensão instrumental da natureza, objetivo é aquilo que é o caso sem a nossa vivência subjetiva, i.e., sem a nossa perspectiva individual.

> Essa representação de objetividade pode ser descrita como **cientificismo metafísico**, que afirma que objetividade consiste essencialmente no ato de nos despirmos de nossa subjetividade e desenvolvermos uma imagem do mundo na forma de estudos, dados e modelos matemáticos que captam a realidade como ela, de fato, é.

O cientificismo metafísico impôs-se ao longo da Modernidade como ideia orientadora, como apontaram os historiadores da ciência Lorraine Daston e Peter Galison em seu livro *Objectivity*[115]. Ele não é algo evidente, trata-se de uma concepção unilateral da nossa capacidade humana de conhecimento.

> Nossa capacidade de conhecimento não consiste em despirmos-nos de nossa subjetividade (e, portanto, dos nossos juízos de valores) para reconhecermos de forma objetiva a realidade livre de valores; antes, consiste em reconhecer, com base no ponto de vista de

---

115. DASTON, L.; GALISON, P. *Objektivität*. Frankfurt, 2017.

um ser humano, como é a realidade. Nosso ponto de vista não distorce a realidade, é sempre uma parte integral dela. Nós só podemos reconhecer a realidade porque somos parte dela.

Às vezes, ouvimos alguém afirmar que a física quântica teria questionado a imagem falsa da objetividade (aqui criticada) no século XX quando descobriu o papel do observador, ou formulado de outra forma menos duvidosa a contribuição da nossa intervenção em cada sistema físico, sem a qual jamais teríamos adquirido um conhecimento físico. De acordo com esse entendimento, a física quântica já teria compreendido o ponto de vista humano há mais de cem anos. Mas essa afirmação não resiste a uma análise mais profunda, i.e., pois ela resulta de algumas interpretações da física quântica, mas não de suas descobertas matemáticas exatas e impressionantes. (Felizmente) a física quântica não suspende os padrões científicos epistêmicos (do grego *epistêmê* = conhecimento) da física moderna, que surgem a partir de descobertas pioneiras nos campos da matemática e da física, que influenciaram a nossa concepção do modo de funcionamento do universo, que independe de nós. Porém ela não é capaz de adotar um ponto de vista e uma consciência objetivos, que nem são seus objetos de pesquisa.

> Justamente porque a física tem a tarefa de explorar a realidade que não é afetada pela nossa vivência, mas é estruturada por parâmetros matemáticos que não se importam de verdade com os nossos interesses e pontos de vista individuais, a Modernidade pôde desenvolver a concepção equivocada que diz que nós, como seres vivos intelectuais e uma vivência própria, não nos inserimos muito bem na realidade. Visto que os pensamentos não podem ser medidos, eles são substituídos por medições de correntes cerebrais

e pelo equívoco de que seriam idênticos às correntes cerebrais. As conquistas das ciências naturais modernas transformaram o ser humano cada vez mais em um estranho no universo.

Alice Crary opõe-se a isso com a observação certeira de que nós vivenciamos a realidade como algo dotado de valores. Ela acata aqui a vertente filosófica da fenomenologia, desenvolvida pelo grande matemático e filósofo Edmund Husserl e que, até hoje, é considerada um dos pensamentos mais influentes da filosofia do século XX. De modo simplificado, podemos dizer:

> A **fenomenologia** investiga como a realidade apresenta-se a nós. A princípio, ela não tenta abstrair o nosso modo de vivência da realidade da nossa subjetividade; antes, parte da pressuposição de que não faz sentido perguntar por uma realidade independente do ser humano em que ocorremos.

As realidades em que vivemos são marcadas por nossa presença[116]. Por isso subjetividade e objetividade não se excluem mutuamente e interagem em nossa perspectiva humana. No espírito, subjetividade e objetividade estão entrelaçadas: a realidade que vivenciamos sempre nos inclui.

É por isso que podemos dividi-la e constatar analiticamente que muitos acontecimentos seriam, em todos os aspectos relevantes, do modo como os encontramos mesmo que jamais tivéssemos voltado a nossa atenção para eles. O fato de que existem milhões de galáxias não é um produto da nossa astronomia e, sim, algo que descobrimos por meio da ciência. Existe, claro, um número infinito de fatos que não depende de nós, mas disso segue que, diferentemente daquilo que afirma o cientificismo metafísico, de forma alguma as definições de

---

116. Cf. BLUMENBERG, H. *Wirklichkeiten, in denen wir leben*. Stuttgart, 1981.

objetividade e de realidade tenham que incluir o fato de serem independentes de nós.

Por essa razão, a filosofia da atualidade desenvolveu um Novo Realismo, cujos pensamentos centrais poderíamos resumir para o nosso contexto da seguinte forma:

> O **Novo Realismo** parte do pressuposto de que a nossa vivência da realidade, o espírito ou a subjetividade, são partes equivalentes da realidade como aquilo que classificamos como independente de nós. Portanto a objetividade não consiste paradigmaticamente em sua abstração da subjetividade[117].

Isso abre o caminho para um *novo realismo moral*, ou seja, para o reconhecimento de que a realidade da nossa vivência de valores e o fundamento da nossa prática de juízo moral não são ilusões, mas formas de conhecimento que nos permitem abordar as exigências normativas que a humanidade tanto necessita, sem cair no erro que diz que *a* ciência só deve ser investigada em relação aos fatos (por exemplo, a mudança climática) para que nós, como sociedade e indivíduos, saibamos o que fazer.

Os fatos da mudança climática, que expressamos em informações referentes à temperatura e que simulamos em cenários futuros infelizmente bastante realistas, não nos ensinam nada em relação à pergunta que postura moral e, portanto, que concepções do ser humano, da natureza e da vida, seriam necessárias para mudar a nossa conduta de vida individual e coletiva. Sustentabilidade resulta não de soluções tecnológicas, tem a ver com como queremos viver, com que tipo de vida consideramos ser significativo e sensato.

---

117. Cf. GABRIEL, M. (org.). *Der Neue Realismus*. Berlim, 2019, p. 8-16.

> O que as ciências naturais descobriram de forma irrefutável quanto aos métodos impressionantes que elas desenvolveram nos últimos séculos ainda não nos dita o que devemos fazer, pois, a princípio, o objeto das ciências naturais não tem valor: as ciências naturais pesquisam a estrutura dos fatos não morais.

Por isso, para recorrermos mais uma vez a Crary, precisamos "ampliar a nossa concepção do reino da objetividade para que ele contenha assuntos moralmente significativos"[118].

É um absurdo exigir que nos "unamos por trás da ciência (*unite behind the science*)", pois isso fazem os regimes tecnocráticos, as ditaduras militares e a indústria automobilística, que, para muitos, são encarnações do mal. Embora as ciências naturais tenham mostrado de forma inequívoca que existe uma contribuição perigosíssima do ser humano na mudança climática, que traz grandes perigos e injustiças, disso não segue como e se devemos impedir a mudança climática. O juízo de valor (correto!) segundo o qual precisamos repensar nossos sistemas social e econômico para encontrarmos uma forma de vida que permita à humanidade, no convívio com outros seres vivos, levar uma vida digna no nosso planeta, não vem dos fatos científicos que conhecemos. Conhecemos esses há décadas, mas esse conhecimento não transformou a nossa vida de modo a levarmos uma vida mais sustentável, mais tranquila e também mais espiritual, na qual o autoconhecimento e busca pela sabedoria seriam mais importantes do que o consumo de bens fadados a se tornarem lixo.

Valores são uma parte própria da realidade, eles formam campos de sentido que não podem ser substituídos por nenhuma camada livre de valores. Os campos de sentido dos valores podem ser compreendidos pelos seres vivos, que vivenciam

---

118. CRARY, A. *Inside ethics*, p. 200.

o universo não só em cores, formas, cheiros, sons, impressões sonares etc., mas também como algo dotado de valores, vivenciando aquilo que é, que acontece e é feito como bom, mau ou neutro. Os valores são tão pouco ilusões como cores e cheiros, embora só possam ser compreendidos quando levamos em conta a nossa presença na realidade.

O Novo Iluminismo na era dos vivos

Em decorrência da complexa situação de crise em que o ser humano encontra-se hoje, ouvimos o clamor por um Novo Iluminismo. Corine Pelluchon ressalta:

> Ele precisa ter um conteúdo positivo e apresentar, com base na antropologia e na ontologia, um projeto de emancipação que leve em conta os desafios do século XX – e esses desafios são, ao mesmo tempo, de natureza política e ecológica e estão vinculados ao nosso convívio com outros seres vivos humanos e não humanos[119].

Esse Novo Iluminismo, que é desenvolvido a partir de diferentes tradições e em diferentes continentes, baseia-se em três suposições: realismo moral, universalismo e humanismo[120].

> O **realismo moral** é a suposição de que, desde que sejamos seres humanos, existem convicções objetivamente corretas em relação àquilo que devemos fazer e que não devemos fazer.
>
> O **universalismo** é a ideia de que aquilo que devemos fazer e deixar de fazer por razões morais vale para

---

119. PELLUCHON, C. *Das Zeitalter des Lebendigen*, p. 19s.

120. Cf. em detalhe: GABRIEL, M. *Ética para tempos sombrios*. GABRIEL, M.; • NAKAJIMA, T. *Towards a new enlightenment*. Tóquio, 2020. • GABRIEL, M.; • SCOBEL, G. *Zwischen Gut und Böse*. Hamburgo, 2021.

todos os seres humanos; ele é intercultural e, a princípio, pode ser compreendido por todas as pessoas em seu respectivo contexto.

O **humanismo** afirma que a ética como reflexão sobre aquilo que devemos fazer e deixar de fazer é antropogênica, ou seja, que ela emerge da forma de vida humana, sem, porém, ser antropocêntrica, ou seja, de voltar-se apenas para o ser humano.

Em vista dos desafios do nosso tempo, o Novo Iluminismo, ao qual pertencem os fenômenos que hoje chamamos de crise climática, acredita que precisamos buscar soluções éticas para problemas complexos.

Aquilo que descobrimos sobre a natureza por meio da pesquisa científico-tecnológica orienta-se pelos fatos e, assim, descobre como a natureza comporta-se sob as condições que constatamos na forma de experimento e construção teórica. Graças a essa postura em relação à natureza sabemos há décadas que a nossa concepção unilateralmente orientada pelo consumo e pelo crescimento de economias bem-sucedidas ultrapassa limites planetários e ameaça o ser humano com sua autoexterminação[121].

Não tenho o que criticar nessa postura. A solução de uma equação diferencial parcial, o momento em que alcançaremos o ponto de virada diante da nossa emissão de gás carbônico ou a estrutura de células nervosas dizem respeito a fatos, que podem ser classificados de maneiras diferentes, em termos éticos, políticos, sociais, econômicos, religiosos, estéticos etc.

Por isso, o Novo Iluminismo rejeita o pensamento reducionista de acordo com o qual nós podemos superar a complexa situação de crise do século XXI reunindo-nos "por trás da ciência"

---

121. Cf. paradigmaticamente o famoso relatório do Club of Rome: MEADOWS, D.L. *et al. Die Grenzen des Wachstums* – Bericht des Club of Rome zur Lage der Menschheit. Stuttgart, 1972.

(*unite behind the science*) ou até demonstrando por ela (*march for science*). Com certeza, é muito perigoso o fato de existirem muitas pessoas que negam o conhecimento científico factual. Existem muitas causas para isso (além das *fake news*, das redes sociais e outras formas de decomposição midiática; precisamos pensar também em uma multiplicidade de fatores socioculturais e psicológicos). Mas são justamente essas causas para a síndrome do *denialism* (do inglês *deny* = refutar, negar), i.e., da negação de conhecimentos factuais e comprovados, que não podem ser solucionadas de modo científico ou tecnológico, apenas de modo social e psicológico.

A minha crítica à unilateralidade do conceito de ciência, que se esconde por trás da expressão inglesa *science*, de forma alguma pretende sugerir que conhecimentos científicos sejam errados ou irrelevantes para questões normativas. Mas eles podem ser avaliados e utilizados de modo normativamente diferente, fato que podemos aprender com a discussão ético-técnica sobre a energia nuclear ou a digitalização. Quando o progresso científico-tecnológico desvincula-se de questões normativas, não adianta esconder-se por trás da ficção de uma ciência (no singular). Para citar Pelluchon mais uma vez, que de forma correta recorre aqui à crítica clássica ao Iluminismo de Max Horkheimer e Theodor W. Adorno[122]:

> Seria ingênuo acreditar que o desenvolvimento científico é uma condição suficiente para o progresso global que, então, manifestar-se-ia também nas áreas moral e política. O Iluminismo não previu que o pensamento objetivador continha o risco de um desvio da razão, que se manifestou na instrumentalização

---

122. Cf. ADORNO, T.W.; HORKHEIMER, M. *Dialektik der Aufklärung* – Philosophische Fragmente. Frankfurt, 1969.

da ciência como tecnociência por meio da economia e numa desumanização em decorrência da perda de contato com o mundo de vivência[123].

O pensamento da complexidade sugerido por Pellucho é essencialmente ecológico, pois tem como consequência a integração dos nossos processos de vida num meio ambiente, que nos torna vulneráveis, mortais, mas que também capacita-nos a usar esses fatos sobre nós mesmos como animais para um progresso moral.

Existem **fatos morais**, ou seja, existem respostas a perguntas eticamente relevantes que podem ser verdadeiras ou falsas. A resposta à pergunta: "Devo salvar o bebê que caiu na piscina diante dos meus olhos?", óbvio, é "Sim". É um fato moral. Outros exemplos de fatos morais são os crimes de guerra que estão acontecendo enquanto você lê esta página; por exemplo, o bombardeamento de hospitais. Tais ações são claramente más.

Portanto existe algo que devemos fazer ou deixar de fazer incondicionalmente (o bem e o mal); existe, porém, também, uma área intermediária em que estamos à procura de orientação. Estamos muito longe de responder a todas as perguntas éticas relevantes da nossa era. Uma razão pela qual nos encontramos numa situação de crise consiste em não tratarmos perguntas normativas socialmente como tais; ao contrário, repetimos o mesmo erro num nível mais alto, e foi isso que causou o desequilíbrio moderno. Por meio da desvinculação da reflexão ética e, então, sempre filosófica sobre nós mesmos como seres humanos, do progresso tecnocientífico, foram criados os fundamentos para a nossa autoexterminação.

---

123. PELLUCHON, C. *Das Zeitalter des Lebendigen*, p. 98.

Apenas mais ciência e mais tecnologia não solucionará nossos problemas. No máximo, eles serão transferidos para outro lugar, como mostra, por exemplo, a digitalização. De um lado, ela faz uma contribuição (um tanto superficial) para a redução da emissão de gás carbônico. As videoconferências diminuem o número de voos, não imprimimos mais cada mensagem que recebemos e graças aos computadores de alta potência acumulamos conhecimento sobre os contextos climatológicos que precisamos entender para nos proteger das catástrofes vindouras. Ao mesmo tempo, porém, produzimos dados que precisam ser processados e arquivados em servidores cada vez maiores, que, por sua vez, produzem lixo e gás carbônico perigosos. E como se isso não bastasse, sem o progresso bem-vindo da informática moderna não existiriam os sistemas – sobretudo as mídias sociais – que produzem *fake news* e outras formas da desinformação. Em geral, é justamente graças à moderna sociedade do conhecimento que existe uma produção excessiva de conhecimento, tornando-se impossível obter uma visão geral dos fatos científicos e supor que existe algo como *a* ciência, que só precisaria ser levada a sério para resolver os nossos problemas normativos.

> O **cientificismo** é a falsa ideia de que existe uma ciência singular e onisciente que, por meio de experimentos, construções racionais de teoria e perícia, consegue impor-se de modo socioeconômico para livrar a humanidade de todos os males – sobretudo de doença, morte e insegurança política.

Em nome dos progressos moral e humano, o Novo Iluminismo volta-se contra o cientificismo sem cometer o erro de refutar os conhecimentos científicos. Ao contrário: o projeto de um Novo Iluminismo baseia-se em uma enorme cooperação transdisciplinar e transetorial: as diferentes ciências (que, claro, incluem as ciências humanas e sociais no mesmo nível das ciências naturais e tecnológicas) precisam trabalhar com os outros subsistemas da sociedade – como economia, política e sociedade civil – para desenvolver uma imagem do ser humano que esteja à altura do conhecimento do século XXI.

Vale mudar também a nossa estrutura de necessidades e a nossa visão da relação entre o ser humano, a natureza e a animalidade, que Pelluchon chama de "esquema" (*le schème*)[124]. Ela define o esquema como uma matriz de modos de produção e reprodução da nossa forma de vida humana orquestrada socioeconomicamente. Segundo ela, os pontos fracos da nossa matriz cientificista atual consistem só na busca por soluções tecnocráticas para as nossas crises, sem que suas causas espirituais, existenciais e psicossociais sejam investigadas e transformadas por práticas. Nossa relação conosco e com os outros está perturbada porque nós não temos noção alguma de um objetivo socialmente compartilhado, de uma visão do bem.

As quatro perguntas de Kant – o ser humano como pergunta-resposta

O ser humano é um ser vivo autodeterminado. Essa autodeterminação consiste em especial, no fato de nós, como indivíduos, mas também como coletivos, conduzirmos a nossa vida à luz de uma representação de quem nós somos e de quem nós queremos ser. A nossa animalidade é parte dessa autodeterminação porque nós não somos simplesmente animais e, além disso, alguma outra coisa (racionais, dotados de língua etc.). Para nós, como seres humanos, é constitutivo que nos perguntemos qual

---

124. *Ibid.*, p. 99.

é o sentido da vida para, então, responder a essa pergunta por intermédio de nossas decisões individuais e concretas e por meio do estabelecimento de condições sociais. A forma como os seres humanos vivem em determinado momento de sua autodeterminação histórica depende, portanto, de como eles veem a si mesmos. Nesse sentido, os seres humanos são respostas à pergunta quem ou o quê é o ser humano.

Nossa autodeterminação realiza-se no espaço de fatos e não só com base em sentimentos. De forma alguma vivemos numa era pós-factual, que Angela Merkel definiu em 2016 da seguinte maneira: "É bem provável que isso significa dizer que as pessoas não se interessam mais por fatos, elas só seguem seus sentimentos"[125]. Por isso a nossa autodeterminação é suscetível a erros, o que significa que podemos compreender correta ou erroneamente as verdades referentes a nós mesmos. Determinar a si mesmo não é, portanto, um projeto infalível. Além disso, os seres humanos são, em essência, sociais: nós corrigimos uns aos outros, e fazemos isso observando e informando uns aos outros para, assim, mantermos uma sociedade em que existem diversos projetos de autodeterminação que, porém, nem sempre são corretos.

Um exemplo simples, mas importante, ilustra esse pensamento: ou temos uma alma imortal ou não. Independentemente dos fatos, algumas pessoas acreditam que elas têm uma alma imortal; já outras duvidam disso. É evidente, portanto, que alguns membros da humanidade estão errados em relação às suas crenças sobre si mesmos – infelizmente, isso não nos permite saber quem está certo e quem está errado. Já que nossas imagens do ser humano são falíveis, é de importância decisiva trabalharmos todos juntos na elaboração de uma autoimagem humana, o

---

125. *Der Spiegel*, 21 set. 2016. Disponível em: https://www.tagesspiegel.de/politik/wenn-wir-nicht-gerade-aus-stein-sind-3758905.html

que pressupõe o reconhecimento de uma ampla gama de auto-determinação humana.

O Novo Iluminismo é um projeto cosmopolitano. Por isso ele não funciona sem uma comunicação transcultural. Sua pretensão universalista só pode ser validada se nos perguntarmos como tradições, coletivos (culturas) e indivíduos diferentes compreendem a si mesmos como seres humanos. Isso pressupõe nossa disposição de pesquisarmos e compararmos as diferenças culturais entre as imagens do ser humano, da natureza e dos animais, para, assim, dar a resposta mais complexa possível à pergunta central da filosofia: o que é o ser humano?

A essa altura, é imprescindível lembrar Immanuel Kant, que não só fez uma contribuição decisiva (e de forma alguma apenas positiva) para o Iluminismo do século XVIII que, hoje em dia, muitos identificam como *o* Iluminismo em si[126]. Como a maioria dos filósofos antes e depois dele, Kant não produziu apenas escritos acadêmicos em que ele desenvolveu uma filosofia teórica e prática da razão. Ele ainda se empenhou socialmente e dirigiu-se ao público. Visto que a filosofia tem a tarefa de colocar à prova seus resultados e seus questionamentos também fora do círculo de especialistas, Kant fala do "conceito de mundo" da filosofia, que ele julga como sendo "cosmopolita", visto que trata do "ser humano

---

126. Historicamente, no entanto, isso é incorreto. O termo "Iluminismo" e o que conhecemos como Iluminismo surgiram em vários contextos europeus nos séculos XVII e XVIII. Sua causa é muito remota e aparece de forma diferente em lugares diferentes. O economista indiano Amartya Sen aponta reiteradamente que a liberdade de religião foi introduzida no subcontinente indiano por volta da época de Akbar no século XVI, a fim de levar em conta o pluralismo religioso do subcontinente, no qual Sen vê um fator decisivo para o impulso do Iluminismo. Cf. SEN, A. *The argumentative Indian* – Writings on Indian history, culture and identity. Londres, 2005. Para uma consideração diferenciada dos vários aspectos do Iluminismo, que muitas vezes é considerado "europeu", cf. ISRAEL, J.I. *Radical Enlightenment* – Philosophy and the making of Modernity 1650-1750. Oxford, 2002.

como tal", i.e., de todos os seres humanos que – diferentemente do que o próprio Kant acreditava por causa de seus preconceitos racistas – não podem ser divididos em culturas fechadas ou até mesmo em "raças"[127]. Numa passagem notável, que se encontra fora de suas obras principais e dentro de uma palestra sobre a lógica, ele diz:

> O campo da filosofia no sentido cosmopolita pode ser reduzido às seguintes perguntas:
> 1. O que eu posso saber?
> 2. O que devo fazer?
> 3. O que posso esperar?
> 4. O que é o ser humano?
> A primeira pergunta é respondida pela metafísica; a segunda pela ética; a terceira pela religião; e a quarta pela antropologia. No fundo, porém, poderíamos atribuir tudo isso à antropologia, porque as três primeiras perguntas referem-se à última[128].

As faculdades cognitivas, entre outras, que atribuímos a nós como indivíduos ou seres humanos dependem do autorretrato humano que preferimos. Portanto é a imagem do ser humano que determina o desenvolvimento futuro das nossas faculdades que não são totalmente predeterminadas. Não sabemos o que o ser humano é capaz de alcançar.

Evidentemente, Kant não foi o primeiro a ter a ideia de que o ser humano é, graças à sua capacidade de autodeterminação, um ser vivo capaz de muitas coisas, em particular, de destruir a natureza. Nos famosos versos do coro na tragédia *Antígona*, do poeta grego Sófocles, já temos:

---

127. Sobre o racismo de Kant, cf. KANT, I. *Von den verschiedenen Rassen der Menschen* [Werke, vol. VI]. Darmstadt, p. 11-30. A questão não é se Kant era (ou se foi) racista, mas como seu racismo se encaixa em sua filosofia prática e teoria da razão, ou seja, se e quão racista é sua teoria da racionalidade. Mas este é outro assunto.

128. KANT, I. *Logik, Physische Geographie, Pädagogik*. Berlim, 1968, p. 25.

Há muitos prodígios, mas nada
é mais prodigioso do que o homem.
Mesmo através do mar grisalho,
por Noto invernal impelido,
ele vai, cruzando-o sob fundos
vagalhões ao redor, e a Terra,
dentre os deuses a suprema,
inexaurível, imortal, ele consome,
num ir e vir dos arados ano após ano,
revolvendo-a com espécie equestre.
A tribo das aves levianas,
a raça das feras agrestes
e a prole marinha do ponto
faz ele cativas cercando-as
nas tramas de redes tecidas,
homem de engenho; com suas artes
domina a fera selvagem
nas montanhas, e com jugo em torno à cerviz
doma não só o cavalo de longas crineiras,
mas touro montês incansável.
Palavras e ágeis pensamentos,
e a índole para ordenar
as cidades ensinou-se, e a fugir
do ar livre em montes inóspitos
e dos dardos tempestuosos –
pleno é de meios, sem meios a porvir algum
ele vai; da Morte apenas
não terá como escapar,
mas de moléstias intratáveis
concebe a fuga.
Com tal aparato das artes,
um saber além do esperado,
vai ora para o mal, ora para o bem[129].

---

129. Tradução de Márcio Mauá Chaves Ferreira: https://estadodaarte.estadao.
com.br/tres-passos-tragicos-sobre-a-tecnica-parte-2-segundo-canto-coral-da-
-antigona-de-sofocles-uma-ode-a-humanidade/. Acesso em: 28 fev. 2023.

Nós, seres humanos, somos capazes do bem e do mal. Isso nos torna perigosos, tanto para nós mesmos como para outros seres vivos. Já que convivemos com outros seres vivos e já que somos o animal paradigmático, a ética animal precisa ser incluída em toda e qualquer ética. Se não fôssemos animais, mas espíritos ou anjos sem corpos (sendo que nem os teólogos conseguem chegar a um consenso em relação à pergunta se anjos têm um corpo ou não), nós não precisaríamos nem de uma ética animal, nem de uma ética natural.

Por isso é importante analisarmos a relação própria do ser humano com vista da nossa própria animalidade, que faz parte da nossa imagem humana. A proteção dos animais e do meio ambiente não pode ser justificada apenas pela negação das nossas próprias necessidades.

> O **ecocentrismo**, hoje popular em certos círculos e segundo o qual o meio ambiente (seja lá como, exatamente, devemos entender esse conceito) é a razão verdadeira para uma ação humana urgente, e até mesmo para uma transformação completa das nossas sociedades, é uma concepção equivocada, pois nem o meio ambiente, nem a natureza, podem ser um pré-requisito exclusivo para a ética, ou seja, para aquilo que devemos fazer, porque nós, como seres humanos, podemos fazê-lo.

E é por isso também que não precisamos de uma descentralização ou até mesmo de uma superação do ser humano no sentido de um pós-humanismo ou transumanismo para justificar de modo ético a preservação do meio ambiente. Ética é impensável sem o ser humano. Podemos esboçar essas duas tendências antiéticas da seguinte forma:

> O **pós-humanismo** parte do pressuposto de que qualquer diferença entre ser humano e natureza já

foi superada e deve-se a formas de pensamentos antiquados que destacam o ser humano de seu meio ambiente e, assim, veem-no direta ou indiretamente como coroa da criação.

Esse posicionamento privilegiado é substituído, por exemplo, pela ideia de *Gaia*, representada pelo sociólogo francês Bruno Latour, que diz que deveríamos entender a natureza como um entrelaçamento complexo de agentes que, juntos, formam uma rede viva, dentro da qual nós somos, no máximo, pontos nodais, não um evento central[130].

> O **transumanismo**, por sua vez, está vinculado à ideia segundo a qual nós deveríamos superar o ser humano em prol de uma forma de vida mais elevada, quiçá produzida tecnologicamente.

Essa concepção costuma ser vinculada a fantasias de ficção científica de uma superinteligência ou de uma inteligência artificial vindoura, que nós geramos para sermos substituídos por ela em nossa posição privilegiada no planeta.

E é contra esse tipo de projeto anti-iluminista da autoabolição do ser humano que se volta o humanismo do Novo Iluminismo. Ele está inserido nas tradições iluministas cujo centro é ocupado pela ideia da dignidade humana ressaltada por Kant, mas que, claro, surgiu muito antes dele – por exemplo, na Renascença e, claro, também em outros lugares do planeta muito antes de a Europa vir a existir. A ideia da dignidade humana é percebida por nós e reconhecida como orientação para a nossa ação porque o ser humano é especial, um ser vivo espiritual capaz de conscientizar-se de sua responsabilidade para com os outros seres humanos e os outros seres vivos. Mas isso *não* quer dizer

---

130. LATOUR, B. *Kampf um Gaia*. Frankfurt / M., 2017.

que temos o direito de reduzir a biodiversidade ou até mesmo de destruir o planeta. Ao contrário, todo e qualquer humanismo assume uma responsabilidade quanto ao pensamento principal da ética ambiental moderna, formulada, em especial, por Hans Jonas, como precursor de uma ética dos vivos, em sua obra principal, *O princípio responsabilidade*[131].

> Visto que somos capazes de discernimento moral e de superioridade tecnológica em relação a outros seres vivos, nós temos obrigações morais em relação a eles – uma ideia que, na verdade, não é especificamente "moderna" (basta pensarmos na ética animal no hinduísmo e no budismo), mas é sobremodo humana.

O ser humano como o animal que não quer ser animal

O fato de o ser humano ser um animal não é, como espero ter demonstrado a esta altura, algo evidente que poderia ser constatado hoje em dia graças à biologia evolutiva. A tese que diz que o ser humano é um animal está vinculada a uma multiplicidade de teorias e representações, algumas das quais devem ser refutadas. Sobretudo vale ressaltar que o ser humano não é *apenas* um animal.

Em termos concretos, isso significa que um ser humano não é idêntico e não se esgota no fato de um corpo animal ou um organismo encontrar-se em determinado lugar. O ser vivo que eu vejo no espelho não é o meu eu completo, apenas uma parte – bastante importante – minha. Aquilo que eu sou (e nisso eu não me diferencio de você) é um pensador de pensamentos que adota um ponto de vista específico.

---

131. JONAS, H. *Das Prinzip Verantwortung* – Versuch einer Ethik für die technologische Zivilisation. Frankfurt / M., 1979.

Esse ponto de vista inclui sentimentos e vivências de diversos tipos. Os pensadores não são um Mister Spock frio ou uma mera máquina racional de pensar; eles são, em essência, seres vivos. Nosso pensamento e nossa vida, porém, não estão vinculados ao nosso corpo físico ou medicinalmente diagnosticável, mas àquilo que a tradição tem chamado de "espírito".

> Em termos gerais, o **espírito** é a capacidade de conduzir a sua vida à luz de uma ideia de quem ou o quê se é. Para a existência da capacidade do espírito não é importante se ele compreende-se corretamente como espírito ou equivocadamente como algo que não somos[132].

O espírito pode ser descrito como um todo. Esse todo tem partes, que incluem nossas faculdades conceituais ou intelectuais. Como seres vivos espirituais, nós somos inteligentes, atenciosos, conscientes, racionais e dispomos de muitas outras faculdades que nos permitem reconhecer, entender e explicar as realidades em que vivemos. A partir do ponto de vista do espírito, nós organizamos nossas faculdades individuais, nós as avaliamos e as cultivamos, e nisso se constitui a nossa cultura. Desse modo, as nossas faculdades exercem um papel em nossa autoimagem que é marcado pelo fato de o espírito humano ser social. Vale notar que espírito, no sentido esboçado, não é uma diferença específica pela qual o ser humano se diferenciaria dos 'animais'; essa comparação precisa ser refutada como equivocada, pois não existe algo como os animais que, a princípio, seriam apenas animais e só então algo a mais. Por isso a pergunta se a espiritualidade do ser vivo chamado "ser humano" insere-nos no reino animal ou não é um erro categorial.

---

132. GABRIEL, M. *Eu não sou meu cérebro*. Petrópolis: Vozes, 2018. • GABRIEL, M. *Neo-Existenzialismus*. Friburgo; Munique, 2020.

> Um **erro categorial** é uma transferência inadmissível de uma área de sentido para objetos que não ocorrem nele. Em termos concretos, isso significa que a existência de espírito, de consciência, de alma (ou qualquer que seja a expressão que desejamos usar para apontar para essa dimensão da nossa vida) não pode ser provada diretamente com os métodos habituais das ciências naturais. No entanto cometeríamos um segundo erro categorial se exilássemos o espírito no além, de modo a não podermos mais explicar como ele deixa rastros causais no universo.

Podemos explicar essa reflexão um tanto abstrata da seguinte forma: quando queremos explicar por que certos fenômenos naturais, que podem ser medidos física ou bioquimicamente, ocorrem em determinado lugar (por exemplo, um processo de digestão), muitas vezes isso envolve uma explicação de ação. Isto é, respondemos à pergunta por que alguém fez algo (por exemplo, por que ele comeu uma batata). O que costumamos citar (por exemplo, as convicções vegetarianas de uma pessoa) para explicar a ação faz parte da causal geral para a transcorrência dos fenômenos naturais. Alguns fenômenos naturais que nos envolvem como seres espirituais (formações complexas de ação, como uma eleição em nível nacional, que também deixa rastros enormes no tecido causal do universo) não podem ser explicados de maneira sensata se ignorarmos os atos espirituais da autodeterminação[133]. Outros eventos, como a digestão de uma batata, transcorrem independentemente da intenção que alguém possa ter tido ao comê-la. Segue disso que o espírito não é só parte da natureza nem que nós somos sujeitos sem corpo, ou seja, almas imortais. Tampouco segue da nossa espiritualidade

---

133. Assim também recentemente: LIST, C. *Warum der freie Wille existiert.* Darmstadt, 2021.

que somos necessariamente encarnados ou até mesmo idênticos ao nosso organismo.

Sem dúvida, a nossa autoimagem inclui não apenas as nossas faculdades espirituais no sentido mais restrito, mas também as dimensões da nossa vida que atribuímos à existência animal. Graças às descobertas das ciências da vida, fazem parte do nosso espírito também processos biológicos que transcorrem de modo anônimo e, portanto, também o nosso corpo. Do ponto de vista do espírito, o corpo está no espírito – não como muitos acreditam ser cientificamente comprovado e vice-versa. Em geral, o espírito manifesta-se no exercício da capacidade humana de criar uma autoimagem: imagens do ser humano são essenciais para quem nós somos.

Essa tese, com certeza estranha à primeira vista, pode ser explicada um pouco melhor com uma excursão à **mereologia**, o estudo do todo e de suas partes[134]. As relações entre o todo e suas partes não se limitam, do ponto de vista lógico, à organização de coisas corporais. O pensamento 2 + 2 = 4 também tem partes (por exemplo, os números que ocorrem nele) sem que, por isso, o pensamento (nem os números que nele ocorrem) precisasse ser corporal. Napoleão faz parte da história europeia, mas isso não fez dele uma coisa corporal.

Do ponto de vista mereológico, não existe objeção à tentativa de ver algo corporal como parte de algo não corporal. Meu pensamento, segundo o qual está caindo uma garoa em Zurique (onde estou digitando estas linhas), é algo não corporal. Nesse pensamento ocorrem Zurique e garoa. Embora a filosofia da lin-

---

134. Para aqueles que se interessam pelos detalhes técnicos da disciplina lógica e matematicamente desenvolvida da mereologia, recomendo: COTNOIR, A.J.; VARZI, A. *Mereology*. Oxford, 2021. Para o tema discutido no texto principal recomendo: GABRIEL, M.; PRIEST, G. *Everything and nothing*. Cambridge, 2022.

guagem esteja há muito tramando uma disputa sobre a pergunta se coisas corporais, como os Alpes, seriam partes de pensamentos ou representações neuronais linguiformes dessas coisas. No entanto é absurdo pensar que não podemos refletir sobre Zurique, uma garoa ou os Alpes, mas temos que nos contentar com imagens neuronais, linguísticas ou de outra natureza. Se eu só puder refletir sobre a garoa se eu tiver uma imagem neuronal (uma representação) dela, como, então, poderei saber que existe algo como garoa? Pois eu não poderia comparar a garoa real com a minha representação sem sempre comparar uma representação com outra representação. O lógico, matemático e filósofo Gottlob Frege explica bem isso em seu famoso artigo *O pensamento. Uma investigação lógica*:

> Quando não sei que uma imagem pretende representar a Catedral de Colônia, eu não sei com que eu deveria comparar essa imagem para decidir sua veracidade. Além disso, uma conformidade só pode ser perfeita se as coisas que se conformam umas às outras coincidirem, ou seja, se não forem coisas diferentes. A autenticidade de uma cédula deve ser provada tentando fazê-la coincidir com uma cédula verdadeira. Mas a tentativa de fazer coincidir uma pepita de ouro com uma cédula seria ridículo. Fazer coincidir uma representação com uma coisa só seria possível se a coisa também fosse uma representação[135].

Pelo menos do ponto de vista mereológico, nada impede que a realidade corporal seja parte de pensamentos não corporais. Na verdade, toda a história de sucesso impressionante das modernas ciências naturais matematizadas, sobretudo a da física, sugere isso. Embora ninguém saiba como é possível represen-

---

135. FREGE, F. Der Gedanke. Eine logische Untersuchung. *Beiträge zur Philosophie des Deutschen Idealismus 2* (1918-1919), p. 59s.

tar a natureza (ou, pelo menos, partes dela) em fórmulas matemáticas, a investigação puramente matemática consegue, por exemplo, na física teórica, alcançar novos conhecimentos sobre a natureza.

Nesse contexto, o vencedor do prêmio Nobel de física Eugene Wigner fala até de uma eficiência irrazoável da matemática (*unreasonable effectiveness of mathematics*)[136]. Mas qualquer que seja a solução para esse enigma sabemos que, graças às nossas faculdades lógico-matemáticas, somos capazes de investigar o universo de forma impressionante e, graças à linguagem da matemática, olhar muito além do nosso horizonte[137].

Se, então, em geral, não existem boas razões que refutem a suposição de que a realidade corporal possa ser mereologicamente parte de integralidades não corporais, por que não deveríamos usar essa ideia quando lidamos com a relação entre espíritos e natureza?

E é bem nisso que encontramos a chave para o reconhecimento da nossa animalidade. Como seres vivos espirituais, o nosso corpo é, de formas múltiplas, parte do nosso espírito, da nossa autoimagem. Evidentemente, já sabemos disso da psicologia, da psiquiatria, das pesquisas neurológica e cognitiva, que nos ensinam que cada um de nós dispõe de um esquema corporal, i.e., de uma imagem da aparência do nosso corpo. Por isso sempre percebemos nosso corpo de determinada forma e imaginamos como outros o veem, como eles ouvem nossa voz etc. Essa autoimagem é sobremodo falível e distorcida, o que todos

---

136. WIGNER, E. The unreasonable effectiveness of mathematics in the natural sciences. *Communications on Pure and Applied Mathematics 13* (1960), p. 1-14.

137. Cf. tb. DEUTSCH, D. *The beginning of infinity* – Explanations that transform the world. Londres, 2011.

conhecem por experiência própria quando se olham no espelho, ou se veem em fotos, ou ouvem sua voz.

Mas além desse esquema do corpo, que mais se parece com uma imagem do corpo do que com o corpo em si, podem ir ainda mais longe e dizer que o nosso corpo é parte do nosso espírito. Essa pertença revela-se no fato de podermos trabalhar e cuidar de maneira consciente do nosso corpo ou deixar de fazer isso. O corpo humano não é apenas uma parte do meio ambiente do espírito, mas, como disse Ludwig Wittgenstein: "a melhor imagem da alma humana"[138].

Nosso corpo não é um lado sombrio que carregamos dentro de nós porque o nosso organismo foi marcado por milhões de anos de evolução e por isso ainda manifesta padrões profundos de estímulo, reações e emoções fundamentais, como medo, agressão, afeto, satisfação etc. Não confere que camadas mais antigas e evoluídas do nosso organismo, como o tronco cerebral ou o microbioma, que habita nossa flora intestinal, controlam-nos como instintos animais que não conseguimos controlar racionalmente. Nós, como seres vivos espirituais, apropriamo-nos do nosso corpo e o transformamos em parte do nosso espírito – até que ele, por doenças e morte, volte a assumir o controle, ofuscando o espírito a ponto de apagá-lo completamente. A apropriação do nosso corpo por meio da imagem espiritual do nosso corpo age também sobre dimensões dele que nós não conhecemos muito bem. E muitos processos no nosso corpo transcorrem realmente autopoieticamente, i.e., por meio da auto-organização de subsistemas dos quais não temos cesso consciente (basta pensar no tronco cerebral ou nas bactérias nos intestinos).

---

138. WITTGENSTEIN, L. *Philosophische Untersuchungen*. Oxford, 1953, p. 496.

O fato de o corpo ser parte do espírito de forma alguma permite-nos deduzir que temos uma alma imortal; antes, é uma possível resposta à pergunta: o que é espírito? No entanto o fato de sermos seres vivos espirituais não quer dizer que podemos sobreviver à nossa vida e que continuamos a existir depois da morte do corpo. Simplesmente não sabemos se a morte corporal é o fim da vida.

Parte II
O sentido de (sobre)viver

O destino verdadeiro do ser humano consiste em viver, não em existir. Eu não desperdiçarei meus dias tentando prolongar minha vida. Quero arder o tempo todo.
Jack London

A biologia sozinha não pode nos dizer qual é o sentido da vida, o que não é uma deficiência dela, pois ela não dispõe dos conceitos que permitem reconhecer no viver e no sobreviver humanos algum sentido, valor ou dignidade especial.

Aos olhos da biologia, nós realmente só representamos uma forma adquirida pela vida, uma forma entre muitas outras – e hoje ninguém sabe se, em algum planeta além da Terra, também houve uma evolução de seres vivos que se pareça com a do nosso planeta nem se a vida em si (se é que ela é um algo homogêneo) é um fenômeno de exceção local da natureza.

Como vimos, ainda não conseguimos chegar a um consenso definitivo em relação à definição da vida, só encontramos critérios mais ou menos comprovados para identificar vida, que, na maioria das vezes, baseiam-se na suposição de que as células são os elementos fundamentais da vida. Mas nem isso aplica-se, pois muitos tipos de células consistem em subsistemas (por exemplo, os organelos), que podem ser identificados, sem grandes problemas, como despidos de vida.

A ideia de que nós viveríamos na era geológica do ser humano no antropoceno é equivocada, pois nos eventos naturais nós não ocupamos nenhuma posição central, como tenta sugerir-nos o risco da nossa autodestruição atual. Como ser vivo, o ser humano não é, aos olhos da biologia, um fenômeno de exceção.

Nesta parte do livro veremos que isso não significa que somos apenas uma poeira astral miserável nem apenas "mofo" planetário[139], como acreditava o filósofo pessimista, sempre mal-humorado, Arthur Schopenhauer. É um equívoco, um erro categorial, basear o sentido da vida humana apenas em parâmetros biológicos.

---

139. SCHOPENHAUER, A. *Die Welt als Wille und Vorstellung*. Vol. 2. Zurique, 1977, p. 9.

Na primeira parte, tratamos da pergunta de que em que sentido o ser humano é um animal. Descobrimos que o conceito de animal contém uma projeção antropocêntrica oculta: ele revela mais sobre como nós, seres humanos, distanciamo-nos de outros 'animais' (ou dos 'animais' como um todo) do que sobre como os animais, de fato, são.

Eu propus que, em nossa autodeterminação como animal, orientássemo-nos ainda mais nas ciências da vida e reconhecêssemos que, embora existam inúmeros seres vivos e formas de vida, eles não podem ser subsumidos à categoria do animal. A gama da vida, que abarca mais de um trilhão de espécies, que incluem também inúmeros micro-organismos, é complexa demais para corresponder a divisões simples como planta, animal e ser humano[140].

A seguir, trataremos do sentido da vida. A pergunta pelo sentido da vida está vinculada ao fato de sermos vulneráveis e mortais. A forma como nos compreendemos como animais está ligada à nossa avaliação da vida, mas faz sentido perguntar pelo sentido da vida ou deveríamos, metafisicamente sóbrios, partir do pressuposto de que a vida é uma sequência mais ou menos aleatória de formas, que surgiu no nosso planeta como "uma camada de mofo"?

Teremos que tratar também da relação entre a pergunta pelo sentido da vida e as nossas ideias de sobrevivência. E veremos que essas perguntas são bem políticas, porque elas dizem respeito às nossas ideias de coletividade. Todos devem ter percebido que, desde o início da pandemia do coronaví-

---

140. Para estimativas mais recentes sobre a diversidade de espécies no contexto de suas reflexões sobre redes ecológicas, cf. BROCKMANN, D. *Im Wald vor lauter Bäumen* – Unsere komplexe Welt besser verstehen. Munique, 2021, p. 131-134.

rus, a biopolítica ocupa um lugar central na política do século XXI[141].

O sentido da vida não se esgota na mera sobrevivência orgânica, pois a sobrevivência pode perder seu sentido e nem sempre todos conseguem reencontrá-lo. A vida pode tornar-se uma tragédia, o que vale para um número incalculável de pessoas que sofrem coisas terríveis. Além das mortes naturais e dos acidentes aleatórios, que nos tiram da vida, existe um sofrimento produzido socioeconomicamente que afeta inúmeras pessoas. Esse sofrimento, em parte natural, em parte aleatório e em parte socialmente produzido, não tem um sentido mais profundo, ele é dolorosamente desprovido de sentido.

Por outro lado, nós, seres humanos, vivenciamos algo tido como satisfatório e cheio de sentido quando, por meio de nossas ações, contribuímos para que a nossa vida desenvolva-se em conjunto à vida dos outros. Trabalhar para que as tragédias tornem-se menos prováveis, para que o maior número possível de pessoas possa viver e morrer com dignidade, para que, por meio de princípios de justiça social, criemos sociedades que permitam a todos encontrar um sentido em sua vida sem prejudicar os outros, tudo isso faz sentido para nós.

---

141. Não deveríamos limitar o conceito da biopolítica interpretando cada política de saúde como interferência do Estado na autodeterminação, como faz Giorgio Agamben em seus estudos. Isso resultou em interpretações desequilibradas das medidas políticas para a superação da pandemia. Cf. AGAMBEN, G. *An welchem Punkt stehen wir?* Die Pandemie als Politik. Viena, 2021. O exagero de Agamben consiste em sua crença de que cada Estado de exceção seria basicamente interminável de modo que ele não tem espaço teórico para a opção simples de que existem situações de emergência de saúde que só podemos reagir biopoliticamente porque isso – e somente isso – preserva a liberdade social que Agamben tanto defende. Evidentemente, isso não quer dizer que, na luta contra o coronavírus, toda e qualquer medida fosse apropriada ou ética.

A ideia fundamental do pluralismo liberal

A seguir, desdobrarei, diante desse pano de fundo, o pensamento segundo o qual o sentido da vida é a vida boa e que ela consiste em trabalharmos juntos nos progressos humano e ético. O objetivo da nossa vida terrena é delimitarmos espaços da liberdade social que permitam a todos encontrar um sentido na vida, qualquer que ele seja para cada indivíduo. Essa é a **ideia fundamental do pluralismo liberal**. Aqui, liberdade não é um conceito individualista, isto é, não é um conceito que nos diferencia uns dos outros, muito menos é um conceito que contrapõe nossos interesses aos interesses dos outros; antes, é algo que nos conecta. Por isso o pluralismo liberal não pode ser confundido com o neoliberalismo, que reconhece a liberdade do indivíduo no fato de termos preferências que buscamos realizar em cooperações estratégicas com outros e que impomos contra as preferências de outros. Nós, seres humanos, estamos tão entrelaçados que nenhum exercício da nossa liberdade é totalmente antissocial. Portanto o pluralismo liberal tem um fundamento ético.

O sentido do pluralismo liberal não consiste em justificar a divisão de trabalho moralmente rejeitável das sociedades modernas, nas quais, hoje, a riqueza e os recursos são divididos de tal modo que muitas pessoas sofrem direta e indiretamente com a necessidade de consumo das ricas nações industrializadas. A boa vida pressupõe que trabalhemos para que o maior número possível de pessoas venha a desfrutar dela. Nós percebemos o sofrimento dos outros porque estamos entrelaçados uns aos outros. Essa é uma das razões pelas quais é traumático vivenciarmos uma pandemia ou até mesmo uma guerra mesmo quando não somos afetados por ela de maneira direta.

Argumento que a liberdade individual de encontrar um sentido na vida é essencialmente social. A maior parte daquilo que gostamos de fazer nós fazemos com outros. A liberdade de jogar tênis, de beijar alguém, de tomar uma taça de vinho ou de ler livros de receitas para veganos não existe para ninguém sem que outras pessoas exerçam nisso um papel moralmente relevante. Quando jogamos tênis, não devemos trapacear; só devemos beijar pessoas que aceitem isso; não devemos tomar vinho quando dirigimos um carro e não devemos comprar livros de receitas veganas se o lucro for usado para apoiar canais midiáticos que espalham a xenofobia e o antissemitismo de Attila Hildmann.

> A liberdade humana é sempre liberdade social. Até mesmo a liberdade de retirar-se e de manter contato com poucas pessoas é regulamentada socialmente, pois não é aceitável perturbar um eremita em sua caverna nas montanhas nem obrigar uma pessoa que gosta de viver sozinha a casar-se.

Como vimos na primeira parte deste livro, o ser humano não é apenas um animal. Somos seres vivos espirituais que, entre outras coisas, são capazes de desenvolver uma moralidade elevada e de chegar a um reconhecimento ético explícito. Jamais convenceremos um touro de que incesto é nocivo para a sua estrutura familiar, mas podemos convencer pessoas disso; nunca transformaremos leões em vegetarianos para proteger as coitadas das gazelas; não conseguiremos convencer chimpanzés do feminismo etc. Mas, como seres humanos, esperamos uns dos outros que todos participem do progresso moral, embora diferentes grupos de humanos tenham ideias diferentes sobre o que seria um progresso moral. Existem várias ideias de valores morais, que, vez ou outra, são incompatíveis. Mas, apesar de tudo isso, só o ser humano é capaz de formular valorações éticas explícitas e de transformá-las em pretensões falíveis e suscetíveis a uma revisão.

Isso não é uma objeção às éticas animal e ambiental; ao contrário, é um argumento a favor delas. Devido à nossa capacidade de reconhecimento moral, somos responsáveis por outros seres vivos e por nosso meio ambiente, compartilhado de uma forma que não se aplica da mesma forma a porcos, cobras, florestas, fungos e bactérias. Existe uma diferença categorial entre o comportamento prossocial de outros seres vivos que também cooperam com membros da mesma espécie e na forma da simbiose para além dos limites da espécie e a ética humana, pois esta passa por processos historicamente complexos de progresso e regresso, viabilizados por fatores linguísticos, institucionais e culturais, que não podem ser representados de maneira razoável nas línguas das ciências da vida.

O ser humano existe, por assim dizer, na interseção entre espírito e natureza. Nós conhecemos os dois e, ao mesmo tempo, sabemos que não conhecemos totalmente nenhum dos dois – sem falar do fato de que também não sabemos qual é a relação exata entre espírito e natureza. Não sabemos com exatidão em que consiste a consciência e quais aspectos da nossa vida interior mental são idênticos às correntes cerebrais ou às tempestades neurais (desde que essa pergunta faça algum sentido)[142]. Faz parte do sentido da vida jamais compreendê-lo totalmente e transformá-lo num catálogo de instruções e regras como fundamentos para as nossas sociedades. Nesse sentido, o pluralismo liberal é secular, ou seja, politicamente neutro em relação a concepções religiosas e ideológicas do sentido da vida, mas isso não o transforma numa postura ateísta.

---

142. Cf. GABRIEL, M. *Eu não sou meu cérebro*. Petrópolis: Vozes, 2018.

Nossa concepção da vida nunca é completamente não metafísica e só secular, pois o nosso autorretrato como animal fundamenta-se em valorações que transpõem aquilo que sabemos sobre nós mesmos por intermédio das ciências da vida. Por isso o biologismo e o criacionismo, que se tratam como inimigos, são posições metafísicas que existem como extremos dentro do pluralismo liberal.

> O **biologismo** é a tese que diz que o sentido da vida humana, em todas as suas manifestações sociais, históricas, culturais e institucionais e, portanto, também a nossa liberdade social, pode ser remetido ao fato de que nós somos animais cuja forma de vida pode ser decodificada biologicamente. Essa concepção é tão ideológica (e, portanto, errada) quanto o seu oposto extremo, o **criacionismo**, que acredita que todos os processos de vida são causados e controlados por Deus, de modo que a biologia seria fundamentada em premissas erradas.

No entanto, o pluralismo liberal também não é tão modesto nem metafisicamente secular quanto costuma sugerir, pois não podemos apenas supor que cada um de nós determine por si mesmo o sentido de sua vida. A autodeterminação é uma exigência que resultou historicamente do Iluminismo, que defende que cada um de nós pode exercer sua autodeterminação, sua autonomia, independentemente da pergunta de qual seria a visão do mundo metafisicamente correta, mas ignora que essa concepção da autodeterminação também se fundamenta numa pretensão de verdade. O pluralismo liberal levanta uma pretensão ética que especifica a vida social de todos nós, pois ele encoraja-nos a reconhecer como legítima a autodeterminação dos outros, mesmo que nós não gostemos dela. Portanto ele é tudo menos modesto, mesmo que, a meu ver, ele seja fundamentado num princípio ético bastante correto.

Ele também não é totalmente secular, pois baseia-se em concepções metafísicas em relação a como funciona a autodeterminação (a autonomia) humana. Há pouco tempo, o famoso cientista político Francis Fukuyama expôs isso num livro importante sobre o liberalismo[143]. A pergunta sobre como a nossa autonomia insere-se na realidade só pode, assim ele argumenta, ser respondida de forma não científica e não tecnológica; muitas perguntas continuam em aberto (por exemplo, o que é consciência e como o livre-arbítrio conforma-se às leis naturais). Mesmo assim, temos o direito de insistirmos em nossa autonomia e em defendermos o pluralismo liberal como uma valoração, justamente por ele fundamentar-se eticamente no conceito da dignidade humana e, portanto, no valor infinito de cada ser humano em sua individualidade.

Concepções liberais, que são o fundamento da democracia liberal, são – como mostrou, por exemplo, o filósofo canadense Charles Taylor em seus livros[144] – a herança de uma multiplicidade de tradições religiosas. Por isso o pluralismo liberal oferece espaço para o desdobramento da metafísica, i.e., nesse contexto, para representações concretas das áreas da realidade que não podem ser investigadas de modo empírico, só podem ser concebidas por conceitos especulativos.

Os processos iluministas são moralmente ambivalentes porque, de um lado, possibilitaram o progresso moral, mas, de outro, manifestaram-se com estruturas de exploração colonial, misoginia (o sufrágio feminino é uma invenção muito tardia

---

143. Cf. FUKUYAMA, F. *Liberalism and its discontents*. Londres, 2022.

144. Cf., p. ex., TAYLOR, C. *Ein säkulares Zeitalter*. Frankfurt, 2009. • GABRIEL, M. *Warum es die Welt nicht gibt*. Berlim, 2013, cap. V.

da Modernidade) e um racismo implícito e explícito, o que foi apontado pelos críticos dos desequilíbrios eurocêntricos do Iluminismo moderno. Mas esses fenômenos não são inerentes às ideias do Iluminismo, pois eles ocorreram e ocorrem de maneira muito mais aguda antes do Iluminismo europeu moderno e de forma independente do Iluminismo. Porém o Iluminismo precisa ser iluminado – um processo que ainda não foi encerrado e que jamais será porque a humanidade é sempre confrontada com desafios diferentes, aos quais podemos reagir de forma moralmente correta ou errada, ou seja, de alguma forma no espectro entre o bem e o mal[145].

O pluralismo liberal baseia-se numa concepção do sentido da vida que permite dar forma política à liberdade social. Objetivo da liberdade social é permitir e até incentivar o maior número possível de projetos de vida. Cada um deve ter a liberdade de percorrer a busca por um significado de seu jeito sem prejudicar os outros em suas capacidades da descoberta do sentido da vida. O pluralismo gera espaços de ação para o desdobramento de liberdade social com o objetivo ético de favorecer progresso moral.

> O equilíbrio assim exigido entre uma multiplicidade aberta de projetos de vida é expresso na tríade moderna liberdade/igualdade/solidariedade da Revolução Francesa. Ela designa um valor ideal que precisamos realizar com frequência em situações de ação e decisão concretas.

Isso implica que, de um lado, façamos juízos de valor, ou seja, que decidamos quem somos e quem queremos ser. De outro, esses juízos de valor podem ser revisados e são falíveis por-

---

145. Cf. GABRIEL, M.; SCOBEL, G. *Zwischen Gut und Böse* – Philosophie der radikalen Mitte. Hamburgo, 2021.

que nunca sabemos o suficiente sobre nós mesmos, os outros e a natureza a que todos pertencemos, para podermos julgar sem erro em situações complexas.

No entanto muitos juízos individuais são verdadeiros e, nesse sentido, infalíveis. Agora, por exemplo, eu julgo que escrevo estas linhas num avião que decolou em San Francisco, na Califórnia, e que está a caminho de Frankfurt, e isso é verdadeiro. Além disso, julgo que vejo o monitor à minha frente; que encerrarei esta oração dentro de um minuto; que tenho dez dedos etc. Nunca deixamos de representar a realidade em sua totalidade e, por isso, somos capazes de reconhecê-la como ela é. Em situações complexas, porém, é necessário um número de juízos alto demais para garantir que percebamos a situação como um todo e em seu desenvolvimento dinâmico. Por isso, a nossa vida de reconhecimento é sempre *noisy*, barulhenta, caótica e imprevisivelmente falível, como mostraram Daniel Kahneman, Olivier Sibony e Cass R. Sunstein em seu livro *Noise*, citando muitas provas[146].

Mas não podemos usar essa complexidade como desculpa para negar a existência de juízos de valor objetivamente válidos. Ao contrário, problemas éticos complexos são indícios de que existem tais valores, pois são eles que nos colocam em situações de decisão difíceis. Problemas éticos complexos, que todos nós encaramos em algum momento, pressupõem que existem juízos de valor compartilhados e corretos, que servem como fundamento para lidar com problemas complexos. Um exemplo atual é o juízo de valor verdadeiro de que é moralmente reprovável ou até mesmo perverso o exército russo lançar foguetes contra instalações civis, como jardins de infância, teatros, hospitais etc.,

---

146. KAHNEMAN, D.; SIBONY, O.; SUNSTEIN, C.R.: *Noise* – Was unsere Entscheidungen verzerrt – und wie wir sie verbessern können. Munique, 2021.

executando pessoas inocentes. Isso é um juízo de valor simples e verdadeiro. A coisa fica mais complexa quando nos perguntamos o que nós, como indivíduos e tomadores de decisões, podemos fazer para parar a terrível guerra na Ucrânia. Essas são perguntas duras e complexas com as quais o nosso chanceler e a nossa ministra do Exterior estão se ocupando e às quais eles respondem com ações, estratégias, declarações etc., expressando juízos de valores baseados em um bom fundamento, pois partem do juízo de valor correto, pois não podemos permitir que essa guerra continue. Mas isso ainda não responde à pergunta se é preciso estabelecer uma zona de exclusão aérea sobre a Ucrânia ou se é preciso interferir diretamente na guerra, sem falar da complexa pergunta, tanto em termos éticos como estratégicos, de embargos comerciais, que também abordam o problema político do suprimento de energia fóssil.

A vida em si é complexa, por isso não devemos nos surpreender diante do fato de que a busca pelo seu sentido também não é fácil.

A ideia da vida

O conceito da vida tem uma história longa e emaranhada. Ele tem até várias histórias. Na África e na Índia, na China ou nas altas culturas ocidentais, os seres humanos refletem de formas muito diferentes sobre a vida. Muitas culturas veem quase tudo como algo vivo, incluindo pedras e astros, como descreve o pensador aborígene Tyson Yunkaporta em seu livro *Sand talk*. A ideia de que apenas entidades que consistem em células são vivas surgiu há muito pouco tempo na história da humanidade, pois sabemos da existência de células apenas há poucos séculos. A ideia de que vida é uma qualidade exclusiva de células ou de sistemas formados de células não foi, de verdade, justificada até hoje; ela é um dogma moderno, o que me foi apontado por Humberto Maturana durante uma visita em Santiago de Chile na primavera de 2018. O biólogo e filósofo, que se tornou famoso por ter vinculado a vivacidade da célula ao conceito da **autopoiese**, i.e., da autogeração e da autopreservação de um sistema, concentrou-se, em seus últimos anos de vida, em investigar a biologia do amor[147]. Lembro-me muito bem de como ele entrou na sala em que eu esperava por ele, na casa dele, e informou-me de que tinha chegado à conclusão de que, no fim das contas, todo o cosmo estaria vivo e que teria sido um erro ver a estrutura autopoiética da célula como critério decisivo e necessário para a vida. Em sua opinião, decisivas para a nossa compreensão da vida seriam as ligações entre os sistemas – e, portanto, também o amor, como uma conexão destacada e valiosa entre vários seres vivos.

Mas não é só o conceito da vida, a própria vida tem uma longa história. Não conhecemos seu início exato[148]. Existem apenas especulações sobre como, no nosso universo, de sistemas energético-materiais, que ainda não eram vivos, surgiram sistemas que nós classificamos como vivos. Talvez a pergunta seja equivocada, e isso depende de quais sistemas nós consideramos vivos. Se os grupos indígenas que consideram vivas pedras e galáxias estiverem certos, a concepção de que a vida teria surgido em algum momento no nosso planeta estaria errada.

Em todo o caso, a história dos elementos fundamentais da vida estende-se até a formação do carbono, sem o qual não exis-

---

147. Cf. sua obra tardia: MATURANA, H.; DÁVILA YAÑÉZ, X. *El arbol del vivir*. Santiago do Chile, 2016.

148. Cf. as especulações em: GREENE, B. *Bis zum Ende der Zeit* – Der Mensch, das Universum und unsere Suche nach dem Sinn des Lebens. Munique, 2020, cap. 3-5.

tiria nenhuma forma de vida que conhecemos no Planeta Terra. Esse processo já basta para confrontarmo-nos com enigmas físicos que remetem a um problema físico-matemático no cálculo do chamado "estado de Hoyle". Esse estado foi batizado com o nome de Sir Fred Hoyle, que também cunhou a expressão *big bang*. O estado de Hoyle é

> [...] uma forma rica em energia do núcleo do carbono. Ele é o pico da montanha que leva de um vale para o outro: de três núcleos do hélio para o núcleo muito maior do carbono. [...] Sem esse tipo de núcleo de carbono provavelmente a vida não teria sido possível[149].

A investigação da estrutura desse estado levou até físicos metafisicamente abstinentes, como meu colega Ulf-G. Meissner, ou o vencedor do prêmio Nobel Steven Weinberg, a levarem em consideração um princípio antrópico fraco na pesquisa física[150]. Um princípio antrópico (do grego *anthrôpos* = ser humano) afirma que o ser humano é essencial para o conhecimento e para a constituição do universo, ou seja, que nós não somos um acaso cósmico.

---

149. Cf. https://www.uni-bonn.de/de/universitaet/presse-kommunikation/presse service/archiv-pressemitteilungen/2012/ 317-2012

150. Cf. https://www.scientificamerican.com/article/hoylestate-primordial-nucleus-behind-elements-life/. Uma boa representação da argumentação técnica subjacente a ele se encontra aqui: http://collaborations.fz-juelich.de/ikp/cgswhp/cgswhp18/program/talks/20.08/Session2/Ulf_Meissner_ lifepp4.pdf. Os físicos John D. Barrow e Frank J. Tipler definem o princípio antrópico fraco da seguinte forma em seu livro *The anthropic cosmological principle*. Nova York; Oxford, 1986, p. 15: "Os valores observados de todas as quantidades físicas e cosmológicas não são igualmente prováveis, mas assumem valores restritos pela exigência de que existam locais onde a vida baseada em carbono possa evoluir e pela exigência de que o Universo tenha idade suficiente para que já o tenha feito".

O **princípio antrópico fraco** afirma que os valores de medição constatados pelos físicos no universo dependem de serem coletados por seres vivos baseados em carbono. A nossa presença factual no universo reflete-se nessas estruturas fundamentais, caso contrário nós não existiríamos. Por isso o universo não pode ser um lugar que nos seja completamente estranho. Antes, ele pode ser reconhecido e pesquisado por nós pelo menos no sentido de basear-se em princípios dos quais, em algum momento, surgiram seres vivos que exercem a disciplina da física.

Os físicos Barrow e Tipler acrescentam que esse princípio fraco não pode ser contestado, visto que ele só afirma que o universo que conseguimos observar comporta-se de tal maneira porque nós conseguimos reconhecê-lo. Caso contrário, nós não existiríamos. E isso inclui a criação de carbono sob condições complexas. É provável que seres vivos capazes de conhecimento não baseados em carbono enxergariam isso de forma diferente[151].

Por óbvio, isso não responde à pergunta se as precondições físicas complexas para o surgimento daquela forma de matéria sem a qual não existiria vida baseada em carbono permitem-nos deduzir alguma coisa sobre a importância da vida capaz de conhecimento para o universo. Além disso, isso ainda não nos garante que podemos supor também a existência de um **princípio antrópico forte**, segundo o qual o universo exige seu autoconhecimento em seres vivos capazes de conhecimento, como o

---

151. *Ibid.*: "Mais uma vez, devemos enfatizar que esta afirmação não é de forma alguma especulativa ou controversa. Expressa apenas o fato de que as propriedades do Universo que somos capazes de discernir são autosselecionadas pelo fato de que devem ser consistentes com nossa própria evolução e existência atual. O WAP [sigla em inglês para princípio antrópico fraco] não restringiria necessariamente as observações de vida não baseada em carbono, mas nossas observações são restritas por nossa natureza muito especial".

ser humano. Não podemos decidir isso porque não conhecemos outros universos e, por isso, não sabemos se uma vida capaz de conhecimento pode desenvolver-se em todos os universos. Mas se existirem universos nos quais não se desenvolve uma vida capaz de conhecimento, sua existência não é necessária.

A pergunta sobre as condições sob as quais a vida desenvolve é outro tema, já que, atualmente, não temos conhecimento científico suficiente para retraçar a história do desenvolvimento da vida. Cito esses aspectos apenas como exemplos importantes para o alcance do nosso não conhecimento factual sobre os fundamentos físicos e biológicos da nossa existência encarnada. O que torna a situação ainda mais difícil é que, dependendo de como definimos o conceito de vida, nós procuraremos por inícios da vida diferentes e os encontraremos de modos diferentes.

Como se isso não bastasse para sermos epistemologicamente humildes em relação à vida, o fenômeno da vida confronta-nos com o problema insistente de não sabermos se existe vida em outros planetas ou até mesmo fora dos planetas, de modo que também não sabemos se as leis naturais gerais conhecidas, que valem em todos os lugares do universo, fazem com que vida surja sob condições semelhantes (por exemplo, em todos os planetas habitáveis).

> Em suma: tanto o conceito de vida como a vida em si confrontam-nos com incontáveis problemas que não foram resolvidos até hoje. Mas disso não segue que a vida em si seja um enigma ou um mistério. Isso significa apenas que existem aspectos incontáveis da vida e da história que nós não conhecemos. Tampouco sabemos o que nós não sabemos sobre a vida, temos consciência apenas de algumas lacunas em nosso conhecimento. Por isso vale cultivar uma humildade epistemológica e ética diante da vida,

pois a vida é, inequivocamente, uma fonte de valores importante.

Embora a vida seja algo complexo em vários sentidos e embora ignoremos muito a seu respeito, uma história da vida proeminente pode nos ajudar se, nesta parte, quisermos nos dedicar à pergunta referente ao sentido da vida. Essa história está intimamente entrelaçada com a ideia de desenvolvermos uma ciência natural – uma ideia que, pelo que sabemos, remonta aos gregos antigos. Eles inventaram não só a física e a matemática, mas também a biologia, como ciência, porque eles queriam descobrir como os diferentes fenômenos naturais que eles observaram relacionavam-se entre si.

Eles tiveram a percepção genial de que os fenômenos naturais seguem determinados padrões que, em termos temporais, são organizados de tal modo que podemos constatar regularidades nos eventos naturais que podem ser representados de forma lógico-matemática. Esse pensamento, com os quais todos os alunos das ciências naturais estão familiarizados nos dias de hoje, foi, na época, uma inovação um tanto radical[152].

O que importa no nosso contexto é que os gregos viam como vida aqueles fenômenos que têm um padrão geral, um gênero (um *gênos*, em latim: *genus*), repetem-se em casos individuais, como a aparência de um cavalo, que é distinta de um elefante. A palavra grega para gênero é vinculada à palavra para o devir (*génesis*). Um gênero é, portanto, algo que não se altera em processos naturais, que permanece o mesmo dentro da mudança.

Porém na realidade não existem gêneros, existem apenas indivíduos que compartilham daquilo que o conceito de gêne-

---

152. Cf., p. ex., GASSNER, J.M.; MÜLLER, J. *Können wir die Welt verstehen? Meilensteine der Physik von Aristoteles zur Stringtheorie.* Frankfurt, 2019.

ro compreende. Na concepção atual, isso pode ser constatado, por exemplo, no nível genético-molecular (não é por acaso que a *genética* contém a expressão para gênero). Portanto podemos procurar padrões de gênero no nível das células, de modo que é possível formar a família dos primatas, com o resultado de que, na atualidade, diferenciamos quatro gêneros vivos de primatas: os gorilas, os seres humanos, os orangotangos e os chimpanzés.

Por causa de suas linhas de ascendência, geneticamente identificadas, esses gêneros pertencem à mesma família. Em termos concretos, isso significa que em cada indivíduo que pertence a um gênero podemos reconhecer determinados padrões genéticos, graças aos quais atribuímos o indivíduo a um gênero.

De acordo com a ideia grega original, as espécies (*eidê*, em grego, e *species*, em latim) formam uma subordem dentro do gênero. Os espécimes de uma espécie apresentam uma aparência semelhante, o que é uma tradução possível de *eidós* ou *species*. Todos os seres humanos são parecidos externamente com todos os seres humanos, todos os chimpanzés se parecem com todos os chimpanzés. Nesse nível, o conceito de espécie é parecido com aquilo que hoje chamamos de fenótipo, i.e., a aparência externa de um ser vivo. As espécies dividem ainda mais as classes de seres vivos semelhantes (gêneros). É uma divisão mais fina.

Evidentemente, as classificações zoológicas podem ser difíceis, algo que é discutido nas disciplinas das ciências da vida que se ocupam com a pergunta de como podemos chegar a uma classificação da natureza em vista do padrão metódico atual de pesquisa. No nosso contexto, porém, não nos interessa formular uma tese biológica no sentido mais restrito; essa é a tarefa de outros. O que importa é entender que a ideia da vida não se limita àquilo que podemos reconhecer com a ajuda de métodos das ciências da vida; por exemplo, da biologia molecular.

A vida não é, de forma alguma, um tema exclusivo das ciências da vida ou da biologia. E essa já foi a ideia dos gregos antigos, que nos leva à *ideia da vida*, como dizia Georg Wilhelm Friedrich Hegel, que ocupa o centro da discussão atual na filosofia da vida[153]. Hegel defendia que a vida não é só uma qualidade do nosso corpo, mas também do nosso espírito.

No capítulo "A vida", de sua *Ciência da lógica* (um livro que só posso recomendar àqueles que pretendem passar os próximos dez anos com seu estudo), Hegel retoma a ideia dos gregos. O importante para nós é o reconhecimento de que nós compreendemos como "vivos" não só sistemas orgânicos, mas também fenômenos totalmente diferentes. E é um fato que os gregos, em primeiro lugar, pensavam em processos mentais quando discutiam o conceito da vida.

Em grego, vida é *bíos* (daí a biologia) ou *zoê* (daí a zoologia). Seres vivos são *zôa*, termo derivado da segunda palavra. Menciono isso não apenas para exibir minha erudição. É importante lembrar que Aristóteles via a vida como "realização da razão" (*energeia nou*)[154], ou seja, não primária ou exclusivamente como um processo, graças ao qual formas de vida elementares (como as células), que existem como matéria orgânica baseada em carbono, defendem-se contra a pressão da entropia, ou seja – em termos mais simples – contra a dissolução de seus padrões estruturais.

Esse pensamento é tão genial que quero repeti-lo em passos menores: a *química orgânica* investiga compostos químicos que

---

153. Cf. THOMPSON, M. *Leben und Handeln* – Grundstrukturen der Praxis und des praktischen Denkens. Berlim, 2011. Para aprofundar-se no tema, recomendo: NG, K. *Hegel's concept of life*. Self-consciousness, freedom, logic. Nova York, 2020. • KHURANA, T. *Das Leben der Freiheit* – Form und Wirklichkeit der Autonomie. Berlim, 2017.

154. ARISTOTELES. *Metaphysik* – Schriften zur ersten Philosophie. Stuttgart, 1970, p. 314.

se baseiam em carbono e que ocorrem em todos os seres vivos que conhecemos; estes, por sua vez, diferenciam-se num nível fundamental (paradigmaticamente no nível das células) entre si mesmos e seu *meio ambiente*, como disse o biólogo e filósofo Jakob Johann von Uexküll.

Uexküll cunhou o conceito do meio ambiente em 1909, em seu livro *Umwelt und Innenwelt der Tiere*, tornando-se o precursor da ecologia. Numa conferência sobre os fundamentos filosóficos das neurociências, que ocorreu em novembro de 2021, em Cárceres, na Espanha, o zoólogo e neurocientista britânico Matthew Cobb disse, respondendo a uma pergunta minha, que cada célula e que, portanto, cada neurônio tem um meio ambiente, formado, sobretudo, por outros neurônios conectados a ele[155]. Portanto não é correto dizer que existe *o meio ambiente*. O conceito do meio ambiente é relativo, ele designa os eventos e as estruturas relevantes para um ser vivo, não um lugar imenso (a natureza, o universo, o cosmo), onde tudo acontece.

Sistemas vivos baseados em carbono são abertos, i.e., eles trocam substâncias com seu meio ambiente. Desse modo, eles conseguem manter sua estrutura e defender-se contra a entropia (em termos mais simples: a dissolução inevitável de estruturas estáveis), o que é uma resposta parcial à pergunta "O que é vida?". Isso foi apontado, sobretudo, pelo famoso físi-

---

155. É provável que alguns dos leitores conheçam tudo isso da teoria geral dos sistemas, que tem sua origem nas ciências da vida e, na Alemanha, foi transposta para a sociologia por Niklas Luhmann – a contragosto dos famosos biólogos da Escola de Santiago (sobretudo, Humberto Maturana e Francisco Varela), em que Luhmann apoia-se, como me explicou minuciosamente Maturana quando o visitei na primavera de 2018. O Maturana tardio foi muito mais longe do que apenas estabelecer uma conexão entre vida e conhecimento. Ele acreditava que a vida começa muito abaixo da célula e, portanto, daquilo que a Escola de Santiago investigou como "autopoiese". Cf. sua obra tardia *El arbol del vivir* (Santiago, 2015).

co quântico Erwin Schrödinger, que introduziu o conceito de sintropia (i.e., da geração e da manutenção ativa de estruturas, por exemplo, por meio de alimentação ou atividades físicas, um conceito que usamos para a física do vivo) e, assim, influenciou a biologia molecular[156].

Sem sintropia, a entropia, que é derivada da termodinâmica, faria com que os seres vivos se dissolvessem de modo muito mais rápido do que poderiam querer. Encontramos a entropia em fenômenos do dia a dia, como no fato de que é muito mais fácil acrescentar leite ao café do que reverter esse processo, ou seja, de transformar um café com leite em um café preto. Além disso, todo e qualquer café esfria muito mais rapidamente do que queremos porque ele encontra-se inserido num ambiente ao qual ele é obrigado a entregar calor sem poder gerar calor próprio. Nosso café não vive e, por isso, está exposto à entropia sem nenhuma possibilidade de defender-se contra ela (o que é uma vantagem, pois seria um tanto sádico beber café vivo), porque as células do grão de café não se reproduzem mais.

A diferença entre si mesmo e o meio ambiente gera uma forma elementar da normatividade (ou seja, da diferença entre comportamento certo e errado), como mostrou o filósofo norte-americano Robert Boyce Brandon em 2019, em sua obra-prima sobre Hegel, *A spirit of trust*[157]. As formas de vida diferenciam entre aquilo que lhes faz bem (alimentação) e substâncias nocivas. Desse modo, surge, num nível de vida elementar, uma diferença entre um si mesmo e seu ambiente, do qual o si mesmo

---

156. SCHRÖDINGER, E. *Was ist Leben?* Die lebende Zelle mit den Augen des Physikers betrachtet. Munique, 1989 (apresentado pela primeira vez em 1943, em Dublin).

157. BRANDOM, R.B. *Im Geiste des Vertrauens* – Eine Lektüre der "Phänomenologie des Geistes". Berlim, 2021.

extrai alimento para seu metabolismo. Em sua filosofia natural, Hans Jonas deduziu disso que o nosso ser si mesmo, nossa subjetividade, é expressão de processos da vida[158].

A esta altura poderíamos estar tentados a ver essas qualidades fundamentais das formas de vida conhecidas como antepassados biológicos muito distantes dos nossos juízos de valores sociais, éticos e políticos muito complexos e, assim, a biologizá-las. Mas isso seria um clássico erro categorial, ou seja, uma transferência ilegítima de fatos e formas de pensar que valem num campo de sentido (o da biologia ou da zoologia) para outro campo de sentido (para a ética, a política ou a história), em que elas não valem da mesma forma.

Nesse contexto, falo não de áreas, mas de campos de sentido, tratando-se de campos de objetos, que se apresentam de determinado modo, i.e., que estão ordenados qualitativa e quantitativamente[159]. Objetos podem ser contados, eles formam unidades. Na minha escrivaninha tenho alguns livros, à minha frente está um monitor grande, à minha esquerda estão algumas chaves. Eu poderia contar esses objetos. Isso é uma ordenação quantitativa. Mas esses objetos também significam algo para mim, eles têm qualidades definidas. Para mim, eles estão ordenados de forma mais ou menos sensata. Nós nunca vivenciamos a realidade apenas de forma quantitativa, como uma coleção de objetos. Também a vivemos de forma qualitativa no que diz respeito à sua cor, ao seu tom, ao seu gosto e ao seu sentimento. Alguns campos de sentido podem ser descritos e investigados fisicamente (por

---

158. JONAS, H. *Das Prinzip Leben* – Ansätze zu einer philosophischen Biologie. Frankfurt, 1997.

159. Cf. como introdução, GABRIEL, M. *Warum es die Welt nicht gibt*. Berlim, 2013; e, com base nele, do mesmo autor: *Sinn und Existenz – Eine realistische Ontologie*. Berlim, 2016; e ainda JONAS, H. *Fiktionen*. Berlim, 2020.

exemplo, o campo de sentido das partículas elementares ou o campo de sentido das galáxias); em outros casos de campos de sentido, isso seria absurdo (por exemplo, o campo de sentido das negociações para a formação de um governo entre vários partidos). É impossível reduzir todos os campos de sentido a uma quantidade, e existem qualidades que, embora possam ser descritas matematicamente (por exemplo, os vetores), sem que essa descrição reduza-as a quantidades medíveis[160].

Isso nos traz de volta para Aristóteles e Hegel, pois eles afirmam que seria um erro categorial reduzir a vida a processos orgânicos, o que significa: identificar a vida com processos com base orgânica que, como sistemas abertos, opõem-se à entropia. Embora adquiramos, assim, alguns conceitos básicos do espírito – como si mesmo e não si mesmo ou uma normatividade elementar, i.e., uma diferença entre algo que deve ser (alimento) e algo que não deve ser (substâncias nocivas) –, isso não nos permite entender processos vivos que não podem ser descritos de maneira sensata na língua da química orgânica.

---

160. Talvez alguns pensem aqui no tema das qualidades primárias (investigáveis fisicamente, i.e., em fórmulas matemáticas) e secundárias (que dependem da nossa consciência e, por isso, ainda não podem ser compreendidas fisicamente), que exerceu um papel importante na tradição do pensamento moderno (sobretudo em Galileu Galilei e, depois, na teoria do conhecimento empirista de John Locke e David Hume). Às vezes, essa tradição é compreendida como se ela pretendesse reduzir todas as qualidades sensuais (como as cores) a estruturas matemáticas e quantitativas (como as frequências). Mas, claro, isso não é correto, o que podemos ver já no fato de ela chamar também as qualidades primárias de *qualidades*. Não cabe aqui tentar responder à pergunta se, por alguma razão, as qualidades não podem ser descritas matematicamente, o que eu negaria neste momento – trata-se de um tema que explorarei em outro momento. Em suma: existem boas razões para acreditar que a matemática pode conter conceitos qualitativos, mas disso não segue que o fisicalismo é correto, que remete todos os campos de sentido a processos e estruturas que podem ser explicados fisicamente.

Processos vivos que não podem ser descritos quimicamente incluem a diferença entre um eu e um não eu e a diferença entre aquilo que não é eu mesmo (um não eu geral) e aquilo que é um outro eu, um *alter ego*, ou seja, um eu.

Um eu é mais do que um si mesmo. Nós nos vivenciamos não só como um si mesmo inserido num ambiente, do qual ele diferencia-se, mas também como um centro de controle mais ou menos racional da nossa vida, que procura realizar intenções e que tem uma biografia. Essa dimensão da vida humana transcende a capacidade que atribuímos a culturas de células, como biofilmes, nos quais micro-organismos dos mais diferentes tipos cooperam entre si[161]. Por mais importantes que eles possam ser para os processos da vida no nosso planeta, eles não procuram realizar intenções que podem ser explicadas com racionalidade, mesmo que eles sejam evolutivamente muito mais teimosos e resistentes do que complexas formas de vida orgânicas.

Nesse contexto, Robert B. Brandom mostrou em sua obra sobre Hegel que a mera existência de um si mesmo biológico elementar gera normas. Um si mesmo (ainda que seja o de um organismo unicelular) diferencia-se bioquimicamente entre si mesmo e o outro e, dessa forma, consegue movimentar-se em seu ambiente e procurar nutrientes. Um eu, por sua vez, consegue transformar esse fato, i.e., a orientação por normas, em outra norma. Por isso temos uma compreensão das nossas orientações normativas e também das outras pessoas (desejos, esperanças, valores, objetivos etc.), que por sua vez têm a capacidade de levar uma vida à luz de uma representação de si mesmas. Nós tornamos explícitas as nossas orientações por valores na língua, nas

---

161. Minha gratidão a Philipp Bohlen, por me apontar para a pesquisa sobre biofilmes (cf., por exemplo: FLEMMING, H.C. *et al.* Biofilms: an emergent form of bacterial life. *Nature Review Microbiology* 14, 563-575 (2016).

instituições, na arte, na religião, na cultura etc., como Brandom explica em outro lugar[162]. As práticas relacionadas a isso ultrapassam a produção de bens para a nossa sobrevivência. Por isso sociedade não é apenas um "sistema das necessidades", como Hegel dizia, i.e., mas algo que pode ser organizado ou planejado economicamente[163].

Viver e sobreviver – a forma básica da sociedade humana

Quando experimentamos nossa vida como algo dotado de sentido e vemos a expressão de um sentido da vida numa experiência de felicidade ou num episódio significativo da nossa vida (o novo emprego dos sonhos, o grande amor, o nascimento de um filho, a apresentação bem-sucedida de uma peça musical, a experiência da presença divina etc.), nós temos uma experiência que envolve outras pessoas. Até a caminhada solitária na floresta ou a meditação em que tentamos nos concentrar em nós mesmos e em nossos sentidos sem julgamentos, permanecem vinculadas a outras pessoas. Alguém nos ensinou a meditar ou nós meditamos

---

162. BRANDOM, R.B.: *Expressive Vernunft* – Begründung, Repräsentation und diskursive Festlegung. Darmstadt, 2000.

163. Cf. *Princípios da filosofia do Direito*, §§ 189-208, onde Hegel aborda de modo crítico a teoria da economia nacional de Adam Smith, Jean-Baptiste Say e David Ricardo. Ele os acusa de uma representação unilateral da existência humana, que entende o ser humano como animal regido por uma necessidade natural que, no máximo, poderia ser controlada economicamente por meio da distribuição de recursos. Assim, Hegel critica, já no início do século XIX, a ideia de que o Estado seria nada mais do que um sistema de distribuição de recursos materiais e, portanto, apenas um instrumento econômico. Cf. os trabalhos da filósofa social Lisa Herzog: *Die Erfindung des Marktes* e *Smith, Hegel und die Politische Philosophie*. Darmstadt, 2020; *Das System zurückerobern*. Moralische Verantwortung und Arbeitsteilung und die Rolle von Organisationen in der Gesellschaft. Darmstadt, 2021.

com outros (por exemplo, num mosteiro budista)[164]. E o fato de vivenciarmos uma caminhada na floresta como algo que nos regenera também é alguma coisa que aprendemos com outros em dado momento; por exemplo, quando tivemos experiências com a família na floresta, das quais nos lembramos mais tarde direta ou indiretamente. E também aquelas pessoas que acreditam que o sentido da vida é dado por Deus, a quem elas dedicam sua vida, apoiam-se numa experiência social do convívio com um Eu divino que, em geral, é celebrada na comunidade religiosa.

Portanto é evidente que o ser humano é um ser vivo social[165]. Via de regra, já adquirimos a nossa socialidade muito cedo. Ninguém seria capaz de ler estas linhas se, já no ventre materno, não tivéssemos experimentado uma relação social com outros seres vivos (em primeiro lugar com a mãe e seus processos orgânicos internos, dos quais participam muitas formas de vida não humanas). É no útero materno que se formam as estruturas neuronais fundamentais do nosso organismo, razão pela qual já saímos de lá com um equipamento e uma personalidade um tanto complexos – o que todos os pais podem confirmar. A nossa individualidade como organismo, por sua vez, já é bastante complexa, pois dispo-

---

164. Se você quiser se aprofundar nesses temas, que se inserem no domínio da chamada ontologia social, cf.: ZIMMERMANN, S. *Vorgängige Gemeinsamkeit* – On the ontology of the social. Friburgo, 2021. Zimmermann apresenta a interessante tese de que um tipo de ação (como fazer um passeio ou grelhar um peixe) é social mesmo que ocorra sem qualquer contato entre os atores envolvidos. Assim, se dois Robinson Crusoé solitários desenvolvessem independentemente uma nova prática, ela também seria social. Para Zimmermann, o social é uma questão de padrões que ocorrem na realidade e em cuja existência os estados mentais dos atores estão em geral apenas marginalmente envolvidos. Isso não me parece correto, uma vez que as formas paradigmáticas do social emergem pela coordenação implícita e explícita da ação, mas isso já nos leva aos pormenores de um argumento filosófico que apenas pretendo mencionar aqui.

165. Cf. GABRIEL, M. *Fiktionen*, §§ 12-17, em que se baseiam as considerações do texto principal.

mos também de sistemas imunológicos individuais, que nos distinguem ainda melhor de outras pessoas do que as nossas digitais[166].

Logo a nossa estrutura orgânica e, com isso, a nossa sobrevivência é, já no ventre materno, um produto social, i.e., resultado de processos socialmente coordenados. A mãe precisa alimentar-se ou ser alimentada para que o feto forme um sistema nervoso; isso exige divisão de trabalho. E todos nós somos gerados de alguma forma social (em geral, por meio de relações sexuais, ou por meio de outra forma de fecundação socialmente orquestrada de um óvulo).

Até agora falei de formas de vida para incluir todos os seres vivos e para manter distante o conceito confuso de animal, que, como vimos na primeira parte desta obra, é uma projeção humana, demasiadamente humana. A esta altura, porém, quero introduzir outra diferença importante para entendermos o sentido da vida (num significado mais exigente).

> Eu chamo a vida orgânica, que as ciências da vida investigam com sucesso e, muitas vezes, para o bem da humanidade, de **forma de sobrevivência**. A medicina, por exemplo, investiga a forma de sobrevivência de sistemas orgânicos (do coração, da pele ou de um ser humano completo ou de outro ser vivo). Ela tenta preservar, apoiar ou até matar processos orgânicos (como um tumor, que é uma forma de sobrevivência que queremos matar).

Quase sempre, porém, a medicina não investiga (com exceção da psicossomática, da psiquiatria etc.) a vida do espírito

---

166. Gostaria de agradecer à Fundação Boehringer Ingelheim pela organização de um simpósio sobre o ser humano vulnerável, que ocorreu em 2 de novembro de 2021. Nessa ocasião, o famoso imunologista Thomas Boehm apresentou alguns dos pormenores da individualidade dos nossos sistemas imunológicos, que retomo aqui.

humano (sem falar do espírito divino, se é que ele existe – algo que não afirmamos nem questionamos aqui). A vida do espírito inclui a experiência estética de uma sinfonia, a leitura da *Comédia divina*, de Dante, uma noite no clube, as eleições nacionais ou um evento ativista contra a lentidão política na luta contra a mudança climática, só para mencionar algumas coisas que importam para as pessoas.

Chamemos tudo isso, diferentemente da forma de sobrevivência, de nossa *forma de vivência*[167]. Desde Aristóteles, falamos aqui também da nossa "segunda natureza", o que pode resultar em equívocos, visto que o espírito não é apenas um aspecto ampliado da natureza, mas pertence a outra categoria.

Aqui é importante refutar uma suspeita antes que ela instale-se. O fato de existir uma diferença *categorial* entre espírito e natureza significa justamente que o espírito não é um tipo de fantasma de matéria fina. O espírito não pertence ao universo da mesma forma que fótons, forças nucleares, gravidade ou neurônios. Ele não se encontra no espaço da física. E é isso que o **dualismo cartesiano** ignora, supondo existirem duas substâncias na natureza, ou seja, dois tipos de coisas – os corpos materiais e as almas imateriais ou substâncias de pensamento –, que interagem de alguma forma (só não sabemos como).

Isso não significa que o espírito é misterioso ou que ele possa ser pesquisado de alguma forma não científica. Depressões manifestam-se no nível de serotonina; alegria no nível de endorfi-

---

167. Na filosofia contemporânea, o conceito de forma de vida geralmente está vinculado às investigações filosóficas de Ludwig Wittgenstein. Infelizmente, Wittgenstein não desenvolve esse termo o suficiente para mostrar como a "história natural" do ser humano que ele postula está relacionada à socialidade da forma de vida. Para um conceito contemporâneo de formas de vida ancorado na filosofia social (e que, ao contrário, não leva em conta a dimensão natural e científica da vida, e o ser humano como animal), cf. JAEGGI, R. *Kritik von Lebensformen*. Berlim, 2013.

na etc. A psiquiatria molecular analisa isso em detalhes. Porém a manifestação material de estados subjetivos não é idêntica a esses estados. Medimos o nível de serotonina e sabemos que ele está correlacionado a estados subjetivos, mas aquilo que medimos a partir da perspectiva do observador e o estado subjetivo não são idênticos, caso contrário poderíamos, literalmente, ver um estado subjetivo, e isso é absurdo. Jamais vemos o nosso ver, vemos a árvore. O estado subjetivo de ver é invisível, o que não significa que ele seja irreal.

O espírito é objeto da pesquisa das ciências humanas e sociais e das nossas vivências social, política, estética ou religiosa. Reconhecer que existe algo como o espírito e que ele pode até ser representado em modelos matemáticos (como os modelos desenvolvidos por economistas ou sociólogos) não é, portanto, misterioso em nenhum sentido relevante.

O espírito humano é a fonte do sentido da vida, e o sentido não se alimenta da mera sobrevivência.

> Podemos diferenciar entre a nossa forma de sobrevivência e a nossa forma de vivência, que nos é transmitida também pelo espírito. A nossa forma de sobrevivência e a nossa forma de vivência são constitutivamente sociais. Para que o ser humano possa sobreviver por tanto tempo sozinho numa ilha ou como um personagem de um filme pós-apocalíptico (como último ser humano), ele precisa ter sido criado por outros seres humanos (ignoro aqui o tema do Livro da Selva). Johann Gottlieb Fichte resume tudo isso: o ser humano só se torna um ser humano entre seres humanos[168].

---

168. FICHTE, J.G. *Grundlage des Naturrechts nach Prinzipien der Wissenschaftslehre*. Hamburgo, 1960, p. 39.

Queremos viver para sempre?

A mera sobrevivência não pode ser o sentido da vida. Se o ser humano percebe um sentido em sua vida quando, em idade muito avançada, ele sobrevive a familiares e amigos, isso depende de muitos fatores e é vivenciado de modo particular por cada pessoa. A coisa torna-se ainda mais filosoficamente difícil quando nos imaginamos obrigados a levar uma vida eterna na Terra como um fantasma amaldiçoado.

Na filosofia mais recente, isso é discutido desde um artigo de Bernard Williams sobre uma figura fictícia do autor tcheco Karel Čapek (que também inventou o conceito do robô), até na comédia de Čapek, *O caso Makropulos* (que estreou em Praga em 1922), em que a protagonista é uma figura chamada Elina Makropulos que, 300 anos atrás, tomou uma poção de vida e tornou-se imortal[169]. A pergunta que esse motivo do sonho da imortalidade terrena levanta é se uma vida terrena imortal ainda teria sentido ou se esse tipo de vida não se transformaria em uma tragédia. Chamemos isso de nosso **experimento mental Makropulos**.

Em seu livro *This life. Secular faith and spiritual freedom*[170] (Esta vida. Fé secular e liberdade espiritual), o cientista de literatura Martin Hägglund defende a opinião que diz que uma vida imortal seria uma tragédia e que, por isso, nós deveríamos ficar felizes com a nossa mortalidade, já que, sem ela, ou seja, sem a morte, a vida não teria sentido. Mas é correto dizer que, tendo

---

169. ČAPEK, K. *Die Sache Makropulos* – Dramen. Berlim, 1976. • WILLIAMS, B. "The Makropulos Case. Reflections on the Tedium of Immortality". *In*: ČAPEK, K. *Problems of the Self. Philosophical papers 1956-1972*. Cambridge, 1973, p. 82-100.

170. HÄGGLUND, M. *This life* – Secular faith and spiritual freedom. Nova York, 2019.

conhecimento da nossa mortalidade, nós definimos prioridades, o que também é uma fonte de sentido. Isso, porém, não significa que a morte ou a nossa postura em relação a ela seja a única fonte de sentido, de modo que este seria nada se fôssemos imortais.

Hägglund retoma um antigo tema da filosofia existencial, que ocupa o centro de *Ser e tempo*, de Martin Heidegger. Nessa sua obra principal, Heidegger descreve o modo de ser do ser humano como "ser para a morte"[171]. Se ele estivesse certo, tudo que é importante para nós (nossos amigos, nossas coisas preferidas etc.) só seria importante porque veríamos a nossa vida à luz da nossa morte. Heidegger radicaliza o motivo barroco do *memento mori* (Lembra-te da morte) e afirma que não poderíamos nem mesmo levar o nosso carro para a oficina sem pensar (inconscientemente) em nossa morte.

Esse raciocínio resulta do fato de que a vida na Terra se tornaria muito entediante se precisássemos ficar por aqui por toda a eternidade. É provável que, para os imortais, seria terrível reviver infinitamente a ida das pessoas mortais amadas.

Mas, se as olharmos mais de perto, essas perguntas só são o resultado de ênfases unilaterais de um ou outro aspecto do "experimento mental de Makropulos", ou seja, da dúvida se uma vida infindavelmente longa na Terra seria desejável e se teria sentido.

Mas essas perguntas são apenas o resultado de ênfases unilaterais de um ou outro aspecto do experimento mental de Makropulos, ou seja, da pergunta se uma vida terrena eterna seria desejável e dotada de sentido. Será que, após alguns séculos, nós não nos acostumaríamos a passar entre 50 e 80 anos com os mesmos amigos e a mesma família para, então, adquirir outra

---

171. Cf. HEIDEGGER, M. *Sein und Zeit*. Tübingen, 2006, p. 234.

identidade e iniciar uma nova vida? E se todos fossem imortais? Por que a tarefa de construir um paraíso na Terra com outros oito, nove bilhões de imortais, nos deixaria entediados? É mais provável que alguns imortais gostassem disso, mas outros, não – o que não surpreenderia, pois nosso experimento mental trabalha com pessoas que, embora imortais, continuam sendo seres humanos.

Acredito que Friedrich Nietzsche, que, em *Assim falou Zaratustra*, apresentou sua própria versão cômica do experimento mental de Makropulos, tenha sido mais certeiro. Nietzsche imagina que o universo repete-se de forma cíclica, de modo que todos nós passamos por um "eterno retorno do mesmo". Nietzsche afirma que a tarefa de uma "revalorização de todos os valores", ou seja, de uma nova ética, seria enxergar esse cenário não como terror, mas como fonte de sentido, e viver de tal maneira que tudo que vivenciamos possa ser vivenciado infinitas vezes. Mas essa visão não convence ninguém que sofreu horrores na vida. Muitas pessoas do passado, do presente e do futuro não gostariam de ter que reviver toda a sua vida inúmeras vezes.

> Em suma: a pergunta se a nossa vida tem sentido apenas em contraste com a morte não é algo que possa ser respondido de forma sensata, pelo menos não se recorrermos a ficções literárias e a outros experimentos mentais. No entanto é um disparate sem igual e até irresponsável do ponto de vista ético afirmarmos que a morte é a fonte do sentido da vida, pois isso exigiria vermos a nossa morte ou a morte de um ente querido como uma fonte de sentido. A morte não é tal fonte e, sim, como seu fim radical, o oposto de qualquer sentido. Mesmo que ela possa ser o fim de tormentos terrenos, nós não podemos voltar o sentido da vida para a morte.

E a tese atribuída a Nietzsche pela qual as grandes religiões só imaginam uma vida imortal num paraíso (ou o encerramento definitivo do ciclo das reencarnações) porque elas desprezam esta nossa vida terrena e querem refugiar-se num castelo de nuvens não é melhor. Para fundamentar essa crítica à religião, costuma-se dizer que uma vida eterna no paraíso seria entediante. Ninguém deseja uma festa de Natal eterna; ao contrário, todos sentem certo alívio diante do eventual fim da vida – um tema que o seriado norte-americano *The good place* desdobra em 53 episódios, com o resultado de que, no paraíso, as pessoas imortais anseiam pela aniquilação e optam por ela.

Mas aqui também vale que nenhum de nós sabe se essa vida eterna após a morte terrena existe nem como ela seria. Talvez fosse um inferno se, após a nossa morte clínica, fôssemos jogados novamente no Planeta Terra, como no seriado *The good place*, mas até isso é uma questão de caráter, visto que é mais provável que os espectadores – e não os personagens –, fiquem entediados.

O experimento mental popular que nos encoraja a imaginarmos uma vida eterna para responder à pergunta se a imortalidade seria algo desejável e, portanto, poderia ser uma fonte do sentido de vida, é fadado ao fracasso porque, quando tentamos responder à pergunta, recorremos às nossas esperanças e aos nossos medos e, então, conduzimos o experimento mental de tal forma que o resultado já está definido de antemão. Se queremos viver eternamente ou não, isso revela mais sobre o nosso estado psicológico do que sobre a desejabilidade objetiva de uma vida eterna.

Falando nisso, *The good place* nada mais é do que uma continuação norte-americana daquilo que o autor e filósofo francês Jean-Paul Sartre descreveu em sua peça de teatro *Entre quatro paredes*, que estreou em 1944. Nesse drama, três pessoas morrem e encontram-se no inferno, onde são fadadas a conviver para sempre. Disso nasceu o famoso ditado de Sartre: "O inferno são os outros". Como muitos outros existencialistas, Sartre acreditava, em conjunto com Heidegger e Nietzsche, que a morte era uma fonte de sentido da vida, o que ele tentou demonstrar com esse experimento mental. Como Heidegger, ele partia do pressuposto de que a morte é uma fonte de sentido de vida porque ela leva-nos a nós mesmos e confronta-nos com o fato de que morremos metafisicamente solitários. Embora Sartre distancie-se de Heidegger por ver a morte apenas como *um* elemento da nossa facticidade, i.e., da nossa constituição existencial, ele insiste que só podemos encontrar sentido como indivíduos. Simone de Beauvoir agiu de modo correto quando argumentou contra esse individualismo e, diferentemente de seu parceiro Sartre, defendia que a nossa existência é, sobretudo, social.

A peça de Sartre não prova de forma universal, ou seja, válida para todas as pessoas, que uma vida eterna seria sem sentido. Sua peça é uma ficção que não nos permite deduzir que a morte é uma fonte de sentido decisiva para a vida. Por isso essa conclusão diz mais sobre o nosso desejo de sermos imortais do que sobre sua desejabilidade universal.

A verdade é que não sabemos o que acontece conosco após a nossa morte clínica. Só sabemos que, após determinado tempo, nossas células começam a dissolver-se e que o nosso corpo terreno não persiste após a sua morte, mas disso não segue que não haverá uma ressurreição dos corpos nem que não temos uma alma imortal, que terá uma vida eterna que, aqui na Terra, é inimaginável, por mais desejável que seja.

A ciência natural também não nos permite refutar nem excluir a fé na reencarnação que, em muitas religiões, exerce um papel central, pois a ciência natural só consegue descrever, explicar e prever de modo parcial como determinados processos e estruturas desenvolvem-se no universo, mas isso jamais nos permite deduzir que os processos e as estruturas que podem ser investigados pelas ciências naturais são os únicos que existem. Quem acredita que a ciência natural aboliu a transcendência tornou-se vítima de uma superestimação desmedida do poder de conhecimento humano.

Talvez seja bom lembrar que o grande físico Erwin Schrödinger, cofundador da mecânica quântica, em seu livro *O que é vida?*, defende explicitamente a existência de uma consciência universal inserindo-se nas tradições de pensamento hindu. No entanto não sugiro com isso que ele esteja certo, mas isso prova que nem o melhor conhecimento da física quântica em combinação com os processos termodinâmicos leva-nos à conclusão de que só existe a realidade energético-material. Em suma, em sua essência, a física não é metafísica e, por isso, não pode fazer afirmações positivas nem negativas sobre a transcendência. O mesmo vale para as ciências da vida, que jamais poderão provar que nós somos idênticos com o nosso corpo. Por isso é uma húbris da Modernidade quando se espalha o conto de fadas de que, enfim, sabemos que a morte é o fim definitivo. Nós simplesmente não sabemos. Afirmar que a morte seria *o* sentido da vida ou *a* fonte do sentido da vida é, portanto, uma suposição infundada, mesmo que muito difundida, que não pode ser comprovada com experimentos mentais fictícios. A nossa resposta à pergunta se uma vida eterna teria sentido expressa apenas a nossa atitude em relação à vida terrena.

O sentido na vida

A discussão filosófica em torno do sentido da vida sofreu uma virada interessante na década de 1980. Uma contribuição muito importante foi feita pela filósofa norte-americana Susan Wolf[172]. Em vez de falar do sentido *da* vida, ela mudou o ponto de vista e agora pergunta pelo sentido *na* vida. Ela sugere que, primeiro, nós nos conscientizemos das experiências e atitudes que experimentamos *na* nossa vida como geradoras de sentido para, então, deduzir disso de que se trata o sentido antes de ocuparmo-nos com a pergunta pelo sentido *da* vida – pergunta esta que Wolf considera grande demais.

Aqui é decisivo constatar primeiramente que as pessoas vivenciam de modo diferente coisas, situações e ações dotadas de sentido. Algumas pessoas gostam de pescar, outras se realizam num trabalho social, outras gostam de viajar para as montanhas e passam o ano trabalhando para isso, outras dedicam sua vida a jogos de computador, outras não conseguem imaginar coisa melhor do que criar um filho e outras, ainda, não suportam conviver com crianças porque preferem escrever um romance pós-moderno em completa solidão. Poderíamos aumentar essa lista infinitamente. Isso nos mostra que não existe uma quantidade limitada de atividades ou preferências humanas da qual cada indivíduo pode extrair um sentido na vida.

O reconhecimento político disso é uma conquista do pluralismo liberal moderno, e por isso tentamos organizar o Estado de tal maneira que ele não defina nenhuma forma de vida específica (por exemplo, um estilo de vida religioso ou o modelo da família nuclear) como padrão, em torno do qual as nossas instituições se organizariam.

---

172. Cf. WOLF, S. *Meaning in life and why it matters*. Princeton, 2010. Para uma visão geral da discussão anglófona, que, porém, é unilateral, porque simplesmente ignora os enormes debates globais fora dos institutos de filosofia anglófonos, cf. o artigo: "The meaning of life", em *The Meaning of Life*, na *Stanford Encyclopedia of Philosophy*, escrito pelo filósofo sul-africano Thaddeusz Metz em: https:// plato.stanford.edu/entries/life-meaning/.

Infelizmente, as nossas instituições ainda não são liberais o suficiente. O fato de ter demorado tanto para transformar o casamento para todos numa realidade é lamentável, mas ele existir agora é sinal do progresso moral. Numa democracia liberal, criar uma criança deveria ser apenas uma questão da capacidade de cuidar de maneira adequada de outro ser humano, e para garantir isso existem instituições que controlam e decidem quem pode ter a guarda de uma criança.

Por isso precisamos examinar as nossas instituições e os nossos debates públicos em relação ao seu pluralismo liberal e, então, criticá-los ou corrigi-los com o objetivo de superarmos desequilíbrios ideológicos – incluindo, aqui, a crítica ao liberalismo, que afirma favorecer condições de exploração neoliberais e que, por isso, seria irreconciliável com a liberdade social. Como mostraram a filósofa social Lisa Herzog e a historiadora Ute Frevert, independentemente uma da outra, seria possível[173] sim um liberalismo contemporâneo que vinculasse a economia do mercado a valores morais. A meu ver, isso significaria que as condições institucionais (sobretudo as condições jurídicas e políticas) para a produção de mais-valia em uma sociedade deveriam orientar-se por fatos morais para que a lógica da ação econômica seja usada não só para a geração de lucro, mas também para o progresso do bem-estar comum. E é esse o propósito dos impostos, que não são um tributo involuntário ao Estado, mas uma contribuição para garantir e ampliar a nossa liberdade social.

Numa democracia liberal, a interação entre Estado e economia ocorre em um contexto de valores eticamente fundamentados que precisa ser defendido. A ideia neoliberal, segundo a

---

173. HERZOG, L. *Freiheit gehört nicht nur den Reichen* – Pladoyer fur einen zeitgemaen Liberalismus. Munique, 2014. • FREVERT, U. *Kapitalismus, markte und moral*. Munique, 2020.

qual a economia deve servir apenas a si mesma e o Estado teria apenas a tarefa de defender os mercados contra eventuais agressores, ignora que não existem mercados sem pessoas, que eles estão sempre entrelaçados à humanidade como um todo. Na verdade, muitos empresários recorrem a padrões morais que também exercem um papel fundamental em sua ação econômica, sobretudo porque suas empresas fazem parte de uma democracia liberal e eles não são obrigados a fornecerem recursos financeiros a governantes e déspotas autocráticos para oprimirem a população.

Contudo em seu resultado, o tal do neoliberalismo – que inclui uma influente escola de pensamento econômico e uma prática histórica em nível global, que, no Ocidente, associamos em especial a Ronald Reagan e Margaret Thatcher – é tudo, menos liberal. Vivenciamos isso na Rússia, onde, após a queda da União Soviética, as reformas neoliberais permitiram a emergência de uma oligarquia que transformou antigas empresas estatais em sistemas cleptocráticos. Nesse caso, o mercado, supostamente livre, destrói a liberdade de muitas pessoas. Porém a culpa não é apenas da economia do mercado, muito menos da democracia liberal, mas de um desvinculamento radical injustificável do Estado da economia, que vê o Estado apenas como sistema de garantia para a produção da mais-valia e não como agente que deve contribuir também para o progresso moral por meio de seu entrelaçamento com a sociedade em geral.

Um reconhecimento decisivo do liberalismo é que não existe nada que garanta a felicidade de cada pessoa da mesma forma. Isso é ainda mais evidente quando – como costuma acontecer – imaginamos que só pessoas adultas e mais ou menos saudáveis têm o direito de votar. Como sempre, crianças e pessoas doentes são ignoradas, para quem importam coisas diferentes das que a maioria dos leitores destas linhas consideram. Basta lembrar-nos daquilo que era importante para nós quando tínhamos 7 ou 11 anos de idade.

Porém dessa reflexão não segue que não exista nada que não seja comum a todas as experiências de um sentido *na* vida. Por isso Susan Wolf sugere um conceito concreto de significância (*meaningfulness*), que identifica um traço fundamental do sentido *na* vida que todos possam aceitar. Chamemos essa sugestão de **tese de amor de Wolf**:

> Segundo o conceito da significância que quero sugerir aqui, o sentido provém do fato de amarmos algo que mereça nosso amor e com o qual interagimos de modo positivo. [...] "Amor" é, pelo menos parcialmente, subjetivo, pois envolve atitudes e sentimentos. Insistindo na exigência de que o objeto do amor "mereça nosso amor", esse conceito de sentido apela a um padrão objetivo. [...] Segundo meu conceito, o sentido provém do encontro da atração subjetiva com a atratividade objetiva. Em essência, é a ideia de que a vida de uma pessoa só pode ter sentido se ela for tomada por algo, se ela entusiasmar-se, se ela interessar-se por algo e empenhar-se naquilo ou, como eu formulei, se ela amar algo – o que se opõe àquilo que a entedia ou àquilo do qual ela se alienou[174].

Em suma, Wolf defende a tese segundo a qual o sentido que encontramos na vida consiste no fato de amarmos algo ou alguém. Podemos amar nossa profissão e nossos filhos, nossa cidade natal ou a nona sinfonia de Beethoven, assim como podemos amar música de piano ou longas caminhadas. De acordo com Wolf, porém, podemos cometer erros no amor quando amamos algo ou alguém que objetivamente não é digno de amor. Uma

---

174. WOLF, S. *Meaning in life*, p. 8s.

pessoa que ama torturar outras pessoas comete um erro (moral), e cada um de nós com certeza já constatou mais de uma vez em sua vida que amou algo ou alguém que não merecia esse amor (por uma razão ou outra).

Não é ilusão que, em questões de amor e preferências, aconteçam equívocos, sem que, por isso, exista apenas um objeto, uma atividade ou uma pessoa que merece nosso amor. Se podemos nos enganar em relação a uma coisa, pelo menos nesse sentido objetivo, não significa que o valor de uma coisa, atividade ou pessoa que amamos seja igual para todos.

Subjetivo e objetivo não se excluem necessariamente. Podemos recorrer a uma diferenciação útil do filósofo norte-americano John R. Searle, que mostrou que algo pode ser objetivo e subjetivo ao mesmo tempo. Existem fatos que só existem porque estados subjetivos (sentimentos, opiniões, impressões sensuais) participam deles. Esses fatos incluem, por exemplo, dor de dente, sentimentos de amor e sede. Esses são **onticamente subjetivos**. Mesmo assim, eles podem ser analisados de modo objetivo, por exemplo, psicológica, sociológica ou fisiologicamente, ou podemos ter apenas uma opinião cotidiana sobre eles, opinião que pode ser falsa ou verdadeira. Fatos onticamente subjetivos podem, por isso, ser epistemicamente objetivos[175]. Aqui, objetividade não é um olhar neutro sem ponto de vista, mas uma postura em relação a um fato que pode ser correto ou falso. Essas distinções são importantes para entendermos a tese de Wolf, que diz existir respostas objetivas à pergunta se algo que amamos

---

175. Essa distinção remonta a SEARLE, J.R. *Wie wir de soziale Welt machen – Die Struktur der menschlichen Zivilisation*. Berlim, 2012, p. 35s. Para maior desenvolvimento dessa distinção no que diz respeito a um conceito epistemológico da realidade, cf.: GABRIEL, M. *O sentido do pensar*. Petrópolis: Vozes, 2021. • KRÜGER, M.D. *Was ist die Wirklichkeit?* Neuer Realismus und Hermeneutische Theologie. Tübingen, 2018.

de verdade merece ser prezado por nós. Crueldade e egoísmo inescrupuloso podem até ser amados por algumas pessoas (basta lembrar mais uma vez Wladimir Putin), mas esses modos de conduta não merecem o nosso amor de maneira objetiva.

O amor ocupa um lugar central na vida humana. Como sabemos, ninguém sobrevive à primeira infância sem ter alguma experiência de amor. Se você está lendo estas linhas, isso significa que você foi amado em alguma medida e que você devolveu esse amor. Aquilo que experimentamos no amor e graças ao amor é o sentido *na* vida – segundo a tese fundamental de Wolf. Evidentemente, isso não é nenhuma novidade. Se for correto que o sentido *na* vida é o amar e o ser amado, isso vale desde que existem seres humanos e outros seres vivos capazes de vivenciar e dar amor.

O amor está atrelado à entrega. Àquilo que amamos nós nos entregamos com prazer. Nosso objeto amado não nos entedia e lança uma luz favorável sobre tudo o que acontece. No entanto o amor não é imune ao equívoco – algo que todos nós conhecemos por experiência própria, quando um dos nossos amigos apaixona-se pela pessoa errada e nós não conseguimos convencê-lo de seu erro.

> O sentido na vida não existe apesar de sua experiência. Nesse contexto, ele é subjetivo. Mesmo assim, ele pode ser avaliado por uma pessoa não envolvida (seja um amigo, uma psicóloga ou um sociólogo), do ponto de vista de um terceiro, de modo que a experiência de sentido contém um componente objetivo. Esse componente objetivo está vinculado à ética, ou seja, a valores morais, que existem apesar das nossas opiniões subjetivas.

Visto que o amor tem um componente que está entrelaçado com a ética, muitas pessoas acreditam que o sentido *na* vida esteja vinculado à entrega e à responsabilidade moral, o que é, de certo modo, correto. A vida de uma santa parece-nos ter mais sentido do que a vida de um assassino em série. As preferências de uma pessoa podem sempre ser avaliadas eticamente, sendo que muitas das nossas preferências (inclusive a maioria das preferências sexuais) são moralmente neutras.

No entanto seria uma exigência muito exagerada identificarmos o sentido *na* vida sempre com o moralmente correto, o que Wolf já explicou em seu famoso artigo "Moral saints", de 1982[176]. Nossa vida não tem apenas sentido se vivermos como Jesus, Madre Teresa, Krishna, o profeta Maomé ou Buda, figuras que prezamos tanto porque tiveram como objetivo de vida amar toda a humanidade como tal e fazer o bem (seja com ou sem a ajuda de um Deus monoteísta).

A abordagem de Wolf de procurar o sentido *na* vida ao invés de extrair um sentido universal *da* vida a partir de uma perspectiva transcendental tem a vantagem de constatar, a despeito de uma concepção religiosa ou ideológica, que todas as pessoas são capazes de encontrar um sentido *na* vida no amor, um sentido que não é apenas uma definição subjetiva, mas que nos revela algo sobre os padrões objetivos que todas as pessoas têm em comum.

O sentido da vida não é um disparate

Entretanto o pluralismo liberal, que está vinculado ao conceito do sentido *na* vida, não nos faz derrubar uma criança no banho ou desistir totalmente da pergunta pelo sentido da vida, pois esta é, de forma alguma, um disparate metafísico, como

---

176. WOLF, S. Moral Saints. *The Journal of Philosophy 79/8* (1982), p. 419-439.

acredita a tradição filosófica do positivismo linguístico-filosófico, tão influente no século passado. Esse positivismo afirma que juízos de valores não tratam da realidade, visto que a língua só pode falar de forma sensata de tais coisas e de processos que podem ser investigados cientificamente, i.e., empiricamente (com estatísticas e estudos, por exemplo).

No final do século XIX, propagou-se com o termo "positivismo" a ideia de que a maior parte daquilo que nossos ancestrais se interessavam (a imortalidade da alma, a existência e a vontade de Deus ou dos deuses) nada mais é do que um disparate, afirmando que só podemos refletir sobre aquilo que pode ser medido mediante métodos científicos. Todas as formas de ciência precisariam ser avaliadas segundo a contribuição que elas fazem à interpretação e à justificação dos conhecimentos naturais. Por pouco, lógica e matemática ainda conseguiram ser aceitas, já que, sem elas, seria impossível desenvolver qualquer teoria da ciência natural nem interpretar os resultados obtidos por meio das medições. Mas a ética e a estética, sem falar da metafísica no sentido de uma ciência de objetos não sensuais ou transcendentes, foram, de repente, condenadas como absurdos.

Paradigmático para essa postura positivista é um famoso artigo do filósofo alemão Rudolf Carnap, que se tornaria um dos filósofos mais influentes no século XX. Nesse artigo de 1931, intitulado "Superação da metafísica por meio da análise lógica da língua", ele tentou mostrar que existem critérios sensuais inequívocos, lógica e linguisticamente determináveis, que são violados por afirmações sobre questões como o sentido da vida, a alma, Deus etc.[177].

---

177. CARNAP, R. Überwindung der Metaphysik durch logische Analyse der Sprache. *Erkenntnis 2* (1931), p. 219-241.

Mesmo que hoje as teses desse artigo não se sustentem mais, permaneceu a suspeita, sobretudo pelo filósofo da língua Ludwig Wittgenstein, de que, de alguma forma, a pergunta pelo sentido da vida não faria sentido. Numa sequência de declarações supostamente paradoxais, Wittgenstein constata em seu *Tractatus logico-philosophicus*:

> Sentimos que mesmo quando todas as perguntas científicas são respondidas, os problemas da nossa vida ainda nem foram tocados. Evidentemente, porém, não restará pergunta, e essa é a resposta. A solução do problema da vida é percebida no desaparecimento desse problema (não é essa a razão pela qual o ser humano, após longas dúvidas, percebeu o sentido da vida, mas não conseguiu dizer em que consistia esse sentido?). No entanto existe o indizível. Este se revela, é o místico[178].

Logo em seguida, Wittgenstein alega que o método da filosofia consistiria em só afirmar "sentenças da ciência natural", ou seja "algo que nada tem a ver com filosofia"[179], o que é uma contradição aparente à sua própria atividade, razão pela qual ele descreve suas próprias sentenças como "absurdas"[180], pois a própria tese que diz que a língua sensata deve ser reduzida a sentenças da ciência natural não é uma sentença da ciência natural e, portanto, não tem sentido.

O positivismo falhou repetidas vezes nessas autoaplicações. Uma autoaplicação consiste em aplicar uma afirmação a si mesma. Um exemplo simples: quem acredita que todo conhecimento é apenas uma expressão de opiniões subjetivas ("tudo é

---

178. WITTGENSTEIN, L. *Logisch-philosophische Abhandlung* – Tractatus logico-philosophicus. Frankfurt, 1989, p. 176.

179. *Ibid.*

180. *Ibid.*, p. 178.

relativo") expressa com essa tese algo que não pode ser apenas uma opinião subjetiva. Os positivistas acreditavam que o significado de palavras e frases podia ser reduzido a um método de verificação. A palavra "gato" significa o que significa porque ela tem a ver com gatos que alguém viu. E a frase: "Está chovendo em Londres" adquire seu significado do fato de podermos ir para Londres para ver se está chovendo naquela cidade. Mas se ousarmos afirmar que o significado linguístico consiste no fato de expressarmos fatos empiricamente verificáveis, acabamos de expressar um fato que não pode ser verificado na prática.

Quando os positivistas do Círculo de Viena, ao qual pertenciam também Carnap e Wittgenstein, afirmavam que frases sobre algo não empírico (como Deus) não tinham nenhum significado porque não podiam ser comprovadas por estudos empíricos, a afirmação que diz que não podemos falar de modo empírico sobre Deus já contém uma contradição em sua autoaplicação, já que a palavra "Deus" ocorre nessa afirmação, uma palavra que se refere a algo que não pode ser experimentalmente verificado. Uma contradição bastante simples em sua autoaplicação. Muitos positivistas tentaram proibir autoaplicações usando argumentos lógicos e linguístico-filosóficos que pretendiam mostrar que autoaplicações sempre resultariam em paradoxos. Mas isso não impediu que as cabeças lógico-matemáticas mais talentosas do Círculo de Viena, entre eles o grande matemático Kurt Gödel, transformassem a autoaplicação em motor de provas matemáticas geniais, de modo que, aos poucos, o positivismo perdesse sua aparente plausibilidade[181].

---

181. Para esses temas, cf. as clássicas obras: HOFSTADTER, D.R. *Godel, Escher, Bach – Ein endloses geflochtenes Band*. Stuttgart, 1985. • HOFSTADTER, D.R. *Ich bin eine seltsame Schleife*. Stuttgart, 2008.

Em todo o caso, a crítica positivista à metafísica não é uma razão suficiente para declarar como absurda a pergunta pelo sentido da vida e contentar-se com a busca mais terrena pelo sentido *na* vida. A crítica positivista à metafísica fracassou segundo os padrões filosóficos atuais, de modo que a pergunta pelo sentido da vida, que todos nós fazemos em algum momento da nossa existência, não é mais obstruída pela reserva de que a pergunta é absurda ou sem sentido.

Não conseguimos nos livrar das grandes perguntas da humanidade, que nos ocupam desde os primórdios e com as quais quase todas as pessoas se deparam em algum momento, tentando reprimi-las e dedicando-nos a pesquisas lógico-matemático-científicas, embora seja uma ocupação muito sensata e enriquecedora em que muitas pessoas encontram um sentido *na* vida. Mas não podemos deduzir disso que as grandes perguntas metafísicas da humanidade tenham perdido sua importância, pois isso não corresponde aos fatos da experiência humana, portanto é errado e não deveria ser defendido em nome da ciência, afinal de contas, esta busca a verdade.

Absurda é a privação de sentido

Ainda assim precisamos fazer um pequeno excurso para nos aproximarmos do sentido da vida sem qualquer proteção. Em primeiro lugar, temos que refutar a crença de que a realidade e, portanto, também a nossa existência dentro dela não têm significado e só adquire sentido e valor porque nós conferimos isso a ela. Mas como algo adquirirá um sentido verdadeiro se esse sentido só lhe é conferido por nós? Essa suposição básica do niilismo moderno parece-nos atraente apenas à primeira vista.

O que acontece é o contrário: a nossa vida aparenta ter um sentido para nós, e reconhecemos isso justamente quando, numa crise, perdemos a lógica e temos a sensação de estarmos diante do nada. O que vivenciamos nesse momento é a total ausência de sentido, a sensação de nada ter um significado mais profundo, de todos nós sermos nada mais do que um piscar de olhos do universo ou "mutantes darwinistas", como expressa a escritora Scarlett Thomas, inspirada pela leitura de Heidegger, em seu romance *Troposphere*[182].

Absurdo não é o sentido da vida, mas sua ausência. Absurda é a privação de sentido, portanto ela pressupõe a experiência de sentido. Nós fazemos a experiência de uma profunda falta de sentido quando as relações em que nos encontramos com outras pessoas, com a natureza e com a sociedade como um todo sofrem uma mudança abrupta e nós perdemos o fio da meada da nossa vida. Então tentamos desesperadamente retomar a nossa vida de alguma forma, mas nem sempre, nem todos, conseguem isso.

Escrevo estas linhas num hotel em Montreal durante uma turnê de palestras. A fronteira canadense acaba de reabrir, enquanto a Alemanha ainda sofre com uma onda sem precedentes do coronavírus. A repentina mudança de uma sociedade alemã irritada e assustada para uma outra e a impressão de um aeroporto fantasma quase sem passageiros (só poucos sabem que o Canadá voltou a permitir a entrada de estrangeiros) provocou em mim a sensação de que as minhas referências de sentido estavam abaladas. Durante uma caminhada na Rue Saint-Catherine Ouest, conversei com um homem desabrigado, que me contou que ele perdeu seu emprego e sua família por causa de uma doença psíquica. Sua vida não tinha mais sentido e, desde então,

---

182. Cf. THOMAS, S. *Troposphere*. Reinbek, 2008, p. 26-31.

ele vivia em desespero constante, sem enxergar uma saída. No fundo, disse ele, a vida tem um sentido, mas você nunca pode perder o fio da meada, pois é difícil reencontrá-lo.

Lamentavelmente, há existências iguais a essa, como se fossem grãos de areia numa praia (o que também se deve a um neoliberalismo implantado de modo sistemicamente injusto), sem falar do fato de que a maioria das pessoas nem se pode dar ao luxo de contemplar a vida a partir do ponto de vista de um universo que, no fundo, não tem sentido. Basta pensar em todas as experiências vividas neste momento por bilhões de pessoas para reconhecer que a vida é tão repleta de significado como de absurdo, que se abre como um abismo quando perdemos nossas referências de sentido.

> Essa reflexão pretende demonstrar que sentido é o ponto de partida de qualquer experiência de falta de sentido, e não vice-versa. Nós não nos encontramos num espaço despido de sentido que, de certa forma, precisamos embelezar para que a nossa vida pareça ter sentido temporariamente. Não é por acaso que iniciamos nossa vida com histórias, brincadeiras e devaneios, que percebemos como dotados de sentido precisamente porque isso corresponde à realidade da vivência humana. O ser humano é um sonhador nato e em seus sonhos e fantasias expressa-se um sentido. Quando nos privam dos nossos sonhos ou quando os perdemos por algum motivo qualquer e não conseguimos reencontrá-los, somos atacados pelo nada e pelo absurdo, pela ausência de sentido.

A falta de sentido do nada pode ser tão poderosa que se torna impossível contrapor-lhe um sentido por força própria. "O nada" é um nome para a privação última de sentido. Para não usar a pluralidade das formas de vida na democracia contra a necessidade humana de explorar o sentido da vida, vale reverter a direção da explicação moderna e procurar reconectar-se com a sabedoria da humanidade que, desde os primórdios, partiu do pressuposto de que nós nos encontramos dentro de um evento dotado de sentido, numa história que é mais do que uma alucinação que o nosso cérebro produz para garantir a nossa sobrevivência. Sentido é original e falta de sentido é uma experiência da privação e da perda de sentido.

Os limites do pluralismo liberal?

Como ressalta o estudioso literário Terry Eagleton em seu já clássico livro *The meaning of life*, a questão do sentido da vida coloca o pluralismo liberal em seu lugar, mostrando que certos compromissos metafísicos (por exemplo, a incondicionalidade e a inviolabilidade da dignidade humana) são inevitáveis se quisermos viver numa sociedade liberal[183]. Embora seja verdade que, num Estado de direito democrático moderno, cada um possa encontrar o seu próprio sentido *na* vida dentro dos limites de certas regras, ou seja, possa viver as suas preferências, nem tudo é permitido num Estado de direito democrático, o que restringe de muitas formas a liberdade desenfreada dos cidadãos. Ao mesmo tempo, acostumamo-nos com o fato de que as restrições à liberdade na Modernidade já não são justificadas com referência a fontes de significado transcendentes e superiores, como Deus ou deuses, mas que elas foram substituídas funcionalmente por uma fé problemática na ciência e na tecnologia. Isso justifica restrições à liberdade baseadas em imperativos científicos (que também incluem "necessidades" econômicas que os institutos de

---

183. EAGLETON, T. *Der Sinn des Lebens*. Berlim, 2008, p. 46s.

investigação colocam à disposição dos conselheiros políticos). A crença na ciência e na tecnologia parece, assim, ser apenas ideologicamente neutra e não tocar no sentido da vida. Mas as aparências enganam.

Na maioria das sociedades industriais do antigo "Ocidente", vivemos hoje acreditando, quase de modo implícito, que o sentido da vida é fazer tudo o que for possível para que o progresso científico e tecnológico conduza ao crescimento econômico, do qual esperamos, por sua vez, uma melhoria das nossas condições de vida. E com todo direito somos criticados por essa ilusão por aqueles que mais sofrem por termos destruído a sua vida com a exploração dos recursos naturais, do imperialismo, do colonialismo e da arrogância.

> Por que razão seria um objetivo humano sensato fazer tudo o que estiver ao nosso alcance para desenvolver novas tecnologias cada vez mais rápidas, a fim de criar ainda mais oportunidades de consumo e de viver com uma velocidade ainda mais maior? Se acharmos que isso faz sentido, é porque estamos presos a uma ideologia que é tudo, menos ideologicamente neutra.

Além disso, hoje em dia, a crença incondicional no progresso científico e tecnológico esconde o fato de este atingir o oposto daquilo que pretende: se, por um lado, graças ao progresso científico, sabemos quão perto estamos da extinção autoinfligida, é isso que está sendo impulsionado por uma visão do mundo que avalia o que acontece na sociedade como um todo de acordo com parâmetros de crescimento econômico – parâmetros que, por sua vez, estão bastante ligados à nossa crença na ciência e na tecnologia.

Essa ilusão é personificada pela equipe que cerca a fictícia presidente dos Estados Unidos, Janie Orlean (interpretada por

Meryl Streep), no filme de Adam McKay, *Não olhe para cima*, de 2021. O enredo gira em torno de um pequeno grupo de astrônomos que descobre que um asteroide gigante dirige-se para a Terra e causará a extinção em massa em alguns meses. A presidente populista associa-se ao chefe de uma empresa de tecnologia futurista, o guru da tecnologia Peter Isherwell (interpretado por Mark Rylance), que quer evitar a catástrofe explodindo o asteroide em pequenos pedaços para que as matérias-primas libertadas possam também ser utilizadas pelos Estados Unidos. O plano falha porque alguns dos explosivos não funcionam tão bem como o guru da tecnologia tinha prometido – *spoiler*: a humanidade não consegue impedir a catástrofe. A razão pela qual isso acontece depende da interpretação do filme.

Uma interpretação decerto legítima atribui o fracasso à ligação entre a Casa Branca e a Big Tech, que se baseia numa ideia solucionista de salvação, à qual o teórico da tecnologia bielorrusso Evgeney Morozov dedicou um relevante livro[184]. Aqui, o solucionismo é a ideia de que a tecnologia pode resolver qualquer problema num instante e que só precisamos investir nela quantias ainda mais exorbitantes, se necessário. A presidente fictícia, no entanto, não deve ser entendida como uma alusão a Donald Trump, como muitos intérpretes pensaram à primeira vista; ela não encarna só uma atitude anticientífica de "fatos alternativos", mas a crença incondicional na controlabilidade tecnológica e na aproveitabilidade econômica de todos os recursos. Por isso – e diferentemente de Trump – ela não critica as escolas de elite norte-americanas, apenas não confia no descobridor do asteroide porque ele não é professor em uma universidade importante.

---

184. MOROZOV, E. *To save everything, click here* – Technology, solutionism, and the urge to fix problems that don't exist. Nova York, 2013.

Se a ideia de uma sociedade completamente livre de metafísica é, de fato, incompatível com o pluralismo liberal, como já visto aqui, isso não quer dizer que uma metafísica particular, digamos religiosa, deva moldar as nossas instituições. Muito pelo contrário. Evidentemente, o pluralismo liberal não aceita que o Estado organize-se teocraticamente, isto é, que os representantes de uma determinada religião determinem os rumos e as instituições fundamentais que afetarão a todos enquanto cidadãos.

Hoje, mantemos (em grande parte) a vontade de Deus ou dos deuses fora dos assuntos do Estado para não pôr em risco as liberdades criativas dos indivíduos, mas, ao fazê-lo, interferimos nas liberdades criativas daqueles que não concordam com o pluralismo liberal. Se considerarmos toda a humanidade, o grupo dos que consideram inaceitável essa visão do mundo não é minoria. Foi precisamente a grande ilusão dos anos 90, no Ocidente, acreditar que, com a queda do Muro de Berlim, o pluralismo liberal e o Estado de direito democrático substituiriam todos os outros sistemas político-teocráticos, sistemas autoritários, ditaduras etc. Pelo contrário, a história está outra vez aberta, como demonstra de forma impressionante a situação de crise geopolítica atual. Mas isso não refuta Francis Fukuyama, cuja tese do "fim da história" tinha um sentido normativo: ele queria dizer que a democracia liberal apoia-se numa base de valores que já não pode ser ultrapassada e que, por isso, tem também perspectivas de prevalecer na história mundial, porque ela se interessa pelos fatos e, em consequência – ao contrário da metafísica histórica paranoica de Putin –, pela verdade e pela realidade.

Em todo o caso, o pluralismo liberal não é um ponto de partida neutro em relação à ética graças ao qual todos podem ser felizes de acordo com seus próprios gostos, mas a expressão de um juízo de valor baseado no fato de que devemos permitir ao maior número possível de pessoas a maior liberdade individual possível para encontrarem suas ideias de uma vida bem-sucedida e, portanto, o seu sentido *na* vida. Os juízos de valor alternativos das ideologias nacionalistas, dos quais se alimentam as autocracias e as ditaduras, baseiam-se em cultos locais e em religiões específicas para se oporem ao universalismo do Iluminismo e para impedirem a união de todas as pessoas. As bases de valores do Afeganistão atual ou da cleptocracia de Putin combatem a ideia de que todos têm direito a encontrar um sentido na vida. Essa ideia é expressa numa atitude liberal em relação às pessoas que pensam de forma diferente. Mas é claro que a tolerância da democracia liberal também tem seus limites, pois a democracia tem o direito de manter-se fiel aos seus valores e de defendê-los, se necessário.

Considero que o pluralismo liberal é, a princípio, eticamente recomendável, desde que conduza ao progresso moral e que não retrocedamos. O pluralismo liberal visa ao progresso moral porque ele preocupa-se em permitir, proteger e promover diferentes modos de vida legítimos e sem restrições.

> A justificação do pluralismo liberal não deveria fingir que ele é ideologicamente neutro e que não tem uma opinião sobre o sentido da vida. Aqueles que acreditam que querem ser secularmente modestos ou agnósticos em relação à questão do sentido da vida já tomaram, portanto, uma posição ideológica ou metafísica – algo que o Estado de direito democrático permite, pois ele também permite esse agnosticismo. Não podemos ser neutros em relação à vida e confiar a criação de sentido aos indivíduos sem definir o rumo institucional, coletivo, e, assim, afetar todas as pessoas que dão uma resposta implícita ou explícita à questão do sentido da vida.

Essa ideia ocupa o centro da teoria política do filósofo e psicanalista greco-francês Cornelius Castoriadis. Em sua obra principal, *Gesellschaft als imaginäre institution* [A sociedade como instituição imaginária], Castoriadis chega a esta conclusão:

> Até agora todas as sociedades tentaram responder a algumas perguntas básicas: quem somos nós enquanto comunidade? O que somos uns para os outros? Onde e em que estamos? O que queremos, o que desejamos, o que nos falta? A sociedade precisa definir sua identidade, sua estrutura, o mundo, sua relação com ele e seus objetos, suas necessidades e desejos. Sem uma resposta a essas perguntas, sem essas definições, não existe mundo humano, nem sociedade, nem cultura – porque tudo permaneceria um caos indiferenciado. [...]
> Quando falamos de perguntas, respostas e definições, tratamos, naturalmente, de uma forma metafórica de falar. Não se trata de perguntas e respostas explícitas e as definições não são formuladas linguisticamente. A sociedade constitui-se a si mesma ao permitir que uma resposta a essas questões apareça em sua vida, em sua atividade. É apenas nas ações de uma sociedade que as respostas a essas perguntas aparecem como um significado incorporado. A atividade social só se torna compreensível quando ela é entendida como uma resposta a perguntas que ela mesma coloca implicitamente[185].

Devemos a Castoriadis uma percepção importante: a sociedade não existe sem que a imaginemos – cada um de forma diferente. Ela é "imaginária", como diz Castoriadis. As nossas concepções da sociedade não precisam ser exatas nem corretas

---

185. CASTORIADIS, C. *Gesellschaft als imaginare Institution* – Entwurf einer politischen Philosophie. Frankfurt, 1990, p. 252.

para serem eficazes. Faz parte da sociedade também o fato de a imaginarmos de forma unilateral e errada, de estarmos errados de uma forma ou de outra. Uma sociedade de onisciência é impensável, já não seria humana. Aqui vemos mais uma vez que fazemos parte da natureza de uma forma paradigmática: somos finitos e vulneráveis, o que só encobrimos parcialmente por meio da nossa vida social.

O pluralismo liberal também se insere numa concepção de sociedade cuja tolerância é limitada. Todas as sociedades excluem algo interna e externamente. O pluralismo liberal exclui a democracia não liberal e a autocracia e não permite que qualquer religião torne-se a religião do Estado. O pluralismo liberal tem uma dificuldade especial em reconhecer que ele mesmo baseia-se numa visão do mundo e, por conseguinte, numa resposta implícita à pergunta pelo sentido da vida, porque assumiu durante tempo demais que o relativismo moral é uma condição necessária da democracia liberal. Mas o que acontece é bem o contrário, como demonstra o compromisso incondicional com a dignidade humana e os direitos humanos universais que está consagrado na nossa Lei Fundamental. O relativismo moral, que considera a existência de morais diferentes (por exemplo, uma ocidental e uma chinesa), não é compatível com a democracia liberal, é anti-iluminista e não liberal porque, no fim de contas, até se comporta de forma tolerante com os inimigos da liberdade e da paz.

O relativismo moral delega a estabilidade das definições de valores e, por conseguinte, a sua própria definição implícita de um sentido da vida numa sociedade organizada de forma exclusivamente burocrática, que não deve ter uma base sólida de valores. O fato de a democracia liberal ter, de fato, uma base sólida de valores, que não é uma colocação arbitrária entre muitas outras possíveis, argumenta contra a ideia de uma tecnocracia ou de uma expertocracia em que as decisões políticas nunca são vistas como questões de valores, mas como algo que pode ser facilmente derivado de dados, estudos e descobertas científicas. O fato de isso não funcionar pode ser visto nas muitas distorções da sociedade postas à prova pela crise do coronavírus. Os chamados pensadores contrários fazem tanto parte da sociedade como os seguidores do "Team Vorsicht", e é fatal quando diferentes grupos de pessoas tentam negar uns aos outros a razão ou o direito de representar a democracia.

A vida não é, de forma alguma, uma área de problemas técnico-científicos. A maneira como educamos nossos filhos, aquilo em que acreditamos, as formas de arte que valorizamos, o que defendemos e aquilo pelo qual estaríamos dispostos a sacrificar a própria vida, tudo isso não pode ser determinado de modo significativo pela ciência. Ao contrário, as pessoas que dedicam a vida à pesquisa científica (que é, sem dúvida, um passatempo recomendável, pois nunca nos aborrecemos perante a complexidade infinita do universo) fazem-no porque veem nisso algum sentido. A beleza das equações matemáticas, as surpresas que se escondem em todos os cantos do universo, mostram que a realidade está cheia de estruturas que não podemos deixar de admirar.

Os limites do pluralismo liberal residem no fato de precisarmos reconhecer que não podemos deixar de entender a vida como um todo como algo significativo, o que nos confronta com a pergunta, ainda sem resposta, da profundidade do sentido da vida. Não sabemos o suficiente sobre a vida para excluirmos a possibilidade de que um criador se expresse nela. Claro que também não podemos provar a existência de um criador porque é sempre possível que a formação da estrutura na natureza seja autossuficiente e possa ser explicada a partir dos seus próprios recursos. Tampouco resolveremos o enigma da vida enquanto não formos capazes de responder, ao mesmo tempo, à pergunta sobre até que ponto o espírito pertence efetivamente à natureza e até que ponto nós não nos integramos totalmente à natureza, apesar ou até mesmo por causa da nossa animalidade. De alguma forma que não entendemos, elevamo-nos acima do universo (no sentido da totalidade do que é cientificamente investigável) sem podermos renunciar a ele nesta vida. As sociedades liberais não dependem apenas de serem indiretamente metafísicas a esse respeito ao favorecerem uma ordem jurídica secular que acomode a pluralidade ideológica. Além disso, elas necessitam – pelo menos até agora – de um fundamento, que hoje em dia é visto, sobretudo, no acoplamento da ciência natural, da tecnologia e do crescimento econômico. Isso também é uma metafísica, a expressão de uma visão do mundo que se revelou como sendo muito perigosa na era moderna.

Uma vez que a orientação por valores é inevitável e não pode ser evitada em nome de um pluralismo liberal justificado (uma vez que ele baseia-se em conceitos de valores), é incoerente acreditarmos equivocadamente que poderíamos, por assim dizer, fazer política sem valores, seguindo a ciência e explorando tecnicamente seus "resultados". Em todo o caso, numa análise mais aprofundada, essa visão não é nem neutra em termos de valores, nem recomendável, uma vez que atinge o oposto daquilo que pretende, isto é, o enfraquecimento da nossa base de sobrevivência no único planeta em que podemos esperar poder levar uma vida com sentido.

Quem somos e quem queremos ser – autonomia radical e Novo Iluminismo

A experiência de sentido é o ponto de partida de todo o nosso pensamento e toda nossa ação. Percebemos como significativo tudo que fazemos com empenho e interesse. Se essa experiência de sentido diminui, não é possível continuarmos a fazer o que estamos fazendo, a não ser que sejamos forçados por circunstâncias externas a fazer um trabalho alienado – o que se aplica reconhecidamente à maioria das pessoas que vivem na atualidade.

Essa é uma razão suficiente para conceber uma utopia política baseada na ideia de que é um direito humano poder levar uma vida que permita e reforce a experiência de sentido. Não podemos crescer apenas quantitativamente, por exemplo, aumentando a nossa riqueza e, dessa forma, fazendo progredir ainda mais a sociedade afluente sob a qual o nosso planeta e, por sua vez, a grande maioria das pessoas que não pertence aos poucos privilegiados que nasceram no lugar certo ou na classe certa, sofre. Todos nós podemos e devemos crescer qualitativamente, ou seja, ser capazes de buscar objetivos da autoeducação em longo prazo.

Disso podemos deduzir a base para um Novo Iluminismo, que, há alguns anos, vem sendo exigido por vários pensadores no mundo inteiro. Esse Novo Iluminismo apoia-se na ideia de uma autonomia radical, que – ao contrário do que alguns talvez esperem agora – não é um modelo individualista, porque a autonomia só pode ser alcançada sob condições sociais.

Vamos de novo, um passo por vez. Em geral, autonomia (do grego *autós* = eu e *nómos* = lei) é a capacidade de um ser vivo, paradigmaticamente um ser humano, de dar uma lei a si mesmo, ou seja, de avaliar de propósito as suas próprias ações em relação a um padrão que ele próprio precisa reconhecer para poder aplicá-lo. Isso difere da ideia de permitir que você seja guiado em sua autoimagem por qualquer outra coisa (sejam mandamentos divinos, chefes ou outras autoridades). Uma pessoa que age de forma autônoma faz o que faz porque é guiada por regras que ela própria estabeleceu. Essas regras podem incluir informar-se e confiar no julgamento dos outros por boas razões, o que é uma atitude diferente de seguir cegamente quaisquer autoridades.

Agora podemos levar a ideia da autonomia um passo adiante. Podemos usar a ideia de autonomia como base de ação, o que pressupõe levar em conta também a autonomia dos outros, pois estes também são capazes de fazer algo à luz de uma ideia daquilo que consideram correto. Assim, aquele que alinha as suas ações à ideia de autonomia não se limita a si mesmo, pois a autonomia não consiste em elevar-se ao nível de uma autoridade. Isso não seria autonomia, mas um culto de personalidade internalizado, ou seja, narcisismo.

> Cada pessoa tem uma ideia de quem ela é, de quem era e de quem será. Comparamos todos os dias essa ideia com quem queremos ser. Ser alguém consiste em dar uma resposta implícita ou explícita à pergunta sobre quem somos e quem queremos ser. Essa é uma expressão de autonomia.

Ora, isso se aplica a todas as pessoas. Portanto cada pessoa expressa a mesma capacidade da existência humana, que apenas interpretamos e exercemos de forma diferente em cada caso. Isso significa que podemos nos orientar pela capacidade de sermos humanos quando nos perguntamos quem queremos ser. Também o expressamos linguisticamente, elogiando alguém como particularmente "humano". Como já vimos na primeira parte do livro, o termo "humano" não é apenas um termo descritivo –

para uma espécie biológica, por exemplo –, ele é, ao mesmo tempo, um conceito de valor.

É claro que é verdade que, tradicionalmente, a imagem do ser humano orientava-se pelo sexo masculino, o que também se reflete na etimologia da palavra alemã *Mensch* (e isso também se aplica a outras línguas – ao inglês, por exemplo, *man*; ao francês *homme* etc., mas não, por exemplo, ao chinês, em que *rén* é um ideograma, uma imagem para uma figura humana geral com duas pernas). Por sorte, hoje em dia não é difícil tomar consciência desse desequilíbrio entre os gêneros e jogar na lixeira da história a ideia completamente absurda de que os homens (seja qual for a ideia de "masculinidade") seriam seres humanos mais elevados. Existem pessoas em todos os gêneros e em todos os graus de autodeterminação sexual. Graças a várias fases da emancipação sexual desde o século XIX, aceitamos, a esta altura, que nós somos autônomos na nossa sexualidade – embora hoje em dia haja uma disputa, por vezes acirrada, sobre os limites da autodeterminação sexual (outro tema importante, mas que extrapola os limites deste livro).

Para compreender melhor a estrutura da autonomia radical que subjaz à exigência de um Novo Iluminismo, vale a pena fazer mais um pequeno excurso a Immanuel Kant e Georg Wilhelm Friedrich Hegel, que devem ser pensados juntos nesse ponto. O que até agora tenho chamado de autodeterminação, Kant e Hegel chamam de "vontade". Kant comenta esse fato numa passagem importante de sua obra *Fundamentação da metafísica dos costumes*:

> Na natureza tudo atua de acordo com leis. Só um ser racional tem a capacidade de agir de acordo com a ideia de leis, ou seja, segundo princípios ou uma vontade. Uma vez que a razão é necessária para derivar

as ações das leis, a vontade não é outra coisa senão a razão prática[186].

Agir de acordo com princípios significa apenas que somos capazes de imaginar quem somos e quem queremos ser, e de derivar máximas (como Kant as chama), ou seja, ideias concretas sobre os nossos cursos de ação, que num dado momento estão ligadas a um modo de vida mais ou menos bem refletido e, para algumas pessoas, a todo um plano de vida[187].

> Uma vida humana estende-se no tempo. Não vivemos apenas momentos, mas os inserimos, de uma forma ou de outra, num contexto temporal mais amplo, de modo que todos nós estamos trabalhando numa história de vida. A realidade socialmente compartilhada da vida das pessoas numa sociedade é, portanto, histórica[188].

O que Kant vê como ação de acordo com o conceito de leis é a forma fundamental de autonomia. A autonomia dos seres humanos pode ser restringida ou ampliada, dependendo da margem de ação dos indivíduos e das coletividades. No entanto, a princípio, um ser humano – enquanto indivíduo conceitualmente, mas nunca verdadeiramente, independente dos outros – tem plena autonomia para levar sua vida como a imagina. Se não existis-

---

186. KANT, I. *Grundlegung zur Metaphysik der Sitten*. Frankfurt, 1977, p. 41.

187. O termo existencialista para a "concepção de tal projeto de vida" encontra-se, provavelmente, pela primeira vez em Heinrich von Kleist. Cf. a sua famosa carta a Ulrike von Kleist, de maio de 1799, em KLEIST, H. *Sämtliche Briefe*. Stuttgart, 1999, esp. p. 38s. "Um homem livre e pensante não para onde o acaso o empurra; ou, se fica, fica por razões, por escolha do melhor. Ele sente que é possível elevar-se acima do destino, que, no sentido correto, é possível guiar o destino. Ele determina qual é a felicidade mais elevada para ele, concebe o seu projeto de vida e esforça-se para alcançar seu objetivo com todas as suas forças, de acordo com princípios firmemente estabelecidos".

188. Isso foi demonstrado pelo filósofo de Munique Axel Hutter em seu livro, cuja leitura eu recomendo: *Narrative ontology* (Tübingen, 2017).

sem outros (o que inclui os seres não humanos) em relação aos quais temos obrigações morais, seríamos livres para fazer sem restrições o que nos apetece. A partir do momento em que o que fazemos tem consequências para os outros, a nossa autonomia é afetada de alguma forma, porque alcança seu limite quando toca a autonomia dos outros.

E é essa consideração que leva Kant e Hegel a perceber que o direito assume a função de estabelecer normas sociais que informam quais são as restrições legítimas à autonomia num determinado momento histórico. A liberdade política consiste, portanto, de modo paradoxal, em restringir a nossa liberdade individual original. Essa restrição não nos tira automaticamente algo que gostaríamos de ter, mas torna possível a liberdade social sem a qual não poderíamos fazer a maior parte daquilo que é significativo para nós. A nossa liberdade original é, então, uma ideia vazia de que poderíamos fazer tudo se não fossem os outros – só que, nesse caso, não poderíamos fazer quase nada daquilo que, de fato, gostamos de fazer!

> E é bem nisto que consiste nossa autonomia radical: somos capazes de limitar o nosso campo de ação para ampliá-lo dessa forma, porque a liberdade individual só pode ser realizada socialmente.

Mas os pormenores da restrição da nossa liberdade (e, por conseguinte, da nossa autonomia) exigem uma justificativa. As restrições devem não só ser proporcionais no sentido jurídico, mas também corresponder a fatos morais e, portanto, a valores. Por isso o Estado de direito democrático deve estar preparado para analisar seus procedimentos, recorrendo ao exame de consciência e a outros métodos éticos. É por essa razão que esperamos dos juízes, dos políticos e de outros portadores de decisões sociais um mínimo de moralidade, que eles comprovem justificando de maneira explícita suas ações quando necessário.

Até aqui, tudo bem. Mas essa consideração ameaça introduzir outro dualismo, ou seja, uma tensão entre dois polos que sempre encontramos no debate público sob as palavras-chave liberdade *versus* segurança. Se liberdade significa originalmente autonomia e se o papel dos outros é definido pelo fato de terem pretensões legítimas de restringir a minha autonomia, a sociedade acaba apresentando-se como uma gigantesca restrição à liberdade. Mas sem seguranças interna e externa a liberdade não é possível, e sem liberdade não há seguranças interna e externa. No entanto a sociedade não deve tornar-se um fardo para o sujeito autônomo, o que ocupa o centro do existencialismo de Sartre, para quem os outros são indispensáveis, por um lado, mas sobretudo incômodos, por outro. Isso corresponde à famosa palavra de Kant sobre a "sociabilidade insociável" do homem[189].

Porém essa consideração ignora o fato de que a maior parte do que queremos fazer só é possível porque o fazemos com os outros e para os outros. Consequentemente, os outros não só limitam a nossa autonomia como também a promovem e a expandem por meio da criação conjunta de fatos sociais. Aqueles que querem jogar futebol sozinhos perdem a experiência real de jogar futebol. Mas a partir do momento em que outros se fazem presentes (mesmo que sejam apenas os jogadores e o árbitro), a autonomia dos jogadores é limitada – até porque todos os jogadores querem marcar um gol, mas o objetivo da presença dos outros é evitar que isso aconteça. Por isso é errado ver a autonomia e a socialização ou a individualidade e a socialidade como opostos conceituais. E é aqui que Hegel entra em ação: não basta

---

189. KANT, I. *Idee zu einer allgemeinen Geschichte in weltbürgerlicher Absicht.* Frankfurt, 1977, p. 37.

compreender a nossa autonomia como uma vontade livre perante uma sociedade e seus constrangimentos porque, dessa forma, não podemos compreender como a liberdade social é possível. No entanto sabemos que a liberdade social existe porque a margem de ação das pessoas que, por exemplo, podem recorrer a um sistema de saúde e de educação que funcione, ou até mesmo (infelizmente, impensável na Alemanha desde alguns anos) a uma infraestrutura que funcione (trens pontuais!), é maior do que a margem de ação das pessoas que vivem em ditaduras empobrecidas, como a Coreia do Norte.

> **Liberdade social** consiste em expandir a nossa autonomia cooperando com a autonomia dos outros. A sociedade não é, portanto, o inferno sartreano na Terra, em que todos se restringem um ao outro, mas uma organização cujo objetivo é expandir o nosso âmbito de ação mediante uma restrição moralmente incorporada da liberdade individual que aceitamos de modo voluntário para, dessa forma, alcançar uma liberdade social maior.

Na introdução aos seus *Princípios da filosofia do Direito*, Hegel mostra que a vontade não é uma faculdade pré-social, associal ou mesmo antissocial. Pelo contrário, segundo Hegel, "a ideia da vontade [...] é a vontade livre que quer a vontade livre"[190]. De acordo com esse ponto de vista, o direito é a realização ou, como diz Hegel, "a existência" dessa ideia de liberdade social.

Isso nos leva de volta ao projeto de um Novo Iluminismo, que pressupõe que podemos e devemos trabalhar em conjunto não só para exigir autonomia na forma de direitos e para a impô-la a nós mesmos e aos outros como obrigações, mas que

---

190. HEGEL, G.W.F. *Grundlinien der Philosophie des Rechts oder Naturrecht und Staatswissenschaft im Grundrisse*. Frankfurt, 1989, p. 79.

podemos fazer da autonomia a norma das nossas ações, aquilo que Hegel chama de "liberdade autoconsciente"[191]. Isso pode ser entendido como autonomia radical.

> **Autonomia radical** consiste em reconhecer como fonte de valor a capacidade de as pessoas conduzirem sua vida à luz de uma concepção de quem somos e de quem queremos ser, e, assim, avaliar a nossa autonomia individual em relação à autonomia dos outros. Dessa forma, compreendemos que existe uma liberdade social, que a liberdade não se opõe à socialização.

Contudo essa visão não pode ser articulada de forma significativa sem reconhecer na estrutura da autonomia radical e, portanto, da liberdade social, uma realidade que não pode ser substituída por nada. A socialidade humana não existe apenas nas nossas cabeças individuais como uma representação neuronal ou como qualquer outro tipo de imaginação. A sociedade é realidade e não apenas algo que existe na nossa cabeça. Por isso Hegel tem razão quando descreve a liberdade social como "espírito objetivo", ou seja, como realização de uma autonomia radical por parte dos seres humanos racionais em condições historicamente variáveis. A sociedade não é, portanto, um espetáculo da natureza. Não pertencemos de forma total à natureza.

O que as pessoas fazem quando desenvolvem instituições de liberdade social (desde os jogos infantis até o Estado de direito) difere, em princípio, da emergência de estruturas complexas a partir de unidades naturais simples. Com efeito, as instituições também são constituídas por intenções, são a expressão do que a filosofia social chama de "intencionalidade coletiva", entendida como interação parcialmente intencional e parcialmente não in-

---

191. HEGEL, G.W.F. *Grundlinien der Philosophie des Rechts*, p. 83.

tencional das pessoas. As instituições não podem ser reduzidas à inteligência de um enxame; o Tribunal Constitucional Federal não é, nem de longe, o mesmo tipo de organização de um Estado formado por insetos.

Uma sociedade não é um redemoinho que resulta da interação de muitos elementos e de forças num campo fisicamente descritível. Ela é criada pela comparação das nossas atitudes uns com os outros e pela formação de uma imagem explícita e simbolicamente (linguística, artística, midiática etc.) codificada do que nós e os outros pensamos, sentimos etc.

Com base nisso, o Novo Iluminismo exige que nos empenhemos num espírito de confiança que procure a cooperação entre os diferentes setores da sociedade, com claro objetivo definido de alcançarmos juntos o progresso moral e, como consequência, mais liberdade social. Dessa forma, ultrapassamos a ideia fatal e absurda de que o capitalismo é um sistema destrutivo de ganância pelo lucro e de exploração das pessoas e da natureza, mas também inevitável e sem alternativa. Com efeito, não existe um capitalismo puro como imaginam muitos de seus críticos. Pelo contrário, desde o século XIX, na Europa, o capitalismo tem sido cada vez mais limitado pela simples ideia socialista (e correta!) de que uma sociedade e, por conseguinte, uma economia, não podem funcionar em longo prazo se forem controladas, sobretudo, pela ganância pelo lucro, pelo crescimento econômico e pela exploração – uma noção, aliás, que até Adam Smith rejeitava[192]. O capitalismo selvagem, que se baseia na ideia de competição por bens escassos e não na de cooperação de animais sociais necessitados de ajuda, é visto por muitos como inevitável. Mas isso seria, no mínimo, darwinismo social,

---

192. Cf. FREVERT, U. *Kapitalismus, Märkte und Moral*. Viena; Salzburgo, 2019.

ou seja, a projeção errada de conceitos biológicos sobre o comportamento social humano.

Nesse ponto retorna o conceito de vida. Com base na investigação da famosa bióloga norte-americana Lynn Margulis, difundiu-se a ideia de que a cooperação é mais fundamental do que a competição para a evolução das formas de vida[193]. A simbiose e o mutualismo, ou seja, a troca de capacidades positivas entre formas de vida elementares (como as bactérias e as algas, que cooperam entre si nos líquenes), é o caso normal, não a competição feroz pelos escassos bens de sobrevivência. A partir de descobertas microbiológicas, que, por exemplo, mostram que as bactérias foram evolutivamente fundidas em nossas células, de modo que não existiríamos sem uma ligação muito estreita entre diferentes formas de vida, alguns biólogos concluem que, em termos biológicos, nós não somos indivíduos, mas teias complexas de diferentes seres vivos. Essa é outra forma de superar o conceito de animal e de pensar a vida de uma forma diferente da que o neodarwinismo ou o darwinismo social tem em mente.

Aqui podemos, mais uma vez, acatar uma ideia do físico e investigador da complexidade Dirk Brockmann, que extrai uma utopia social do trabalho de Margulis e de outros fatos que as ciências da vida descobriram nas últimas décadas:

> Durante 100 anos, o neodarwinismo e o darwinismo social fertilizaram-se mutuamente e produziram conceitos fatais de vida e de economia: crescimento desenfreado, corporações monopolistas, uniformidade e perda de diversidade. Talvez seja tempo de aprender com a estratégia mais bem-sucedida da na-

---

193. Cf. a introdução à sua abordagem em: MARGULIS, L. *Der symbiotische Planet oder Wie die Evolution wirklich verlief*. Frankfurt, 2018.

tureza e adotá-la nas estruturas sociais e societais: a cooperação[194].

O papel fundamental da cooperação é, evidentemente, levado em conta na realidade socioeconômica, uma vez que em muitos Estados a sociedade e a economia não são organizadas da forma prevista pelos darwinistas sociais. Para além da economia social de mercado já existente, que leva em conta o conceito de liberdade social ao nível dos mercados e o comportamento dos participantes no mercado, estamos, sem dúvida, na era de uma grande transformação ecológica no século XXI, pois, se quisermos sobreviver, precisamos acabar com a era fóssil e habitar o planeta de modo nunca vista até agora. Nesse ponto, a referência de Brockmann à biologia da cooperação vai mais longe, pois mostra que os seres humanos não poderiam existir como animais sem dependerem uns dos outros na cooperação num micronível da organização celular.

Liberdade social e o sentido da vida

Precisamos, portanto, voltar a confiar em nós mesmos para desenvolver utopias de liberdade social, graças às quais entendemos a sociedade como uma organização que garante o progresso moral em longo prazo. Isso está sob constante ameaça – o que vivenciamos, entre outras coisas, sob a forma do populismo de direita em rápida ascensão (que, na realidade, é um egoísmo nacional bastante torpe). Porém a pandemia do coronavírus fez com que percebêssemos que, sem liberdade social, sequer conseguimos sobreviver.

---

194. BROCKMANN, D. *Im Wald vor lauter Baumen* – Unsere komplexe Welt besser verstehen. Munique, 2021, p. 210.

O espírito objetivo da humanidade expresso em nossas instituições é a realização da liberdade social. Assim, o Estado de direito democrático moderno tem uma base de valores que vai muito além do fato de os indivíduos encontrarem um sentido para a sua vida. As nossas instituições têm uma história que se entrelaça com a arte, a religião, a filosofia, a ciência e a tecnologia. Devido a essa história, os conceitos de valores e, por conseguinte, as respostas à pergunta pelo sentido da vida, fundiram-se em nossas instituições. Por isso, em última análise, não é verdade que "o surgimento do Estado deva ser entendido como um processo de secularização", como se lê no título de um célebre ensaio do advogado constitucional e administrativo Ernst-Wolfgang Böckenförde. Nesse ensaio, encontramos a chamada **máxima de Böckenförde**, que diz: "O Estado liberal e secularizado vive de pré-requisitos que ele não pode garantir"[195].

Böckenförde, tal como seu companheiro Carl Schmitt, parte do pressuposto de que os valores relativos ao sentido da vida (paradigmaticamente representados pela religião) são pré-requisitos do Estado liberal, mas não podem ser garantidos por ele. Mas a oposição entre instituição e forte definição de valores presume que as instituições sejam completamente secularizadas, o que não é verdade, porque elas fazem julgamentos no quadro de uma obrigação incondicional para com a dignidade humana, que podem e devem garantir. O Estado não é um acontecimento distante e independente dos valores dos indivíduos.

Respeitar a dignidade humana significa reconhecer nos outros, pessoas com quem temos obrigações incondicionais e não negociáveis. Uma das razões pelas quais a dignidade humana é reconhecível para nós é já estarmos no meio do sentido

---

195. BÖCKENFÖRDE, E.W. *Recht, Staat, Freiheit*. Frankfurt, 2013, p. 112.

quando nos perguntamos o que fazer perante uma decisão a ser tomada. No significado reconhecemos que os outros também o experimentam, que são sujeitos que, apesar de todas as suas diferenças, são na maior parte semelhantes a nós. Isso pode ser visto como um mandato do Estado constitucional moderno de permitir que o maior número possível de pessoas procure o sentido da vida para que, juntos, possamos discernir melhor como expandir ainda mais a nossa liberdade social usando como diretriz o progresso moral.

Isso leva ao cerne de uma visão muito difundida do sentido da vida. Muitos pensam que esse sentido é escolher o bom caminho na vida, o que pressupõe a procura do bem como estrela-guia. Um percurso de vida que não é pavimentado senão por ações moralmente condenáveis não nos parece, para invocar mais uma vez o pensamento de Kant, "digno de felicidade"[196]. Assim, um ditador ou um torturador cruel que leva uma vida feliz não deve existir. Kant define a felicidade como "a consciência que um ser racional tem da agradabilidade da vida, que sempre acompanha toda a sua existência"[197].

Nesse contexto, podemos dar uma resposta à pergunta do sentido da vida. Segundo ela, o sentido da vida é alcançar a felicidade trabalhando em conjunto para sermos dignos de felicidade. Em termos concretos, isso corresponde à visão, muito difundida nas religiões do mundo, de que o sentido da vida consiste em sermos testados nesta vida pela moralidade das nossas ações. Por conseguinte, devemos tentar lutar por um modo de vida que nos permita, a nós e aos outros, trabalhar em conjunto para o pro-

---

196. KANT, I. *Kritik der praktischen Vernunft*. Hamburgo, 1952, p. 149: "Portanto, a moral não é realmente o ensino de como nos tornarmos felizes, mas de como nos tornarmos dignos de felicidade".

197. *Ibid.*, p. 25

gresso moral da humanidade. Devemos crescer moralmente em conjunto para vivermos – guiados por valores – em sociedades que sejam economicamente funcionais. Aqui, "moral" refere-se ao que devemos fazer ou deixar de fazer, porque somos todos seres humanos que, em virtude da nossa humanidade, temos obrigações e direitos mútuos, quer sejam reconhecidos por instituições justas ou pisoteados por instituições injustas.

O próprio Kant refere-se à combinação de felicidade (economicamente produzível) e "ser digno de felicidade" (moralmente atingível) como "o bem supremo"[198] que resulta do fato de estarmos – queiramos ou não – destinados a reconhecer o que é moralmente correto e a realizá-lo de modo socialmente prudente.

Kant expressa isso ao considerar de maneira explícita a autonomia radical, ou seja, a "ideia do valor absoluto da vontade própria"[199] como destino do homem. Ao contrário dos outros seres vivos, o homem não está apenas equipado com instintos para alcançar a sua felicidade individual ou familiar, mas também com razão, que exige que ele se interesse pelo bem-estar da humanidade.

> Nas disposições naturais de um ser organizado, isto é, de um ser que foi equipado de propósito para a vida, tomamos como princípio que não se encontra nele nenhum instrumento para qualquer fim senão aquele que lhe é mais adequado e mais apropriado. Se, então, em um ser que tem razão e vontade, sua preservação, seu bem-estar, em suma, sua felicidade, fossem o verdadeiro objetivo da natureza, ela teria sido muito ruim em ver a razão da criatura como agente desse objetivo.[200]

---

198. *Ibid.*, p. 4.

199. KANT, I. *Grundlegung zur Metaphysik der Sitten*, p. 19.

200. *Ibid.*, p. 20.

O que Kant expressa no alemão filosófico do seu tempo (que ele ajudou a criar) pode, evidentemente, ser expresso hoje de forma mais simples. Eu interpreto a passagem da seguinte forma: os organismos são organizados funcionalmente, e nisso se documentam eras de seleção evolutiva. O fato de termos olhos para ver e um coração para manter a nossa circulação sanguínea dá-se porque, enquanto seres vivos, estamos adaptados ao nosso nicho ecológico. Se o sentido da nossa vida se esgotasse no fato de nos colocarmos, em cada momento, numa posição tão segura quanto possível para nos protegermos a e aos nossos descendentes, seria impossível explicar qual a razão de fazermos tantas coisas que nos colocam e aos outros em perigo. Muitas vezes, o que fazemos está relacionado a noções de razão. Por exemplo, se nos matricularmos numa academia para nos mantermos saudáveis, estamos investindo na nossa saúde. Para que as academias existam, as pessoas precisam inventar equipamentos, assinar contratos, construir edifícios etc. Todas essas atividades não servem apenas ao bem-estar momentâneo de quem as realiza, mas só fazem sentido no contexto de processos de planejamento bastante complexos que, por sua vez, necessitam da razão no sentido de Kant, ou seja, da capacidade de pensar em contextos mais amplos. Se analisarmos uma sociedade humana, logo percebemos que a maioria das pessoas não é, de modo algum, apenas hedonista, ou seja, só quer ter sentimentos de felicidade no momento. Pelo contrário, todos nós somos racionais de alguma forma, planejando em longo prazo. Esperamos mesmo que a sociedade permita-nos fazê-lo, motivo pelo qual a liberdade social é essencial para as nossas atividades. O objetivo da nossa capacidade de raciocínio deve, portanto, ser outro senão permitir-nos viver confortavelmente no momento.

Pode dizer-se pela visão iluminista primordial do sentido da vida de que os seres humanos têm um objetivo, que faz parte da nossa natureza ter um objetivo que nós, enquanto humanidade, devemos cumprir. A antítese niilista extrema, de que a nossa vida não tem sentido nem objetivo, é, por sua vez, uma resposta a perguntas metafísicas. Aqueles que acreditam que o sentido da vida consiste, na melhor das hipóteses, em reunir o maior número possível de experiências de felicidade ou mesmo em acumular a maior riqueza possível, esquecem-se de que a nossa liberdade é social. Queiramos ou não, a humanidade é, em última análise, uma comunidade de destino, um fato que se tornou tangível para todos nós na era da pandemia do coronavírus e da crise ecológica que, com certeza, não desaparecerá tão cedo.

> Consideremos, pois, que a opinião generalizada de que o sentido da vida revela-se no mandato humano de criar estruturas sustentáveis de liberdade social que permitam, tanto quanto possível, que cada ser humano passe uma vida feliz e digna de felicidade na comunidade de seres humanos, está no caminho certo, porque nós, seres humanos, somos racionais e, portanto, capazes de perceber que devemos algo uns aos outros, bem como a outras formas de vida, por razões morais, e a nossa missão é realizar a utopia de uma liberdade social cada vez maior.

Essa opção de dar uma direção à pergunta pelo sentido da vida é, de fato, neutra em relação à questão adicional de saber se a nossa cognição ética, a nossa bússola moral, é um sinal de um poder superior ou se as reivindicações morais surgem da nossa forma de vida sem uma origem superior. Para o bem, o neutro e o mal não têm carga moral porque um poder adicional confere-lhes sua força normativa. Não matar uma pessoa porque não se gosta dela (para escolher um exemplo óbvio) não se deve ao fato de Deus ou de a natureza terem prescrito isso. A força normativa dos fatos morais apenas provém deles.

Nesse ponto, Kant precisa ser corrigido, na medida em que ele acreditava que a razão é tão radicalmente autônoma que podemos deduzir o que devemos ou não fazer apenas a partir das afirmações da razão. Mas as afirmações morais são reconhecidas pela razão (e também pelos nossos sentimentos e emoções socialmente adquiridos), porém não são decretadas por ela. Alguém que salva uma criança que está se afogando não o faz porque a razão assim o determina, mas porque a pessoa avalia intuitiva e corretamente o significado moral da situação.

> A ideia original iluminista e religiosa de que o sentido da vida é o fato de estarmos destinados, nas nossas vidas, a trabalhar em conjunto, como uma comunidade humana de destino, para tornar a vida o melhor possível para todos os seres humanos, pressupõe que o progresso moral é, portanto, correta. Chamemos isso de resposta iluminista à pergunta pelo **sentido da vida**.

Como já disse, a ideia do Iluminismo não é, assim, nem secular, no sentido em que se nega a existência de Deus ou o valor da religião, nem de base religiosa, porque as reivindicações morais não precisam ser justificadas por qualquer autoridade que vá além daquilo que já devemos uns aos outros por sermos seres humanos. E especificamente "ocidental", "europeia" ou mesmo "eurocêntrica", é a noção de que há um sentido da vida que consiste no mandato do homem para assumir a responsabilidade por si mesmo e por aquilo sobre o qual ele tem poder. Trata-se, sim, de uma ideia difundida desde tempos imemoriais e que precisa ser apropriada e relembrada vez após vez.

Por que as ciências naturais não descobriram que a vida não tem sentido

Mas essa visão iluminista original do bem não é ingênua e obsoleta? Hoje em dia, a visão do mundo mais difundida é a que sugere que não pode haver um sentido da vida: segundo essa visão, no início do universo, ou seja, pouco depois do *big bang*, surgiram estruturas e forças que, após milhares de milhões de anos, levaram à formação de planetas. Em pelo menos um desses planetas, a Terra, surgiu então a vida (não se sabe exatamente quando e como), que se desenvolveu de acordo com as leis da teoria da evolução e deu origem a todas as formas de vida conhecidas. No final provisório desse processo surgiu o ser humano, que consegue visualizar esse processo e perceber que ele não está no centro de qualquer acontecimento significativo, é apenas um efeito secundário da evolução cósmica do sistema energético-material global, nada além de poeira estelar que o trouxe à autoconsciência temporária.

De fato, poderíamos pensar que o homem considera-se muito importante perante a vastidão cósmica que se tornou conhecida graças à física moderna. Uma suspeita de falta de sentido contra essa arrogância foi expressa de forma bastante proeminente por Arthur Schopenhauer e Friedrich Nietzsche. Nietzsche formula-a assim no início do seu influente ensaio *Sobre a verdade e a mentira no sentido extramoral*:

> Em algum remoto rincão do universo cintilante que se derrama em um sem-número de sistemas solares havia um astro, onde animais inteligentes inventaram o conhecimento. Foi o minuto mais soberbo e mais mentiroso da "história universal", mas também foi apenas um minuto. Passados poucos fôlegos da natureza, congelou-se o astro e os animais inteligentes

tiveram de morrer. Assim poderia alguém inventar uma fábula e nem por isso teria ilustrado suficientemente quão lamentável, quão fantasmagórico e fugaz, quão sem finalidade e gratuito, fica o intelecto humano dentro da natureza. Houve eternidades em que ele não estava; quando de novo ele tiver passado, nada terá acontecido, pois não há para aquele intelecto nenhuma missão mais vasta que conduzir-se além da vida humana. Ao contrário, ele é humano, e só seu detentor e genitor toma-o tão pateticamente, como se os gonzos do mundo girassem nele. Mas se pudéssemos nos entender com a mosca, perceberíamos, então, que também ela boia no ar com esse *páthos* e sente em si o centro voante deste mundo. Não há nada tão desprezível e mesquinho na natureza que, com um pequeno sopro daquela força do conhecimento, não transbordasse logo um odre; e como todo transportador de carga quer ter seu admirador, mesmo o mais orgulhoso dos homens, o filósofo, pensa ver por todos os lados os olhos do universo telescopicamente em mira sobre seu agir e seu pensar[201].

Nessa passagem, Nietzsche compara o nosso intelecto com a natureza e chega à conclusão de que ele é "fútil". Essa conclusão é justificada, entre outras coisas, pelo fato de ele não ter existido durante muito tempo e de ele voltar a não existir algum dia. Mas por que o nosso intelecto ou a nossa vida não têm sentido nem propósito, só porque surgimos em condições naturais – que nunca poderemos analisar e controlar totalmente?

O próprio Nietzsche não confiar completamente nessa explicação torna-se claro quando analisamos a passagem mais de perto, pois percebemos que o que ele está dizendo sobre a natu-

---

201. Cf. NIETZSCHE, F. *Die Geburt der Tragödie* – Unzeitgemässe Betrachtungen I-IV Nachgelassene Schriften 1870-1873. Munique, 1988, p. 875-876.

reza e a nossa posição nela é explicitamente baseado numa "fábula". Essa fábula, no entanto, não é um resultado da ciência natural, mas uma comparação de uma concepção sobre o alcance do nosso intelecto com categorias da natureza. Assim, Nietzsche expressa aqui muito mais um juízo de valor do que uma visão objetiva que deveríamos aceitar. Nietzsche quer que a vida não tenha sentido porque ele não consegue reconhecer o sentido da vida perante as forças anônimas da natureza.

Ao mesmo tempo, ele critica "o filósofo" nessa passagem, mas o que ele pratica nada mais é do que filosofia quando, ao contrário dos pensadores do Iluminismo, ele conclui que a vida não tem objetivo porque ela surge por meio de processos naturais. No entanto grandes cientistas naturais do início da Modernidade, como Newton ou Leibniz, que, ao contrário de Nietzsche, fizeram contribuições pioneiras para a matemática e a física do universo, viram o oposto na capacidade humana de compreender matematicamente a natureza, um indício de que o nosso intelecto ocupa uma posição especial.

Nesse ponto entra em jogo uma reflexão do filósofo norte-americano Thomas Nagel[202]. Segundo ele, a ideia de que a vida não tem sentido quando se olha para o todo cósmico ignora o fato de essa mesma ideia ser o efeito de uma certa perspectiva. Sentirmo-nos pequenos perante a vastidão cósmica e sabermos que tudo o que somos e fazemos acabará desaparecendo sem deixar rastro não prova de forma alguma a falta de sentido da vida, apenas que não conseguimos reconhecê-lo a partir de uma perspectiva externa sobre um universo que não se preocupa com as nossas necessidades.

---

202. Cf. NAGEL, T. *Was bedeutet das alles?* Eine ganz kurze Einfuhrung in die Philosophie. Stuttgart, 1990. NAGEL, T. *Letzte Fragen*. Darmstadt, 1996.

Num dos ensaios filosóficos mais famosos dos últimos cinquenta anos, Nagel fez a pergunta já proverbial: "Como é ser um morcego? [*What is it like to be a bat?*]"[203]. Ele acredita que nunca saberemos porque não temos acesso à perspectiva subjetiva do morcego, à experiência dele. Mas seja qual for a sensação de explorar o nosso ambiente por intermédio de um sistema de sonar e de nos pendurarmos no teto de uma caverna, certo é que podemos levantar essas perguntas e assumir uma perspectiva externa também sobre nós mesmos.

Nesse momento de sua reflexão, Nagel ressalta, com razão, que as religiões do mundo têm uma resposta para o sentido da vida porque imaginam Deus como algo que não tem mais nada que lhe seja externo[204]. Podemos nos ver de fora, isto é, como seres vivos situados num lugar aleatório em um aglomerado qualquer de galáxias. Mas se Deus é uma realidade abrangente que atribui seu significado específico a tudo, já não podemos questionar o significado da presença divina. Se Deus é entendido como fonte de valor, como o bem absoluto, a suspeita de falta de sentido para a vida torna-se naturalmente supérflua. Com Deus como fonte de valor e sentido, a pergunta sobre o significado dela deixa de existir, o que é um dos pontos das teologias monoteístas, que, por isso, equiparavam Deus ao próprio bem em algumas das suas variantes da Antiguidade tardia.

Mas não precisamos ir tão longe para encontrar o sentido da vida. Por que deveríamos concluir que a nossa vida não tem sentido comparando uma grandeza física com o significado dos nossos processos de vida? Pois os fatos físicos, bioquímicos e ou-

---

203. NAGEL, T. What is it like to be a bat? *The Philosophical Review 83*/4 (1974), p. 435-450.

204. NAGEL, T. "Der Sinn des Lebens". In: *Was bedeutet das alles?*, cap. 10, p. 80-84.

tros que podemos estabelecer como fatos com base na investigação científica não dizem nada, nada mesmo, sobre o sentido da vida. A investigação da física moderna ou da bioquímica não resulta na conclusão de que a vida não tem significado e a humanidade não tem objetivo. Nagel escreve:

> O que citamos quando queremos mostrar aos outros o absurdo da nossa vida pode, muitas vezes, ter a ver com o espaço e o tempo, afinal de contas, não passamos de pequenos grãos de poeira na vastidão infinita do espaço; o período das nossas vidas não é mais do que um mero momento, mesmo segundo os padrões históricos da Terra, para não falar dos cósmicos; na verdade, todos nós morreremos um dia. Mas é claro que nenhum desses fatos óbvios pode ter como consequência que a nossa vida tenha se tornado absurda, se é que é absurda. Vamos supor, por uma questão de argumento, que vivemos para sempre. Uma vida que é absurda se ela durar setenta anos, não seria infinitamente absurda se ela durasse para sempre, segundo Adam Riese? E se a nossa vida é absurda na nossa extensão atual, por que razão ela seria menos absurda se, em vez disso, preenchêssemos todo o universo [...]? Essas reflexões sobre nós, de vida curta, parecem estar, de alguma forma, relacionadas ao sentimento de que a vida não tem sentido, mas permanece obscuro em que consistiria essa ligação[205].

A impressão de que somos pequenos em comparação ao universo e, portanto, insignificantes, é um juízo de valor e não uma afirmação neutra sobre as relações de grandeza entre os seres humanos e o cosmo, a despeito do que seja o universo fisicamente explorável, os fatos das ciências naturais não permitem concluir que a vida tenha um sentido nem que não tenha. A questão do

---

205. NAGEL, T. *Letzte Fragen*, p. 30.

sentido da vida não é – e aqui Wittgenstein tem toda razão – uma questão científica.

Pelo contrário, trata-se de uma questão ética. Ética tem a ver com o que nós, humanos, devemos ou não fazer enquanto humanos. Trata daquilo que todos nós devemos fazer sob certas condições. Ora, nós, os seres humanos, somos aqueles seres espirituais que vivem as nossas vidas à luz de uma ideia de quem somos e de quem queremos ser. Chamemos a resposta à pergunta de quem somos e de quem queremos ser de **imagem humana**. Cada um de nós tem uma imagem de humanidade que muda ao longo da vida. Uma vez que, com referência à nossa imagem humana, consideramo-nos algo específico de uma forma ou de outra (como um animal, como uma alma imortal, como um padrão neuronal, como a reencarnação de uma vida passada etc.), determinamo-nos a nós mesmos. É a isso que chamo de **autodeterminação existencial**.

Graças às nossas capacidades de autodeterminação existencial, definimos um quadro no qual fazemos juízos de valor éticos concretos. É por isso que a autodeterminação existencial nunca é neutra em termos de valores: dependendo do que nós acreditamos ser em nossa humanidade desenvolvemos uma bússola moral individual e coletiva.

A autodeterminação existencial inevitável que realizamos de forma consciente ou inconsciente conduz a opiniões sobre o sentido da vida. Essas opiniões podem ser examinadas em relação à sua coerência, ou seja, se, após uma análise mais aprofundada, elas são válidas do ponto de vista do agente. E é precisamente essa coerência que falta na opinião segundo a qual as ciências naturais aboliram o sentido da vida porque nos mostraram que não temos sentido para o cosmo. E analisada mais de perto, essa crença também não é satisfatória nem para o agente. Nagel apresenta a seguinte explicação interessante para esse fato: é evidente que devemos procurar o sentido da vida em algo maior do que nós: podemos procurá-lo em Deus, no progresso da humanidade, no bem-estar das gerações futuras, no progresso científico, no sucesso da empresa em que trabalhamos ou no esporte. Todos esses projetos significativos transcendem, de uma forma ou de outra, a nossa vida individual, e parecem dar um sentido a ela justamente por causa disso.

Chamemos isso de **transcendência existencial**: a nossa autodeterminação recebe o seu significado de algo que a transcende e no qual ela está inserida. Nesse contexto, o filósofo existencial Karl Jaspers fala do "englobante"[206]. Thomas Nagel expressa-o da seguinte forma:

> Mas uma função na estrutura de um todo maior só pode criar sentido se esse todo já tiver sentido. E esse sentido precisa ser compreensível para nós, ele precisa ser compreendido por nós, caso contrário não podemos sequer passar a impressão de termos encontrado o que procuramos[207].

O englobante deve, portanto, ser algo que tenha sentido em si mesmo, pois, caso contrário, deixaria de fazer sentido na perspectiva do agente orientar-se por ele. Por conseguinte, não é de se admirar que a vida pareça-nos sem sentido quando a comparamos com a vastidão do cosmo, que realmente não tem qualquer significado existencial. O número astronômico de galáxias ou a estrutura matemática do espaço-tempo são objetos dignos

---

206. Cf. JASPERS, K. *Von der Wahrheit*. Munique, 1947. NAGEL, T. *Letzte Fragen*, p. 35: "Quem quiser dar sentido à sua vida dessa forma, normalmente tem um papel ou uma função na estrutura de um todo maior. Ele procura sua realização no serviço à sociedade ou ao Estado, na revolução ou no curso da história, no progresso das ciências – ou na religião e na glória de Deus".

207. NAGEL, T. *Letzte Fragen*, p. 35.

de reflexão e, como tais, eles nos ensinam algo sobre o fato de que a vida de um pesquisador pode ser existencialmente significativa. Mas os objetos em si não conferem significado existencial, o que pode ser demonstrado por um clássico exercício existencialista: imaginemos uma escarpa mais ou menos íngreme que encontramos durante uma caminhada nas montanhas. Se estivermos numa caminhada com o famoso alpinista Reinhold Messner, essa encosta se apresentará a nós como um desafio a ser vencido, pois, nesse contexto, o objetivo da caminhada é avaliar a paisagem em relação aos desafios que ela apresenta às nossas habilidades de escalada. É diferente quando estamos fazendo um passeio lento e relaxante com os nossos avós. Nesse caso, a encosta pode parecer um obstáculo intransponível que precisa ser evitado. A encosta em si, como diria Sartre, não tem significado existencial, só tem significado para nós. Seu significado varia conforme a forma como determinamos e recorremos às nossas habilidades.

O mesmo acontece com o cosmo ou o universo. Por um lado, ele pode parecer-nos um deserto gelado, perigoso e muito grande sem qualquer sentido, ou, por outro, a manifestação de um traço divino. Em si mesmos, o cosmo e o universo não têm sentido existencial, mas isso não significa que não haja sentido existencial!

No entanto o cosmo tem um significado especial no projeto da autodeterminação existencial, pois, de uma maneira ou de outra, situamo-nos num todo mais ou menos abrangente, por exemplo, vendo-nos como parte da natureza. Na medida em que conseguimos assumir o ponto de vista externo e transcendental, a partir do qual vemos a nossa vida inserida nesse todo, o que nos pode parecer infinitamente importante em determinado momento passa a apresentar-se como menos significativo. Pense, por exemplo, no que as pessoas estão vivendo neste exato momento em que você lê estas linhas, desde a maior alegria de abraçar um ente querido até um grave acidente de avião – sem falar no fato terrível de, no momento em que escrevo isto, milhares de pessoas na Alemanha estarem deitadas sozinhas, assustadas e gravemente acometidas pelo coronavírus numa unidade de cuidados intensivos e dezenas de milhares na Ucrânia e em outros países (Síria, Iêmen etc.) serem vítimas de guerras horríveis.

O que, em determinado momento, pode parecer-nos importante e significativo, pode parecer cômico ou absurdo quando visto de um ângulo diferente, como ressalta Nagel.

As referências ao nosso tamanho e ao nosso tempo de vida insignificantes, e ao fato de que a humanidade provavelmente desaparecerá da Terra sem deixar rastros, são apenas metáforas para esse passo para trás que nos permite olhar para nós mesmos com base na perspectiva exterior e achar as nossas formas de vida bastante curiosas e um pouco estranhas. Fingimos olhar para nós mesmos a partir de certa distância, como seres de outra estrela, e, assim, demonstramos a capacidade de nos vermos sem pressupostos como habitantes contingentes, idiossincráticos e altamente específicos do mundo, como apenas uma entre as inúmeras formas de vida possíveis[208].

No entanto Nagel comete um erro nesse e em outros pontos da sua importante obra filosófica. O fato de podermos olhar para nós mesmos do ponto de vista de um todo que engloba a nossa vida nem sempre implica que isso pareça cômico, absurdo, contingente e insignificante. Pelo contrário, podemos também entender o cosmo como a manifestação de um traço divino ou de qualquer outro processo gerador de sentido.

---

208. *Ibid.*, p. 41.

Podemos sentir-nos não só alienados, cômicos e absurdos no todo do universo, mas também elevados e amados. Como outros existencialistas antes dele, Nagel pode ser acusado de esquecer-se do amor. Nas situações-limite da vida, como nascimento, paixão, morte e doença grave, podemos experimentar o englobante como fonte de sentido. Parece-nos, então, que tudo que nos acontece, talvez até mesmo tudo que acontece às pessoas, está inserido num significado misterioso, como se até as nossas referências cotidianas e banais tivessem um significado mais profundo. Essa experiência existencial, pela qual todos já passaram de algum modo, não nos transmite a impressão de sermos criaturas insignificantes e sem sentido, mas, às vezes, mostra-nos que a nossa vida não é sem sentido. A perspectiva exterior do cosmo é compatível com a visão interior: só precisamos perceber que a perspectiva exterior do cosmo precisa incluir a nossa visão interior, caso contrário perdemos algo essencial, ou seja, nós mesmos.

Não se trata de glorificar o amor ou até a dor. As mesmas experiências que colocam a nossa vida à luz de um sentido abrangente também podem ter o efeito contrário. Morte e doença grave não devem ser consideradas como fonte de valor uma vez que, em geral, elas minam a experiência de significado para as pessoas afetadas e, em situações particularmente trágicas, podem significar que essas pessoas nunca mais voltem a encontrar um sentido para a sua vida. O luto pode chegar a nos esmagar – um fato existencial a que se dá pouca atenção no debate sobre a pandemia do coronavírus porque nos habituamos a registrar os números diários de infecções e mortes como se fosse um boletim meteorológico.

O que essa reflexão mostra é que o ponto de vista de um englobante, que podemos adotar existencialmente para avaliar nossa vida a partir daí, de modo algum leva-nos a considerar nossa vida automaticamente como cômica e absurda, como sugere Nagel. Pelo contrário, é graças à nossa capacidade de transcendência existencial que somos capazes de levantar a pergunta pelo sentido da vida. Ao contrário do que pensava Wittgenstein – que seguia Schopenhauer e Nietzsche –, essa questão não é de modo algum absurda só porque não pode ser respondida cientificamente.

Do espírito de volta para a natureza

A ética não pode ser reduzida ao estabelecimento de um cálculo de felicidade socialmente aceito e politicamente justificável para o animal humano. Não se trata apenas de estabelecer uma relação adequada entre dor e prazer como estados elementares da nossa vida, ou seja, evitar a dor e buscar o prazer. O ponto de vista a partir do qual podemos fazer juízos de valor pressupõe um exercício das nossas capacidades de viver uma vida à luz de uma concepção de quem somos e de quem queremos ser.

Para essas capacidades, uso o termo espírito[209].

As capacidades mentais do ser humano dependem da sua formação em condições de liberdade social. Por conseguinte, a nossa vida só tem sentido em conexão com a vida dos outros. Nossa autodeterminação existencial, que diz respeito ao sentido da vida, é a base de todos os juízos de valor concretos. Para fazermos juízos de valor bem fundamentados precisamos de estruturas sociais cuja função é formar as pessoas em juízos éticos. É por isso que o Novo Iluminismo apela à ética para todos (isto é, educação ética desde a escola fundamental), para que possamos

---

209. GABRIEL, M. *Eu não sou meu cérebro*. Petrópolis: Vozes, 2018. • GABRIEL, M. *Fiktionen*. GABRIEL, M. *Neo-Existenzialismus*. Friburgo; Munique, 2020.

discutir em conjunto o desenvolvimento da nossa liberdade social e o sentido da vida[210].

Já que nós, como animais humanos, somos incessantemente confrontados com as naturezas externa e interna, a vida do espírito não é uma manifestação sem nuvens, dissociada da natureza; ela está envolvida em processos que só conseguimos compreender, em parte, na medicina, na ciência, na cultura etc. Nossa vulnerabilidade, nossa animalidade, portanto, também se manifesta onde atingimos os níveis mais elevados do autoconhecimento humano. Na vida do espírito, espírito e natureza encontram-se, e é por isso que eles entrelaçam-se na nossa vida. O entrelaçamento do espírito e da natureza só pode ser parcialmente explorado pela ciência natural porque a autodeterminação existencial, o espírito, transcende a natureza. Só nos fundimos completamente com a natureza quando a nossa vida espiritual termina. Enquanto estivermos vivos, estamos distantes da natureza dentro e fora de nós, o que não significa que existam duas substâncias ou realidades independentes, o espírito e a natureza[211]. Na verdade, espírito e natureza estão interligados no ser humano.

Como seres vivos, na nossa encarnação dependemos de processos de negentropia, ou seja, da nossa constituição orgânica baseada em células, que resiste apesar da pressão ambiental. O ambiente ou a natureza é, em si mesmo, sempre ameaçador para

---

210. Cf. GABRIEL, M. *Moralischer Fortschritt in dunklen Zeiten*, p. 329-342 [trad. bras.: Ética para tempos sombrios. Petrópolis: Vozes, 2022].

211. Sobre o entrelaçamento de espírito e da natureza no sentido, cf. o impressionante projeto metafísico e físico de Harald Atmanspacher e Dean Rickles, *Dual-aspect monism and the deep structure of meaning*. Agradeço a Harald Atmanspacher pelas discussões inovadoras sobre a ligação entre a mecânica quântica, a ontologia do campo de significado, a psicologia e a pergunta pelo sentido da vida, durante sua visita ao Center for Science and Thought, em fevereiro de 2021, bem como durante a minha estadia em Walensee, em junho de 2021.

o nosso organismo. A ideia de que devemos de alguma forma retornar para a natureza para ultrapassar as crises existencial e ecológica da humanidade ignora o fato de que o ambiente e a natureza são e sempre foram perigosos para nós. É claro que só vivemos graças e por meio dos fundamentos naturais. Alimenta-mo-nos de alimentos à base de células, respiramos o ar cujo teor de oxigênio foi produzido durante milhares de milhões de anos por bactérias e outras formas de vida anteriores à nossa existência. E todos os materiais que utilizamos para construir as nossas casas encontram-se no Planeta Terra como matérias-primas que fizeram parte dos ciclos da vida num momento ou noutro (repito, as bactérias, as plantas, os líquenes etc. desempenham um papel essencial).

Disso não segue que devamos subjugar, controlar e dominar a natureza, pois não conseguimos fazer isso. Mais cedo ou mais tarde, todos os seres vivos sucumbem à pressão ambiental. A natureza exige o seu direito e nós nos dissolvemos. Quando e como isso acontece, não sabemos. O filósofo natural pré-socrático Anaximandro expressa esse fato num ditado eficaz, que fez carreira como a sua máxima:

> De onde provém a origem dos entes, é para lá que se desenvolve também sua destruição segundo a necessidade. Pois os entes devem fazer justiça uns aos outros e compensar-se mutuamente da injustiça causada pela ordem do tempo[212].

Pelo que sabemos, nosso espírito está ligado à encarnação, tem pressupostos físicos, bioquímicos e neuronais necessários – ou seja, naturais –, mas com os quais ele não é idêntico. Ou seja, a natureza é uma condição necessária, mas não suficiente, para a

---

212. Cf. DIELS, H.; KRANZ, W. (orgs.): *Die Fragmente der Vorsokratiker*. Vol. 1. Berlim, 1961, p. 89 (DK 12 B 1).

existência do espírito, caso contrário, tudo o que é natural seria também espiritual – o que não é verdade[213]. Anaximandro foi um dos primeiros a reconhecer que a estabilidade da natureza consiste em sua mudança, e a partir disso ele chegou à notável conclusão de que a origem de tudo que é natural, ou de tudo que existe, não pode ser identificada com nada do que nos é conhecido. Ele chama essa origem de o ilimitado (*to apeiron*).

Em certo sentido – sentido esse que nos ocupará mais detalhadamente na próxima parte do livro –, nosso conhecimento não conseguiu ultrapassar Anaximandro. É claro que sabemos muito mais sobre as estruturas concretas da mudança natural porque os nossos métodos matemáticos e as nossas ferramentas científicas avançaram de modo rápido na era moderna. Os vírus, as células, os elétrons, o carbono e as galáxias eram tão estranhos para Anaximandro quanto a função exponencial ou o operador nabla da análise vetorial.

Mas por mais que dissequemos a natureza com exatidão, dando-lhe sentido em unidades recorrentes, não dispomos de uma compreensão abrangente nem mesmo de um modelo explicativo para todos os processos naturais – o que, mais uma vez, é uma constatação que conquistamos graças aos modernos avanços matemáticos, científicos e tecnológicos, embora caiba à filosofia da ciência e à epistemologia filosófica elucidar esse estado de coisas em maior detalhe[214].

---

213. É claro que, há algum tempo, está na moda duvidar disso e defender um panpsiquismo, ou seja, a suposição de que tudo que é real é psíquico ou, pelo menos, protopsíquico (cf., p. ex., HARRIS, A. *Conscious* – A brief guide to the fundamental mystery of the mind. Nova York, 2019. • GOFF, P. *Galileo's error* – Foundations for a new science of consciousness. Nova York, 2019).

214. GABRIEL, M. *Die Erkenntnis der Welt* – Eine Einführung in die Erkenntnistheorie. Friburgo, 2016. • PRIEST, G. *Beyond the limits of thought*. Oxford; Nova York, 2002. • GABRIEL, M.; PRIEST, G. *Everything and nothing*. Cambridge, 2022.

O que é certo é que a humanidade (agora em 2022) está indeterminadamente longe de ter decifrado a natureza como um todo reconhecível e explicável. Nem sequer sabemos até que ponto progredimos de verdade em relação a uma teoria final abrangente da natureza desde Anaximandro. Por isso é imperativo praticarmos modéstia epistêmica, especialmente nas ciências naturais, apesar de todos os nossos sucessos impressionantes e gratificantes.

> Isso inclui também evitar uma falácia muito difundida que eu gostaria de chamar de **armadilha da identidade**. Essa falácia deduz do fato de que espírito – pelo que sabemos – só ocorre quando certas condições naturais e orgânicas são cumpridas, de que essas condições não são apenas pré-requisitos necessários para o espírito, mas também suficientes para ele, pois o espírito seria idêntico com essas condições.

Na verdade, nem sabemos se as condições naturais são necessárias para o espírito. Se houvesse Deus, deuses, anjos, almas imortais ou qualquer uma das inúmeras outras entidades metafísicas em que a grande maioria da humanidade acredita, não se poderia descartar a ideia de que o sentido da vida deriva do contato com a transcendência. Para expressá-lo na linguagem poética de Friedrich Schiller:

> O grande mestre do mundo não tinha amigos, sentia falta – por isso criou
> espíritos, espelhos bem-aventurados da sua bem-aventurança! –
> O ser supremo não encontrou igual,
> Do cálice de todo o reino das almas transbordadas para ele – o infinito[215].

---

215. SCHILLER, F. "Die Freundschaft". In: *Schillers Werke in fünf Bänden*. Vol.1: Gedichte. Prosaschriften. Weimar, 1958, p. 107.

Seria presunçoso afirmar que podemos excluir a existência de uma esfera transcendente da realidade pelo fato de conhecermos hoje a natureza em resolução maior do que Schiller, Jesus Cristo, o profeta Maomé ou a mística Hildegard von Bingen. Com efeito, a investigação científica não desconstrói o espírito, mas analisa a natureza por meio de métodos adequados, que se desenvolveram de forma diferente nas várias disciplinas das ciências naturais.

Alguns dos resultados da chamada pesquisa básica chegam ao público porque a pesquisa científica produz resultados que podem ser explorados tecnológica e politicamente e que são de grande alcance e importância para a nossa sociedade. A princípio, não há nada de errado com isso, desde que o progresso científico e tecnológico não devaste o planeta com uma inovação desenfreada, o que continua acontecendo na atualidade. A sociedade de consumo atual, completamente exagerada, é alimentada por combustíveis fósseis, energia nuclear e outras fontes de energia que nos levaram à beira da autodestruição e custaram muitas vidas. Isso também se deve ao fato de a pesquisa científica básica não conter quaisquer critérios para a utilização tecnológica e política. E essa questão não pode ser respondida cientificamente, mas apenas pelas ciências humanas e sociais.

O Novo Iluminismo coloca esse discernimento, que, na verdade, é bastante simples, no centro do nosso mandato para moldar a sociedade, que é dado a cada um de nós só porque somos capazes de diferentes graus de discernimento moral. Cada um de nós está familiarizado com fatos morais diferentes porque cada um leva a sua própria vida com desafios específicos que afetam apenas a nós mesmos e às pessoas com as quais estamos interligados por meio das nossas ações. Como seres espirituais, levamos uma vida dupla sem sermos anfíbios. Por um lado, precisamos sobreviver, o que pressupõe a ocorrência de processos orgânicos, sem os quais não poderíamos estar encarnados. O nosso corpo remete inquestionavelmente a condições naturais necessárias, cuja natureza pode ser estudada cientificamente. A forma como as vacinas apoiam o sistema imunitário contra os agentes patogênicos não é uma questão a ser investigada pelas ciências humanas nem pela mente e alma (embora estas estejam psicossomaticamente relacionadas ao sistema imunológico de formas complexas). Mas não devemos reduzir-nos à nossa sobrevivência, porque a vida do espírito exige mais de nós do que assegurar a sobrevivência do nosso organismo. Se fôssemos, de verdade, idênticos ao nosso corpo, não haveria razão para nos preocuparmos com os outros, exceto para instrumentalizá-los para os nossos próprios interesses. Então a ética se reduziria a uma tática na luta pela sobrevivência dos mamíferos mais ou menos domesticados. Nesse caso, já não se poderia falar de ética.

Naturalmente, isso não significa que as outras formas de vida, algumas das quais nós também classificamos como mamíferos, sejam idênticas ao seu corpo de modo diferente do nosso. Os golfinhos, os gorilas, os cães e os gatos fazem muitas coisas que demonstram que eles têm sentimentos e estados de consciência semelhantes aos nossos. Não quero duvidar disso. Não sabemos até que ponto consciência e espírito estendem-se na natureza, mas sabemos que não se limitam aos seres humanos. Mas, mais uma vez, isso não significa que não possamos nos distinguir suficientemente dos outros seres vivos. Com efeito, em muitos aspectos nossas atividades mentais e culturais são de natureza completamente diferente das outras formas de vida, mas disso não podemos deduzir que os outros seres vivos, enquanto animais, são seres humanos deficientes, nem que, em última análise, compartilhamos com eles aquilo que nos distingue dos outros seres vivos, porque todos nós somos "animais".

Espírito e natureza estão entrelaçados no sentido da vida. Como já escrevi noutro lugar, "o objetivo e o sentido da vida humana é a vida boa. A vida boa consiste em tornar-nos agentes responsáveis no domínio dos fins e em conceber-nos como seres vivos capazes de uma moralidade superior e universal"[216]. A vida boa não tem lugar apenas depois da morte terrena (o que quer que possa acontecer a essa altura, se é que pode acontecer alguma coisa); o sentido da vida deve ser tangível aqui, nesta vida. Pensadores como Nietzsche e Hägglund têm razão nesse ponto.

Como seres espirituais estamos encarnados. Somos animais vulneráveis que têm consciência disso. Não podemos libertar-nos e superar nossa animalidade, nossa animalidade humana, nem precisamos fazê-lo para encontrar o sentido da vida. Pelo contrário, precisamos reconhecer as condições naturais da nossa forma de sobrevivência como base da nossa procura de sentido, de modo a que a natureza e o espírito se entrelacem no sentido da vida. Desse modo, somos constitutivamente socializados, porque o espírito desenvolve-se sob a forma de sociedades humanas. Desse modo, estamos sempre alterando os fundamentos naturais da nossa sobrevivência sem iluminar o alcance dessa atividade. Pelo contrário, na Modernidade, ou seja, desde que uma industrialização desenfreada anulou o pacto iluminista de progresso científico-tecnológico e humano-moral, estamos presos num ciclo vicioso de uma aceleração que gira em torno de si mesma. A velocidade da Modernidade tende a cegar-nos para o que não sabemos, de modo que, enquanto sociedade, cedemos aos respectivos impulsos momentâneos – uma patologia da Modernidade que vem se

---

216. GABRIEL, M. *Moralischer Fortschritt in dunklen Zeiten*, p. 344s. [trad. bras.: Ética para tempos sombrios. Petrópolis: Vozes, 2022].

propagando inexoravelmente, sobretudo desde a invenção do *smartphone*, da disseminação associada das redes sociais etc.

A defesa do espírito contra os impulsos irracionais de uma subjetividade digitalizada que se rende a cada impressão momentânea, porque ela indica-lhe o caminho para aquilo que supostamente deseja, não é uma manifestação "alienada" da torre de marfim de uma filosofia empoeirada. Pelo contrário, a reflexão sobre nós mesmos como seres espirituais é o caminho para um tipo diferente de tecnologia, uma atitude diferente em relação à tecnologia, à ciência e à economia, que se baseia em levar a sério os limites do conhecimento e do crescimento. Nem tudo é exequível, os seres humanos continuam sendo mortais e vulneráveis. Somos e continuaremos sendo dependentes de processos que nunca compreenderemos totalmente e, com certeza, nunca dominaremos e controlaremos.

Para ganhar juízo nesta era de aceleração sem precedentes, a humanidade precisa de uma ética do não saber que reconheça o que também sabemos por razões científicas: hoje, não sabemos o suficiente sobre a natureza para enfrentar os desafios humanos da crise climática apenas com os nossos recursos tecnológicos existentes. Disso deduzo que precisamos de uma reconsideração fundamental, uma mudança de consciência, que deve consistir também em cultivar práticas culturais que sejam sustentáveis. Como exemplo simples podemos citar – de modo óbvio – a leitura de livros. Quando lemos um livro, pelo menos não destruímos o planeta e recuperamos o bom senso, que se perdeu no ciclo de segundo a segundo da economia da atenção digital, como disse o urbanista Georg Franck[217]. O "capitalismo mental", que

---

217. Cf. FRANCK, G. Ökonomie der Aufmerksamkeit – Ein Entwurf. Munique, 1998. • FRANCK, G. *Mentaler Kapitalismus* – Eine politische Ökonomie des Geistes. Munique, 2005.

se aproveita da nossa atenção e chama-nos repetidamente para diante da tela, não é um caminho sustentável e neutro em termos energéticos para um mundo novo e admirável; ele faz parte do modo de vida autodestrutivo da Modernidade que precisamos ultrapassar no que diz respeito a uma imagem do homem e da natureza que coloque o progresso humano e moral no centro da nossa autodeterminação.

Parte III
A caminho de uma ética do não saber

Mas a natureza continua a ser estranha;
Aquele que fala dela
Nunca visitou sua casa assombrada,
Nunca desvendou o seu espírito.
A pena de quem não a conhece
Vem do arrependimento
Que aquele que a conhece a conhece menos
Quanto mais se aproxima dela.
Emily Dickinson

Como animais, fazemos parte da natureza. Ao mesmo tempo, como criaturas espirituais, não nos integramos totalmente na natureza. Essa dicotomia é expressa no nosso conceito de animal e, por consequência, na nossa atitude diante da vida. Nesse contexto, a vida aparece na Modernidade como algo sem sentido ou a que precisamos dar sentido, mas que, na realidade, não tem. Como deveria existir sentido na natureza uma vez que ela consiste apenas em processos materiais e energéticos dos quais a vida emergiu num dado momento? O sentido, ao que parece, só pode ser algo que os animais, talvez apenas os humanos, produzem para darem conta da vida e da sobrevivência.

Essa atitude moderna é sempre associada à observação de Max Weber de um "desencantamento do mundo". Weber escreve:

> As crescentes intelectualização e racionalização não significam, portanto, um conhecimento geral crescente das condições de vida em que nos encontramos. Significa, antes, outra coisa: o conhecimento ou a crença de que, se quiséssemos, poderíamos vivê-las a qualquer momento, que, supostamente, não há poderes misteriosos e incalculáveis que desempenhem um papel nelas, que podemos controlar todas as coisas – a princípio – através do cálculo. Mas isso significa: o desencantamento do mundo[218].

O desencantamento do mundo é, de acordo com a análise de Weber, uma crença na possibilidade de reconhecer e calcular completamente a realidade, uma crença que, numa análise mais aprofundada, é uma ilusão. É disso que trata esta parte do meu livro.

A mente não pode ser naturalizada, isto é, totalmente explicada em termos científicos e, por conseguinte, decifrada numa

---

218. WEBER, M. *Wissenschaft als Beruf*. Stuttgart, 2006, p. 18.

linguagem de fórmulas matemáticas. Isso não é uma objeção à tentativa de reunir o máximo de conhecimento científico possível sobre os seres humanos e seu ambiente e de utilizar isso para nosso benefício individual e de todos os indivíduos.

O nível mais elevado do espírito é o de compreender-se como tal. O espírito alcança, então, a forma de autoconhecimento. Parte desse autoconhecimento é a percepção das limitações do nosso conhecimento da natureza, que é, em si, espiritual, e conduzido por nós enquanto seres espirituais. Dessa forma, tomamos consciência da nossa participação numa natureza que nunca poderemos controlar e explicar em sua totalidade. A natureza é, em grande parte, independente da nossa mente, no sentido de que ela é como é, queiramos ou não. Ela corrige as nossas suposições sobre ela e não podemos inventá-la à medida que avançamos.

Esta parte do livro trata do não saber. O não saber faz parte do saber. Sabemos que há muita coisa que não sabemos, o que também é resultado dos avanços modernos no conhecimento da lógica, da matemática e das ciências naturais. De qualquer forma, isso é reconhecido nas ciências humanas e sociais, porque elas lidam com processos de autocompreensão e posicionamento histórico dos seres humanos que não podem ser exaustivamente apreendidos[219].

Conhecimento é valioso. Ele consiste na percepção daquilo que é a realidade. Animais dotados de linguagem como nós podem expressar seu conhecimento e comunicá-lo aos outros. Assim, somos capazes de fazer afirmações sobre o conhecimento e a verdade. Porém, quem faz isso pode tanto ter sucesso quanto falhar. E as reivindicações de conhecimento estão sujeitas a condições de sucesso.

---

219. Cf. GABRIEL, M. et al. *Towards a New Enlightenment* – Contextualizing the humanities and social sciences in view of nested crises. Hamburgo, 2022.

Na moderna sociedade do conhecimento, esperamos orientação das ciências e que elas nos ajudem a resolver problemas sociais urgentes. Essa expectativa reconhece o valor do conhecimento. O não saber, por outro lado, tem uma reputação ruim. É equiparado à ignorância. Ele não corresponde à expectativa de resolver problemas e dar respostas.

Mas o que descrevi nestas palavras introdutórias não é tão evidente como pode parecer numa análise mais profunda. Com efeito, a competência das ciências para a resolução de problemas não resulta do fato de trabalharem para resolver problemas sociais urgentes. Elas lidam com diferentes áreas da realidade, com diferentes campos de significado. Ao longo dos séculos ou mesmo milênios, elas desenvolveram uma variedade de métodos para descobrir sistematicamente o que se passa nos campos de significado que abordam. A investigação científica é, assim, guiada, sobretudo, por um interesse pelo conhecimento e pela verdade, que consiste em penetrar de modo cada vez mais profundo a matéria de uma ciência.

Quanto mais profundamente conseguimos sondar a matéria de uma ciência, mais precisamente percebemos o quanto nós, como indivíduos e como "coletivos de pensamento", nas palavras do microbiologista e epistemólogo Ludwik Fleck, ainda não sabemos[220]. As ciências estão sempre ampliando os limites do conhecimento sem nunca saberem quão perto a humanidade está de um conhecimento abrangente da realidade, pois sabemos que há muita coisa que não sabemos. E também podemos fazer suposições e hipóteses sobre os fatos que não compreendemos e por que não os compreendemos. Mas, ao fazê-lo, não podemos

---

220. Cf. a obra muito discutida: FLECK, L. *Entstehung und Entwicklung einer wissenschaftlichen Tatsache* – Einführung in die Lehre vom Denkstil und Denkkollektiv. Frankfurt, 1980.

compreender completamente a zona do não saber. Os nossos esforços humanos de conhecimento e, portanto, também as ciências, produzem um "eco do não saber", como expressou o meu colega Wolfram Hogrebe em seu livro homônimo[221].

Nesse contexto, é ingênuo achar que podemos e devemos alinhar os nossos percursos humano, histórico e sociopolítico com a ciência. Na medida em que um singular eminente como "a ciência" é admissível em termos de uma teoria científica, a ciência é um conjunto de diferentes métodos que permitem explorar distintas áreas da realidade, e mesmo no caso de um conhecimento bem-sucedido, verifica-se que existe muito que não sabemos. À medida que o tesouro do conhecimento objetivo da humanidade – para o qual contribui o conhecimento científico de todas as disciplinas – cresce, cresce também o nosso conhecimento do não saber.

No entanto as ciências não são guiadas puramente por um interesse pelo conhecimento. As descobertas históricas mundiais revolucionárias, como o desenvolvimento da teoria quântica, pressupõem que a humanidade tenha desenvolvido estruturas e métodos matemáticos fundamentais ao longo dos séculos. Sua descoberta presume um interesse puro pelo conhecimento dos contextos lógico-matemáticos, sem o qual não existiriam as ciências naturais modernas e, por conseguinte, a tecnologia moderna. Mas esse interesse puro pelo conhecimento está inserido em práticas sociais. Com efeito, a ciência nunca é praticada de modo isolado, sempre em interação com outros que pensam de forma diferente. Para nós, seres humanos, viver em sociedade, ser um ser social, significa estarmos sempre dispostos a sermos corrigidos. Os cientistas nunca estão isentos disso.

---

221. HOGREBE, W. *Echo des Nichtwissens*. Berlim, 2006.

A corrigibilidade do conhecimento e das reivindicações de verdade significa que, embora saibamos muitas coisas, devemos, ao mesmo tempo, estar preparados para reconhecer que não sabemos o que sabemos e o que não sabemos. A aquisição de conhecimento nunca é completa, não pode haver um conhecimento final e abrangente da realidade[222]. Disso não segue que não possamos saber nada, apenas que nunca saberemos tudo, ou seja, nunca saberemos o que sabemos e o que não sabemos. A ciência permanece fragmentada.

Uma vez que as ciências estão inseridas em práticas sociais que intervêm na natureza e na sociedade, não existem apenas considerações epistemológicas e científicas da ciência, mas também uma ética da ciência. As ações dos cientistas estão sujeitas a princípios éticos que, por infelicidade, têm sido ignorados muitas vezes, em parte porque a investigação e a ética animal não são, lamentavelmente, levadas em conta o suficiente nos cursos de ciências. Assim, os princípios éticos das nossas interações cotidianas também se aplicam no laboratório. O racismo, a misoginia e a humilhação mesquinha são tão moralmente repreensíveis nas instituições de investigação como o são na clandestinidade. Além disso, sabemos que os cientistas trabalharam em tecnologias que deram origem a armas modernas de destruição e a sistemas digitais (pensemos nas redes sociais) que também são utilizados como armas contra a democracia liberal atual. A for-

---

222. Essa constatação, que foi desenvolvida em vários domínios da ciência e é considerada como certa, pode ser interpretada filosoficamente de diferentes maneiras. Eu mesmo argumentei extensamente que a realidade é em si mesma demasiado rica para ser capturada por uma teoria abrangente, o que expresso com o *slogan* de que o mundo não existe, o que, para os nossos objetivos, significa que não há qualquer realidade abrangente à qual nós, como seres cognoscentes, pertencemos (cf. GABRIEL, M. *Warum es die Welt nicht gibt*. Berlim, 2013; bem como sobre o estado da discussão de alguns dos pormenores técnicos: GABRIEL, M.; PRIEST, G. *Everything and nothing*. Cambridge, 2022).

ma como investigamos a natureza e os produtos tecnológicos que resultam dessa investigação têm, como sabemos (palavras-chave: motores de combustão, energia nuclear, experiências com animais, pesquisa sobre armas biológicas, pesquisa genética etc.), consequências éticas enormes. Em consequência, a pesquisa natural nunca é apenas uma observação neutra de fenômenos naturais, ela tem sempre dimensões desejáveis e não tão desejáveis, em que se expressam juízos de valor e de ideias humanas.

Uma das razões pelas quais a ética, as ciências humanas e sociais não são levadas em conta no empreendimento científico-tecnológico é o fato de confiarmos às ciências na Modernidade uma promessa de salvação, porque elas realmente nos libertaram de muitos males ou, pelo menos, aliviaram-nos. Graças às ciências, a sociedade moderna do conhecimento está muito bem equipada tecnologicamente, permitindo conforto médico e social (em especial, para as pessoas que vivem em sociedades industriais ricas).

Contudo é essa necessidade de desenvolvimento tecnológico que está na origem do problema moderno. A dissociação dos progressos científico e tecnológico dos valores humanos e morais e a associação da ciência a uma promessa quase religiosa de crescimento econômico eterno e de saúde eterna no Planeta Terra conduziram a inúmeras patologias. Basta pensar nos debates acalorados sobre a energia nuclear, a bomba atômica e a nossa sociedade fóssil, que há pouco voltaram à tona. Sem os progressos científico e tecnológico não estaríamos na situação difícil de uma mudança climática tão rápida provocada pelo homem, mas também não teríamos o atual nível de vida nas nações industriais ricas. A ética do conhecimento não decorre automaticamente do fato de exigirmos ainda mais pesquisa científica e de confiarmos na ciência para fazer mais. Em suma, as ciências não são portadoras de salvação e não devem assumir a função das religiões. Pertencem a uma categoria de conhecimento e autoconhecimento humano completamente diferente.

Por isso é um erro moderno acreditar que ciência e religião encontrem-se numa relação de conflito – como se a religião fosse uma superstição que precisasse ser esclarecida e superada pela ciência. Esse ponto de vista é, em si mesmo, um equívoco, porque não reconhece o cerne da realidade tanto da ciência como da religião. Apesar do que as ciências naturais possam descobrir sobre o universo fisicamente explorável ou sobre o funcionamento do nosso sistema nervoso, nunca poderá deduzir que Deus não existe e que não há uma alma imortal. E os resultados impressionantes da biologia evolutiva não provam que não existe um ciclo de renascimentos, como acreditam o hinduísmo e o budismo. O hinduísmo e o budismo não consistem apenas em jejum ou exercícios de atenção plena; eles fazem afirmações metafísicas sobre a nossa salvação. Nesse aspecto, nessa função soteriológica (**soteriologia** = doutrina da salvação), eles não podem nem devem ser substituídos pelas ciências naturais.

Muitas ciências socialmente influentes, como a física, a economia e o direito, interferem nas realidades natural e social com sua pesquisa. Os sistemas cujo funcionamento elas estudam só podem ser estudados se forem alterados por meio de uma intervenção (realização de experiências e de estudos), o que é conhecido na filosofia da ciência recente como intervencionismo[223]. O mais tardar desde as descobertas revolucionárias da teoria quântica, sabemos que a realização experimental de uma experiência (uma medição) influencia o comportamento dos objetos (como

---

223. Para os detalhes mais técnicos, cf. o artigo na *Stanford Encyclopedia of Philosophy*, escrito por James Woodward, um dos principais expoentes da visão intervencionista, em https://plato.stanford.edu/entries/causation-mani/

os elétrons) que são estudados. Para as ciências sociais, Christoph Möllers, especialista em direito constitucional e filósofo jurídico de Berlim, demonstrou que elas só podem investigar normas que possam ser sancionadas de forma explícita, ou seja, que elas só podem reconhecer algo que precisa ser extraído, por assim dizer, da realidade social implícita[224]. Por exemplo, quem investiga o comportamento de voto de uma população analisando pesquisas eleitorais também o influencia dessa forma, por exemplo, provocando reflexões por parte dos entrevistados sobre seu comportamento eleitoral. E, de qualquer modo, é verdade que as ciências jurídicas não só investigam o nosso comportamento como também o alteram, explicitando as normas, escrevendo-as e efetivando-as no nível sociopolítico, se necessário mediante sanções estatais.

No entanto, quando interferimos na natureza e na sociedade por interesse de conhecimento – por exemplo, por meio de uma experiência com animais, do desenvolvimento da Internet, da pesquisa sobre armas biológicas, da análise constitucional de uma lei ou de uma pesquisa demoscópica de uma opinião política – isso tem implicações éticas.

Assim como existe uma ética da ciência que se debruça sobre a questão das condições em que os cientistas devem chegar a novos resultados de pesquisa, existe também uma ética do não saber. Esta parte do livro trata disso.

A ética do não saber começa com o reconhecimento do fato de que, graças aos nossos avanços no conhecimento, sabemos que existe muito que não sabemos. Não temos uma compreensão exaustiva nem abrangente da realidade, mas isso não signi-

---

224. MÖLLERS, C. *Die Möglichkeiten der Normen* – Über eine Praxis jenseits von Moralität und Kausalität. Berlim, 2015. Para os limites socioentológicos desse modelo, cf. GABRIEL, M. *Fiktionen*. Berlim, 2020, p. 501-545.

fica de modo algum que devamos dizer sim às notícias falsas, ao absurdo dos "fatos alternativos" ou a um ceticismo geral em relação à vacinação. Esses fenômenos modernos são o resultado de reivindicações de conhecimento equivocadas. Aqueles que afirmam que, apesar de dados claros, as vacinas contra o coronavírus não reduziram a incidência da infecção, que até fizeram mais mal do que bem, não estão alegando ignorância, mas afirmando que sabem algo. A ética da ignorância baseia-se no fato de sabermos muitas coisas e não questiona o que realmente sabemos, pois isso seria um disparate.

Em vez disso, a ética do não saber consiste em determinar em que medida, por um lado, a natureza e o espírito estão abertos aos seres humanos enquanto animais, e, por outro, permanecem estranhos e ocultos. A ética do não saber aceita que a natureza "dentro e fora de nós" é e permanece muito estranha para nós, porque há muito sobre o qual podemos apenas especular. A extensão exata do nosso saber e não saber não pode ser determinada porque a demarcação que distingue o desconhecido do conhecido não pode ser feita *a priori*, ou seja, de forma puramente conceitual. A certa altura, somos obrigados a especular diante da natureza.

Aquilo sobre o qual podemos apenas especular tem, entretanto, consequências imensas, razão pela qual a ética do não saber não prega a mera abstinência *epistêmica* (referente ao nosso conhecimento, do grego *epistêmê*), mas recomenda um profundo respeito diante da alteridade da natureza, da qual dependemos como animais sem nunca podermos controlá-la e domesticá-la.

Um exemplo concreto: aqueles que vivem como veganos porque acreditam que é moralmente repreensível infligir dor a outros seres vivos e matá-los para comer estariam bastante encrencados se descobríssemos que as plantas têm consciência e sentem dor. Se o consumo industrialmente organizado de brócolis e couve-flor ou o abate de um pinheiro para o Natal causasse o mesmo tipo de sofrimento e dor (ou até mais) do que a agricultura industrial, isso alteraria bastante a nossa ética ambiental e alimentar. O vegano não poderia comer mais nada se a sua razão para ser vegano fosse evitar dor (que não é, obviamente, a única boa razão para ser vegano).

A maior parte da humanidade (tanto do passado como do presente) de algum modo está convencida de que existe algo mais elevado, divino, que se expressa na natureza e no espírito e que transcende aquilo que podemos apreender e conhecer. Essa crença baseia-se na noção correta de que não dispomos de uma visão do mundo científica natural, espiritual e social completa que possa substituir as necessidades humanas, espirituais e religiosas. Acreditar que as ciências conseguirão explicar a realidade como um todo suficientemente bem para superar essas necessidades humanas, de modo que nos permitam construir um paraíso tecnocrático na Terra, é, em si mesmo, uma expressão de uma forma confusa dessa mesma necessidade espiritual[225].

É, portanto, inevitável aprender a lidar com as zonas cinzentas do conhecimento e do não conhecimento se quisermos enfrentar de modo social e científico as múltiplas crises em que a humanidade moderna encontra-se.

É por isso que, em nome de um Novo Iluminismo, exige-se não menos ciência, mas mais ciência com o objetivo de avançar o autoesclarecimento da humanidade[226]. Parte desse autoes-

---

225. Cf., p. ex., TETENS, H. *Gott denken* – Versuch über rationale Theologie. Ditzingen, 2015. • JOHNSTON, M. *Saving god* – Religion after idolatry. Princeton, 2009. • JOHNSTON, M. *Surviving death*. Princeton, 2010.

226. Cf. GABRIEL, M. "Der blinde Fleck der Komplexität – Die Wissenschaften in der Krise". *In*: AUGSTEIN, J. (org.). *Follow the science* – Aber wohin? Wissenschaft, Macht und Demokratie im Zeitalter der Krisen. Berlim, 2022.

clarecimento consiste em aceitarmos, guiados por uma ética epistemologicamente sustentável, a estranheza e a alteridade da natureza como uma fonte de não conhecimento, ao invés de perseguirmos a ilusão de um conhecimento e um domínio completo da natureza. Quem quer dominar a natureza quer sempre dominar os outros seres humanos, bem como a vida não humana no nosso planeta.

Em suma, visto que existe uma ética do conhecimento deve haver também uma ética do não saber, pois este desempenha um papel importante na vida humana. Ele se expressa hoje como incerteza perante a complexidade da nossa situação de crise, que há muito não conseguimos superar de forma apenas científica e tecnológica. Essa parte final desenvolve alguns fundamentos para uma futura ética do não saber, de uma forma introdutória e, assim espero, compreensível para todos. Para fazer isso precisamos obter uma visão um pouco mais abrangente.

Natureza, meio ambiente, universo

Enquanto animais, a realidade apresenta-se a nós de determinada forma. Devido ao nosso equipamento fisiológico, à nossa constituição genética e à nossa adaptação ambiental ao longo da vida, cada indivíduo toma consciência de coisas diferentes em momentos diferentes de sua existência. Nós, seres humanos, experimentamos apenas uma parte das radiações que nos cercam e penetram na forma de cor, som etc., e sabemos, graças aos nossos instrumentos de medição (microscópios, aceleradores de partículas, computadores etc.), que a própria natureza fornece mais informações do que aquelas que nos aparecem de modo direto ao nível da nossa consciência. Vemos sempre as coisas, os processos e as pessoas apenas num nível determinado de realidade, que foi selecionado pelos processos quase astronomicamente longos de seleção natural no decurso da evolução. A nossa condição atual como organismos é, destarte, a expressão de uma história natural complexa. Por isso, no nível de sua penetração espiritual da realidade, o ser humano percebe-se mesmo como um animal.

As ciências naturais, sobretudo nos últimos duzentos anos, permitiram-nos apreender que o nosso organismo disseca a natureza para si mesmo em muitos níveis distintos, de tal forma que introduz diferenças que se tornam divisões conceituais. Por exemplo, o nosso organismo distingue entre nutrientes e substâncias nocivas e entre radiações de diferentes frequências. Podemos processar essas distinções, que não chegam à consciência, de forma conceitual e cultural, o que pode levar à gastronomia e à pintura, que transformam as nossas sensações em fenômenos conceituais e culturalmente representáveis pela mente humana. Nunca experimentamos a realidade como um todo abrangente, mas encontramo-nos, em cada momento da nossa vida consciente, num subsistema que, por sua vez, decompomos em partes e sem consciência plena.

À minha frente está a tigela de cereais que, alguns instantes atrás, ainda continha meu café da manhã. Divido-a em restos de cereais, o restinho de leite no fundo da tigela, a colher e a superfície brilhante do interior da tigela, que apenas reflete a luz da luminária no teto. Se eu examinar o resto de leite com um microscópio, encontrarei um campo de significado bastante diferente, cujos objetos são determinados pelas condições de enquadramento do microscópio. Aqui, o microscópio determina o que é reconhecível por meio dele, sem produzir, portanto, os objetos e os fatos como um todo, que reconhecemos em seu campo de significado. As bactérias e os fungos que se tornam visíveis aos nossos olhos por um microscópio não são produzidos pelo microscópio e, sim, as representações de bactérias e fungos que podemos reconhecer na superfície de projeção produzida por e para nós.

O microscópio não vê o leite melhor do que o olho nu, apenas vê as coisas num nível diferente, escalonado pelas suas definições. Nem o que o microscópio vê, nem o que o olho nu vê, é a única realidade em si, mas ambos são realizações de campos de significado. Esses campos são, cada um deles, uma realidade em si. Não existe a realidade, que precisamos distinguir da realidade para nós. A forma como a realidade aparece-nos faz parte da realidade. Não olhamos para ela de um ponto de vista externo.

O nosso conhecimento da natureza está sempre ligado, de uma forma ou de outra, ao fato de apreendermos a realidade natural a um certo nível, por meio de um instrumento. Em grego, instrumento significa *organon*. Os órgãos (como os nossos órgãos de percepção, olhos, ouvidos, pele etc.) são instrumentos que evoluíram mediante processos evolutivos, que apreendem uma realidade que é parcialmente independente deles num nível que lhes é atribuído. Um **organismo** é um sistema complexo de órgãos, de tal modo que o conjunto mais ou menos delimitado do sistema tem uma influência parcial sobre o desenvolvimento dos seus órgãos. Um organismo humano inteiro costuma-se alimentar-se de forma mais ou menos consciente, o que, por sua vez, influencia os nossos órgãos. A forma como nos movimentamos também influencia os nossos órgãos, criando ciclos complexos. Se praticarmos muito esporte, fortalecemos o coração, o que, por sua vez, afeta a ingestão de calorias e leva a um fortalecimento do organismo.

Organismos são ciclos mereológicos: o todo determina o comportamento das partes e tal comportamento determina o todo.

Num organismo, o todo é, por um lado, mais do que suas partes, mas, por outro lado, as partes determinam a forma como o todo as transcende. Na natureza de um organismo existem, portanto, diferentes perspectivas (a perspectiva do fígado em oposição à do coração, a do cérebro em oposição à da pele etc.), que o fisiologista britânico Denis Noble descreveu numa série de livros de leitura fácil, nos quais ele desenvolve uma teoria da **relatividade biológica**: qual parte influencia qual parte do todo e vice-versa depende da perspectiva associada a um órgão, cuja vizinhança constitui um ambiente para ele, exatamente da mesma forma em que a realidade que nos rodeia é vivenciada por nós como um não si-mesmo ou um mundo exterior[227].

O não si-mesmo vivenciado é apenas em parte independente dos instrumentos que o registram, pois os instrumentos só podem registrá-lo porque interagem com ele causalmente, ou seja, porque intervêm nos processos que observam. Por exemplo, a cortina do meu escritório, que acabo de abrir para deixar entrar mais luz, não faz parte do meu si-mesmo. É um não si-mesmo. Quando vejo a cortina, ocorrem processos subatômicos, um dos quais é o fato de as partículas saltarem para lá e para cá entre a cortina e eu. Sem essa interação entre a presença física do meu corpo e a cortina não haveria qualquer percepção. Assim, as coisas e os processos que percebemos sensorialmente de forma consciente estão sempre em interação conosco e são (imperceptivelmente) alterados por eles.

Sabemos isso não só desde as experiências associadas à teoria quântica, que provam de modo claro que o processo de medição

---

227. Cf., esp., NOBLE, D. *Dance to the tune of life* – Biological relativity. Cambridge, 2017. • NOBLE, D. The logic of life – The public perception of science and its threat to the values of society. *Science and Public Policy 20/3* (1993), p. 187-192. • NOBLE, D. *The music of life* – Biology beyond genes. Nova York; Oxford, 2006.

de objetos quânticos tem uma influência causal surpreendente sobre o resultado da medição. As experiências da física quântica, como a famosa experiência da dupla fenda, provam isso de modo claro. Em termos gerais, essa experiência clássica da mecânica quântica consiste em disparar partículas elementares contra uma parede, à frente da qual se encontra, por sua vez, uma parede com duas fendas. Dependendo do fato de se medir ou não o comportamento das partículas nas fendas, estas produzem um padrão de onda ou de partícula na parede. Sabemos, então – e muitas outras experiências provam isso sem qualquer dúvida –, que os nossos instrumentos de medição têm influência sobre o comportamento das partículas elementares. O mesmo acontece no nível fisiológico da percepção, assim, não precisamos necessariamente descer aos níveis menores do universo para nos familiarizarmos com a teoria quântica.

> Para nos apercebermos de coisas, processos e pessoas que estão no nosso ambiente, precisamos nós mesmos ocorrer nesse ambiente como algo que está causalmente ligado a esse ambiente. Não observamos a realidade a partir de um olho mágico distante. Nossa mente consciente não utiliza um telescópio imaterial para captar o que a cerca. Fazemos parte de todas as realidades que podemos observar.

O fato de a realidade percebida depender em parte da condição de sermos organismos nela, não significa que a percepção construa uma realidade para si mesma ou que, de alguma forma, falsifique-a. Fazemos parte da produção causal da natureza, por meio da qual selecionamos, em grande parte não conscientes, partes da natureza que experimentamos conscientemente. A seleção não é uma construção e a seleção não é irreal; ela baseia-se em processos causais de interação com o nosso ambiente.

Mais uma vez em termos concretos: a realidade que percebemos é fisicamente constituída. A física provou que só podemos perceber o universo porque interagimos com ele enquanto corpos. As partículas de luz (fótons) precisam alcançar as nossas terminações nervosas para que possamos ver alguma coisa. Por outro lado, também alteramos o nosso ambiente, irradiando calor, influenciando a atmosfera com a nossa respiração etc. Nunca somos apenas observadores passivos de acontecimentos naturais, mas componentes causais do universo.

Da ideia correta de seleção, isto é, do fato de que selecionamos partes da natureza para observação por meio da nossa percepção, não podemos deduzir a uma tese da limitação do nosso conhecimento da natureza ou mesmo da inevitável cegueira e subjetividade da nossa compreensão. O fato de o nosso organismo selecionar o que e como ele observa em diferentes níveis é compatível com a condição de, dessa forma, apreender a realidade tal como ela é no nível observado.

O fato de a minha tigela de cereais chamar a minha atenção, de destacar-se entre as coisas que estão na minha escrivaninha, com certeza também tem razões evolutivas. A cor da tigela e o seu conteúdo podem ser explicados pela circunstância de essa cor permitir-me reconhecer a tigela diante de seu pano de fundo e de seu conteúdo ser nutritivo e me fazer bem. É claro que, para explicar totalmente essa situação, eu teria que levar em conta fatores culturais, sociais e individuais, uma vez que a nutrição humana só pode ser compreendida em sua totalidade como uma ingestão calórica para a sobrevivência se não tivermos outra opção senão procurar calorias. Uma das muitas razões pelas quais precisamos fazer todos os esforços para evitar a pobreza extrema e a fome é o fato de, em condições de muita pobreza, as pessoas serem limitadas em sua capacidade de participarem da vida cultural da mente, prejudicando assim, em casos graves, uma dimensão crucial da vida humana, a sua dignidade humana.

A princípio, o que nossos órgãos e instrumentos registram nunca é a realidade como um todo. Eles não captam a natureza nem a nossa vida como um todo, mas conjuntos limitados e abertos que se encontram sempre em processos de mudança. Todo o meu campo de visão muda de maneira incessante em muitos níveis porque, na realidade natural que percebo sensorialmente, tudo é mudança e nada é para sempre estável[228].

Chegamos a um ponto em que as definições conceituais são necessárias para desfazer um emaranhado epistemológico em que, de outro modo, arriscamo-nos a ficar enredados.

O **ambiente** é o campo de sentido no qual uma forma de vida pode reproduzir-se ao longo de várias gerações. O ambiente é adaptado a nós enquanto forma de vida, o que não significa que seja um ninho pronto e quentinho. Por intermédio da nossa própria reprodução mudamos constantemente o ambiente. Não só nos adaptamos a ele, mas também o reconstruímos por meio do metabolismo e, então, temos de nos adaptar ao ambiente que ajudamos a moldar. A ecologia explora os processos de adaptação sistêmica, bem como a produção de sistemas pelos seres

---

228. Isso não é absolutamente correto, pois nosso pensamento apreende estruturas como regularidades lógico-matemáticas, o que, na posição teórica aqui adotada, é suficiente para compreender a apreensão de sistemas abstratos, isto é, imutáveis e não energético-materiais, como percepção sensorial (cf. GABRIEL, M. *O sentido do pensar*: A filosofia desafia a inteligência artificial. Petrópolis: Vozes, 2021). No entanto esse fato não é relevante para a nossa análise no texto principal, visto que as estruturas lógico-matemáticas não fazem claramente parte da natureza, ou pelo menos não fazem parte da natureza mutável, se também limitarem sua mudança pelas condições de inserção, e não estão causalmente incorporadas, em um sentido que ainda não foi conclusivamente esclarecido. Para a discussão sobre essa área problemática, cf. GABRIEL, M.; VOOSHOLZ, J. (orgs.). *Top-down causation and emergence.* • Cham, 2021. ELLIS, G. *How can physics underlie the mind* – Top-down Causation in the human context. Berlim; Heidelberg, 2016.

vivos, numa escala que considera as formas de vida e o nosso ambiente causal. É a forma de pensar das ciências ambientais.

Como já mencionei, o conceito de meio ambiente foi introduzido por Jakob Johann von Uexküll em sua obra *Umwelt und innenwelt der tiere* [Meio ambiente e mundo interior dos animais]. Nele, o conceito contrasta com a concepção de um mundo exterior, que contém tudo que é intrinsecamente diferente de um animal. O meio ambiente é, assim, um campo de sentido adaptado a um animal, aos seus estímulos e interesses, ou seja, a parte da realidade em que os animais estão inseridos ou encaixados, como diz Uexküll. O ambiente é consciente e inconscientemente moldado pelos animais, não é apenas um nicho que eles encontram e no qual se instalam. Uexküll ilustra esse fato numa famosa passagem, utilizando o ouriço-do-mar:

> Domina no ouriço-do-mar, para sublinhar mais uma vez o ponto essencial, não o impulso uniforme, mas o plano uniforme que atrai todo o seu ambiente para a sua organização. Ele seleciona, entre os objetos úteis e hostis do ambiente, os efeitos que são adequados como estímulos para o ouriço-do-mar. Esses estímulos correspondem a órgãos de recepção gradativos e a centros que respondem de formas diferentes a distintos estímulos e que excitam os músculos que devem executar os movimentos previstos pelo plano.
> Assim, o ouriço-do-mar não está exposto a um mundo exterior hostil, em que ele trava uma luta brutal pela sua existência; ele vive num meio que pode abrigar a nocividade e a utilidade, mas que se adapta às suas capacidades, como se houvesse um só mundo e um só ouriço-do-mar[229].

---

229. UEXKÜLL, J.J. *Umwelt und Innenwelt der Tiere*, p. 113s. O pensamento ecológico de Uexküll baseia-se na substituição da noção de uma "adaptação mecânica do animal ao seu meio ambiente" pela noção de "uma adaptação muito

O meio ambiente é apenas uma parte da realidade natural. Essa parte é o raio selecionado por padrões de estímulo-resposta associados a um organismo. Nós, os seres humanos, ao contrário do ouriço-do-mar, transcendemos o nosso ambiente ao sermos capazes de percebê-lo como um de vários ambientes. Nós somos capazes de reconhecer que temos um ambiente diferente do dos ouriços-do-mar e das gazelas. Por conseguinte, também podemos levantar a pergunta de como a realidade natural relaciona-se com os muitos ambientes – uma questão que não interessa aos ouriços-do-mar, às gazelas, às bactérias e às células nervosas.

Ao contrário do meio ambiente, o universo é o campo de sentido que só podemos apreender de modo adequado com os nossos modelos físico-matemáticos. Ele não pode apenas ser experimentado empiricamente. O universo é apresentado sob a forma de sistemas de coordenadas que esclarecem os acontecimentos naturais, com a maior precisão possível, em pontos sobre os quais atuam forças. A princípio, tudo isso pode ser descrito nas linguagens da matemática, razão pela qual as relações geométricas, por exemplo, podem ser expressas analiticamente para fazer previsões sobre o que os instrumentos de medição deveriam observar por meio de processos de cálculo às vezes gigantescos. A física teórica pode, assim, desenvolver cenários experimentais, fundamentando matematicamente experimentos mentais e estabelecendo e resolvendo equações, graças às quais os pressupostos teóricos podem ser testados de modo experi-

---

fina ao seu ambiente" (UEXKÜLL, J.J. Wie sehen wir die Natur und wie sieht sie sich selber? *Die Naturwissenschaften 10/12* (1922), p. 265-271, aqui p. 268). Com base em seu conceito de meio ambiente, ele argumenta que se diferencia do meio ambiente meramente dado contra o darwinismo do seu tempo. Ele rejeita-o explicitamente em relação ao pensamento ecológico quando escreve: "O darwinismo parece um delírio de grandeza, que pretende explicar todos os órgãos finamente organizados como uma colisão acidental de partículas que dançam sem sentido" (p. 271).

mental. Dessa forma, a física moderna desenvolveu-se numa admirável conquista da mente humana que ninguém consegue compreender em sua totalidade.

A caixa de ferramentas metodológicas da física, em conjunto ao seu ciclo de teoria, modelo e experimento, permite alcançar avanços no conhecimento do universo de uma forma sem precedentes e que agora compreendemos muito melhor em todas as escalas conhecidas. No entanto isso não significa que compreendamos melhor a natureza em seus ciclos, os ambientes de outras formas de vida ou as regras da agricultura sustentável do que as culturas que não tentam dominar a natureza com a de sua exploração do universo.

As grandes descobertas da física moderna não ocorreram no início da revolução científica moderna, embora Galileu Galilei e Isaac Newton (para citar apenas dois dos heróis) tenham iniciado a matematização. Os maiores saltos começaram na segunda metade do século XIX, abrindo caminho para a teoria quântica e da relatividade, que, por sua vez, evoluíram desde então – uma história que é contada em muitos outros lugares[230].

O universo é uma estrutura matematicamente representável que só podemos apreender de forma limitada em termos concretos devido às limitações dos nossos instrumentos. É por isso que, do nosso ponto de vista, o universo é sempre um todo limitado, cujas fronteiras podem continuar a deslocar-se no futuro como resultado de novas descobertas físicas. No entanto a física,

---

230. Cf., p. ex., GASSNER, J.M.; MÜLLER, J. *Können wir die Welt verstehen? Meilensteine der Physik von Aristoteles zur Stringtheorie*. Frankfurt, 2019. A história também pode ser contada de uma forma completamente diferente, ou seja, sem acreditar que a física moderna tenha refutado a filosofia natural clássica, cf., p. ex., a contraproposta de DELLIAN, E. *Die Rehabilitierung des Galileo Galilei oder Kritik der Kantischen Vernunf*. Sankt Augustin, 2007. A introdução de Dellian a GALILEI, G. *Discorsi* – Unterredungen und mathematische Beweisführungen zu zwei neuen Wissensgebieten. Hamburgo, 2015.

enquanto ciência natural particularmente bem-sucedida, ensina-nos que existem limites para o conhecimento físico, que decorrem do fato de a natureza, enquanto sistema alvo da pesquisa física, ser dinâmica. Dado que o universo está em expansão (o que, por sua vez, é representado matematicamente em modelos cosmológicos) e que, de acordo com os conhecimentos atuais, nenhuma informação pode ser transmitida mais rapidamente do que a velocidade da luz, existem limites fisicamente reconhecíveis para o que podemos medir com nossos instrumentos. O que está distante demais de nós no espaço-tempo para transmitir informação permanece na obscuridade. O mesmo aplica-se à matéria e à energia escuras, que só podem ser medidas de modo direto e cuja existência é inferida a partir de resultados teóricos e de algumas observações cosmológicas. Sabemos, portanto, graças à investigação física, que é bem provável que nunca saberemos tudo sobre a natureza por meio da investigação física. Nesse contexto, **natureza** é o sistema-alvo da pesquisa científica, paradigmaticamente da física, da química e da biologia. Embora possamos representar o universo numa linguagem de fórmulas matemáticas e modelos correspondentes, também podemos conhecer a natureza de muitas outras formas, por exemplo, pela percepção e pelas tradições culturais. A natureza e o universo não são a mesma coisa.

Na atualidade, não sabemos se, um dia, haverá um nível de conhecimento que permita expressar em termos físicos todos os resultados da pesquisa feita pelas ciências da vida. A essa altura, as ciências naturais como um todo poderiam ser reduzidas à física. Mas, hoje, não podemos determinar de forma científica se, em última análise, existe apenas uma ciência natural (a física). As ciências naturais podem ser diversas, o que pode dever-se ao fato de a natureza ser essencialmente heterogênea, isto é, constituída por uma multiplicidade de campos de significado que não podem ser reduzidos uns aos outros[231].

Para citar mais uma vez Uexküll:

> Se alguém me perguntar cheio de dúvidas: "Como é possível que meu pequeno sujeito, com seu ambiente frágil, dite sua lei a Sirius, que resplandece radiante há eras no espaço infinito, em tamanho e distância inimagináveis?", eu responderei: "Retire do espaço, que parece tão infinito, seus sinais de lugares e direções, e todo ele desmoronará como um castelo de cartas. E retire os seus sinais momentâneos de Sirius, e a sua existência será de repente cortada. Tudo isso, evidentemente, só se aplica a você e ao seu mundo. A natureza saberá criar mundos sem você. Não existe um mundo infinito, eterno e absoluto que englobe todos os sujeitos, mas existe uma natureza escandalosamente poderosa que cria sujeitos com mundos, espaços e tempos de acordo com sua própria lei livre"[232].

Uexküll descreve aqui a natureza de uma forma ecológica. Ela é aquilo que produz meios ambientes, produzindo seres vivos para quem os objetos aparecem, aos quais estão adaptados como seres vivos. Ao fazê-lo, ele entende os modelos matemáticos da física, ou seja, os sistemas de coordenadas que usamos para expressar relações físicas teórica e experimentalmente de uma forma objetiva, como superfícies de projeção do nosso

---

231. Grande parte da escola de filosofia da ciência de Stanford defende que não pode haver uma ciência física única, cf., p. ex., CARTWRIGHT, N. *How the laws of physics lie*. Nova York, 1983. • CARTWRIGHT, N. *The dappled world. A study of the boundaries of science*. Cambridge, 1999. • CARTWRIGHT, N. *A philosopher looks at science*. Cambridge, 2022. Cf. também as contribuições em GALISON, P.L.; STUMP, D.J. (orgs.): *The disunity of science* – Boundaries, contexts, and power. Stanford, 1996.

232. UEXKÜLL, J.J. Wie sehen wir die Natur und wie sieht die Natur sich selber? Schluss. *Naturwissenschaften 10/14* (1922), p. 316-322, aqui p. 321.

ambiente humano. Assim, ele assume que nós, humanos, não podemos, a princípio, transcender o nosso nicho, que mesmo como cientistas somos apenas como ouriços-do-mar, que exploram uma realidade em que nos inserimos. Mas se isso é verdade, como Uexküll sabe que existe uma "vasta natureza" que produz meios ambientes? Ou essa afirmação é apenas mais uma projeção do nosso mundo interior sobre a realidade natural ou, então, ela compreende a natureza de uma forma que é independente dos nossos interesses. Mas desse modo não pode ser verdadeira a tese de que os seres vivos nunca compreendem a realidade natural em si, apenas o interior da sua esfera ambiental – outra versão da tese da projeção que discutimos na primeira parte deste livro. Porque Uexküll inclui-nos, a nós e aos ouriços-do-mar, no conceito problemático de animais, ele não reconhece que nós, enquanto seres vivos espirituais, podemos pensar muito além do nosso ambiente, tendo para isso, à nossa disposição, a lógica, a matemática e, portanto, a nossa racionalidade. Porém essa nossa racionalidade não é portadora de salvação, e se não for eticamente contida e normatizada, pode produzir, pelo menos, tanto desastre como salvação, o que sentem todas as pessoas às quais a ideia de que a sociedade deve ser uma construção racional foi imposta nos últimos séculos.

No fundo…

Natureza e espírito estão relacionados, mas são categoricamente diferentes. Isso significa que podemos separá-los conceitualmente sem que nos seja permitido concluir que eles são capazes de existir independentemente um do outro.

Uma diferença essencial entre natureza e espírito é que a natureza não está interessada em ser conhecida por nós. Ela é apenas como é e, por essa mesma razão, não é fácil reconhecê-la. Foram necessários milhares de anos de desenvolvimento humano para que os homens, por meio da observação das regularidades astronômicas, tivessem a ideia engenhosa de aplicar relações geométricas (em primeiro lugar o teorema de Pitágoras, com certeza a descoberta matemática mais engenhosa de todos os tempos) aos fenômenos celestes. Não houve nenhuma razão profunda para a fusão da geometria e da observação celeste. Isso só aconteceu num determinado momento da história da humanidade, mesmo que não tenha acontecido inteiramente por acaso, é claro, e possa ser explicado em termos da história das ideias.

No entanto não devemos concluir da história contingente do conhecimento humano que a natureza revela-se a nós. Ela não se revela nem "gosta de se ocultar"[233], como supôs o filósofo natural Heráclito. A natureza é apenas como é, é em-si, como dizemos na linguagem filosófica tradicional.

> Chamemos esse aspecto da natureza de ser-em-si. O ser-em-si consiste no fato de que a natureza é tal como a encontramos, sem estarmos adaptados a ela nem interessados nela de qualquer outra forma, que ela é em parte apreendida por nós sob a forma de teorias científicas, ou seja, como um universo. A nossa percepção da natureza também pertence ao em-si, porque ela não ocorreria sem os pré-requisitos naturais do nosso organismo. A percepção não é de modo algum puramente subjetiva.

Em suma, também poderia ter acontecido de nós, os humanos, nunca termos desenvolvido um conhecimento científico mais profundo por intermédio da descoberta inquestionavel-

---

233. DIELS, H.; KRANZ, W. (orgs.): *Die Fragmente der Vorsokratiker*. Vol. 1. Berlim, 1960, p. 178.

mente engenhosa da ligação entre os fenômenos naturais e os modelos matemáticos. Enquanto os processos naturais que podemos apreender matematicamente, ou seja, sob a forma do universo, desdobram-se como leis e é nesse sentido que estas são necessárias, isso não se aplica ao conhecimento desses processos naturais. É verdade que há séculos conseguimos calcular com exatidão impressionante a posição da Lua no passado e no futuro utilizando os métodos da mecânica clássica, mas não podemos calcular o que os cientistas naturais calcularão em 2055.

Ao contrário da natureza, o espírito é algo que se revela essencialmente ao espírito. Hegel, talvez o maior filósofo do espírito até hoje, chama essa qualidade do espírito de *manifestação*[234]. Isso pode ser descrito com Jean-Paul Sartre como o ser-para-si (*pour soi*) do espírito, em contraste com o ser-em-si da natureza.

> O **ser-para-si** do espírito consiste no fato de o espírito só existir referindo-se a si mesmo de uma forma ou de outra. A existência do espírito não passa despercebida porque ele existe por perceber-se a si mesmo.

Na filosofia contemporânea da mente, isso costuma ser ilustrado com a ajuda de estados elementares de consciência. Quem sente uma dor lancinante não consegue ignorá-la, da mesma forma que os antigos egípcios, por exemplo, ignoravam a distância até o sistema solar mais próximo, Proxima Centauri. Os estados elementares de consciência não passam despercebidos, não podem ser ignorados. O espírito existe apenas em sua relação

---

234. Cf., por exemplo, o comentário de Hegel sobre esse termo em: *Enzyklopädie der philosophischen Wissenschaften im Grundrisse. Dritter Teil: Die Philosophie des Geistes* (Frankfurt, 1970, p. 201, § 413): "Como a luz é a manifestação de si mesma e do seu outro, o escuro, e só pode revelar-se revelando esse outro, assim também o ego só se manifesta na medida em que o seu outro revela-se sob a forma de algo independente dele".

consigo mesmo; uma estrela distante, por outro lado, que não é observada por ninguém, simplesmente existe.

Isso não significa que o espírito ou a consciência não possa enganar-se a respeito de si mesmo. O Espírito manifesta-se sem ser e por essa razão é um livro aberto para si mesmo. Isso acontece porque o espírito está inseparavelmente entrelaçado com a natureza. Não há apenas natureza e espírito, mas também o seu entrelaçamento, ou seja, uma natureza do espírito, bem como um espírito da natureza[235]. O homem, como animal, também pertence à natureza. E como somos seres espirituais, a natureza reconhece a si mesma no nosso autoconhecimento. A natureza e o espírito não pertencem, portanto, a dois campos de significado bastante separados.

Visto que a manifestação do espírito tem fundamentos naturais, o espírito mostra-se apenas numa espécie de espelho distorcido. Sua autocompreensão permanece – pelo menos nesta vida – dependente da encarnação. Uma vez que o nosso corpo é constituído em alguns níveis por processos anônimos e sem sentido, o espírito não pode compreender-se plenamente sem reconhecer a sua base natural. Mas ela existe em-si e, portanto, não se manifesta. Todos nós experimentamos todos os dias esse em-si do nosso corpo na pandemia do coronavírus; por exemplo, quando nos perguntávamos se tínhamos sido infectados durante um encontro de risco. A infecção não ocorre de maneira consciente, não percebemos como as partículas virais do vírus entram nas

---

235. Isso levanta a pergunta de como esse entrelaçamento deve ser compreendido. É um terceiro que faz a mediação entre a natureza e o espírito, e, em caso afirmativo, esse terceiro está ou não entrelaçado com um dos dois pontos de referência, o que cria problemas que seguem disso, ou não? Para um esboço abrangente de uma teoria do entrelaçamento em pé de igualdade com a filosofia contemporânea da mente e a física contemporânea: ATMANSPACHER, H.; RICKLES, D. *Dual-aspect monism and the deep structure of meaning*. Nova York, 2022.

nossas células. Só percebemos tudo isso quando temos um resultado positivo num teste ou sintomas de uma doença. O ser-para-si do espírito é sempre em parte não transparente porque a própria natureza tem uma parte indeterminadamente grande no espírito quando vista do ponto de vista dele. Em-si e para-si não formam duas áreas isoladas uma da outra, elas estão dinamicamente entrelaçadas.

> Cada livro filosófico deveria conter pelo menos um conceito monstruoso. Chamemos, então, o entrelaçamento de natureza e espírito que se manifesta no ser humano como animal de **ser-em-si-e-por-si**. A vida espiritual não é, assim, completamente apreensível por causa de seus fundamentos naturais (ser-em-si), no entanto ela é manifesta – ela professa-se (ser-para-si).

Na verdade, a situação é um pouco mais complicada, uma vez que não há como saber se compreendemos a natureza em sua totalidade. Por mais longe que cheguemos com o nosso conhecimento da natureza, não nos depararemos com um sinal de parada dela ou, como num jogo de vídeo, com um adversário final, em que basta vencê-lo para, então, assistirmos aos créditos, parabenizando-nos pelo triunfo final.

As ciências naturais são ficções?

A diferença entre o ser-em-si da natureza e o ser-para-si da mente é a base para uma ética do não saber, ou seja, para uma atitude de modéstia epistêmica, isto é, uma atitude que nos permite reconhecer as nossas pretensões de conhecimento em sua limitação e corrigibilidade. Essa modéstia epistêmica faz parte do repertório padrão da teoria científica do **falsificacionismo**, reconhecida pela maioria dos cientistas naturais.

O falsificacionismo foi fundado por Karl Popper, um dos mais poderosos teóricos científicos do século passado. Essa tese afirma que as teorias científicas nunca podem provar diretamente a sua verdade, apenas a sua não falsidade. O ponto de vista dessa formulação é sempre ilustrado pelo "**paradoxo do corvo**"[236]. Se observarmos apenas corvos pretos durante um longo período de tempo, podemos formular a afirmação: "Todos os corvos são pretos". Quando fazemos isso, excluímos a possibilidade de qualquer corvo ser de outra cor. Dessa forma, desenvolvemos uma teoria bastante simples. Essa teoria é descartada se alguém nos mostrar um corvo que não seja preto. O fato de todos os corvos serem pretos não é, portanto, confirmado de uma vez por todas por uma série de observações, por melhor que seja, mas é sempre válido apenas de modo provisório, isto é, enquanto não for encontrado um corvo não preto.

O falsificacionismo, que, como postura de modéstia epistêmica costuma ser aceito, a despeito de seus pontos fracos conhecidos, alega

> que uma hipótese só pode ser testada quanto à sua falsidade por intermédio da observação. Na melhor das hipóteses é possível demonstrar que algo não está errado – o caminho para a verdade permanece bloqueado. [...] "Tentativa e erro" é o credo da ciência natural – ou, nas palavras do físico e filósofo Gerhard Vollmer, "seguimos errando". Em qualquer altura, trabalhamos com modelos para descrever o mundo que se revelaram, na melhor das possibilidades,

---

236. POPPER, K. *Vermutungen und Widerlegungen* – Das Wachstum der wissenschaftlichen Erkenntnis. Tübingen, 1995. Cf. GASSNER, J.M.; MÜLLER, J. *Können wir die Welt verstehen?*, p. 18-25.

como "não errados até agora". Só podemos ter certeza daquilo que claramente foi provado como sendo errado. É um caminho muito mais difícil do que o das provas matemáticas[237].

Porém esse argumento ignora o fato de que nem todas as proposições nas ciências naturais são falsificáveis dessa forma. Qualquer pessoa que afirme que nem todos os corvos são pretos não falsificou a proposição de que um determinado corvo é preto. Isso significa que, para forjar uma afirmação ou hipótese é necessário estabelecer outras afirmações e hipóteses. Se uma afirmação ou hipótese foi falsificada, isso não significa automaticamente que tudo aquilo em que ela se baseava também foi falsificado. Não é possível submeter todas as afirmações das ciências naturais ao teste da falsificação, e é por isso que elas progridem cumulativamente, ou seja, as descobertas vão-se acumulando sem que todo o edifício desmorone. De início, é possível que, um dia, seja derrubado muito do que hoje consideramos ser conhecimento da natureza, mas é impossível que todas ou mesmo a grande maioria das afirmações científicas que hoje são aceitas como verdadeiras revelem-se falsas, pois não há apenas falsidade e não falsidade científicas, mas também verdade científica. Por isso é possível, por exemplo, produzir medicina e tecnologia aeronáutica com base em conhecimentos científicos, ou prever exatamente onde estará a Lua daqui a milhares de anos e até calcular onde ela estava há milhares de anos.

---

237. GASSNER, J.M.; MÜLLER, J. *Können wir die Welt verstehen?*, p. 19. O falsificacionismo nessa forma é refutado pelas ciências, cf. LEWENS, T. *The meaning of science*. Londres, 2015. Contra a ideia de que nós estaríamos epistemicamente presos em modelos que, infelizmente, não podemos comparar com a realidade, cf. GABRIEL, M. *Der Sinn des Denkens*. Berlim, 2018, p. 224-227 e p. 258-261 [trad. bras.: *O sentido do pensar*: A filosofia desafia a inteligência artificial. Petrópolis: Vozes, 2021].

Todas as teorias científicas mais ou menos abrangentes que conhecemos no presente (incluindo o poderoso modelo padrão da física de partículas) são uma mistura de verdade, falsidade e não falsidade. Isso já decorre do fato de não existirem teorias científicas sem modelos, porque estes não são cópias da realidade numa escala de 1:1, mas representações de um subdomínio da natureza que são reduzidas ao que é essencial para a teoria. Na natureza não existem apenas partículas elementares isoladas que flutuam por aí e que os físicos de alguma forma captam e medem. É preciso analisar as relações naturais e sistêmicas que ocorrem na natureza e estabelecer condições que normalmente não ocorrem nela. Você se lembra de quando aprendeu que uma pena de pássaro e uma bala de canhão caem na mesma velocidade no vácuo? Na época, você não aprendeu que as penas e as balas de canhão caem na mesma velocidade e que, portanto, têm o mesmo peso, o que seria um absurdo. Em vez disso, você aprendeu nas aulas de física elementar que as leis do universo, que podem ser expressas em equações matemáticas, só podem ser determinadas pela intervenção da natureza. Sem intervenção causal não é possível criar modelos que nos permitam decompor a natureza em diferentes campos e forças[238]. Penas e balas de canhão caem na mesma velocidade apenas sob certas condições, e a partir dessas condições podemos aprender algo sobre o universo.

Ao analisar determinada teoria científica é muito difícil determinar quais as hipóteses, os cálculos e os modelos que se aplicam à natureza ou que se desviam dela de tal forma que nos permite compreender a natureza suficientemente bem para alcançar determinado objetivo preditivo ou explicativo. Nesse contexto, é

---

238. BEEBEE, H.; PRICE, H. (orgs.): *Making a difference* – Essay on the philosophy of causation. Oxford, 2017.

comum que a filosofia da ciência contemporânea entenda as teorias científicas por analogia com as ficções, o que tem uma longa tradição, que remonta pelo menos a Immanuel Kant[239]. Nesse caso, uma ficção não é uma invenção pura, mas uma mistura de verdade e representação da natureza produzida pela simplificação, idealização, abstração e modelização, que, por vezes, desvia-se de forma deliberada dela.

> O **ficcionalismo científico** afirma (de forma moderada) que cada teoria científica é uma mistura de meias-verdades mais ou menos conscientemente aceitas, de falsidades não reconhecidas, de não falsidades, mas também de verdades e de medições precisas. O objetivo dessa consideração é que não podemos separar claramente esses elementos uns dos outros, de forma que sabemos que toda teoria científica é falsificável porque é falsa em algum aspecto.

Em sua obra *Die Philosophie des Als Ob*, o filósofo Hans Vaihinger, seguindo a teoria idealista do conhecimento de Kant, defendeu a **tese ficcionalista extrema** de que, em sua maior parte, todas as entidades e as relações que desempenham um papel nas ciências naturais (números, forças, partículas elementares, causalidade, espaço, tempo etc.) são ficções que a mente humana constrói para formar uma imagem simplificada e distorcida da realidade experiencial infinitamente complexa que resulta da estimulação dos nossos sentidos[240].

---

239. Cf. o resumo em: ARMOUR-GARB, B.; KROON, F. (orgs.): *Fictionalism in philosophy*. Oxford, 2020.

240. VAIHINGER, H. *Die Philosophie des Als Ob* – System der theoretischen, praktischen und religiösen Fiktionen der Menschheit auf Grund eines idealistischen Positivismus. Leipzig, 1922. Cf. a teoria realista das ficções em GABRIEL, M. *Fiktionen*. Berlim, 2020.

No entanto a argumentação que poderia levar a esse resultado cai por terra quando se considera que o pressuposto de que a nossa teorização científica é uma construção baseada numa enxurrada de estímulos sensoriais, a partir dos quais construímos uma imagem do mundo, presume, por si só, que já adquirimos conhecimento científico, afinal, como é que alguém como Vaihinger sabe que ele recebe estímulos sensoriais, que depois ele torna compreensíveis para si mesmo mediante modelação, ou seja, da redução da complexidade? De acordo com os seus próprios pressupostos, isso já seria uma ficção no sentido de uma distorção da realidade. A ideia de nós mesmos como animais que são inundados por estímulos é, só por ela mesma, uma reivindicação de conhecimento que, segundo Vaihinger, é uma ficção e, assim, não corresponde à realidade – uma ideia sem fundamento que falha devido à sua autoaplicação.

A concepção de que, na realidade, dispomos apenas dos nossos dados sensoriais ou experiências, com base nos quais podemos construir uma visão científica mais ou menos estável do mundo, foi considerada desatualizada e injustificável na teoria do conhecimento e da ciência durante décadas. Isso se deve ao fato de basear-se no chamado **fundamentalismo epistemológico**, ou seja, no pressuposto de que existe uma camada de experiências elementares e conscientes diretamente dada e de dados dos sentidos que não pode ser posta em dúvida, o que tem sido refutado pelo menos desde o influente livro *Empiricism and the philosophy of mind* do filósofo norte-americano Wilfrid Sellars[241]. Sellars mostrou que o nosso aparelho cognitivo não processa impressões sensuais isoladas e atômicas sem colocá-las num contexto em que possam ser distinguidas umas das outras. Também

---

241. SELLARS, W. *Der Empirismus und die Philosophie des Geistes*. Paderborn, 1999.

aqui entra em jogo um argumento mereológico que não reduz o todo da cognição a partes simples e isoladas (átomos), mas supõe que as partes que podemos distinguir já estão ligadas.

> No nosso contexto isso significa: não existe nenhuma camada fundamental da cognição humana a partir da qual teríamos de desbravar a realidade natural, porque cada uma dessas camadas já tem uma parte na própria natureza, que está sempre parcialmente inacessível para nós em seu ser-em-si.

O falsificacionismo e o ficcionalismo moderado são, no entanto, verdades parciais. Com efeito, cada uma delas descreve um aspecto da formação do conhecimento científico. As ciências naturais idealizam na medida em que, mesmo num nível elementar, gostam de negligenciar uma ou outra grandeza, arredondar um número depois da vírgula ou tratar como ponto matemático algo que na realidade deve ter uma extensão. Não se trata de desleixo (como alguns matemáticos acusam os físicos), mas de pragmatismo, porque é preciso saber quais as grandezas que podem ser negligenciadas para a explicação de um fenômeno natural, mesmo que, no sentido estrito, elas sejam matematicamente significativas. E Vaihinger não está tão errado quando nos lembra de que o cálculo diferencial (sem o qual não haveria ciência natural moderna) baseia-se no conhecido truque de dividir quase por 0, mas parar com a divisão infinita um pouquinho antes de 0. São manobras matemáticas engenhosas sem as quais não haveria ciência natural moderna, mas se essas ideias correspondem realmente à natureza (na qual não existe o 0) é outra questão.

Resumindo: não sabemos que elementos das construções complexas das ciências naturais modernas correspondem à realidade natural e que partes são, de fato, produtos da mente humana, sendo alguns verdadeiros e outros falsos. Ninguém tem uma visão geral das ciências naturais e dos seus métodos e fundamentos lógico-matemáticos em sua totalidade. Isso não é um defeito, mas um fato científico que deve ser reconhecido, graças ao qual podemos praticar as ciências naturais com sucesso.

Os limites do conhecimento das ciências naturais

Não sabemos tudo que não sabemos, apesar das impressionantes realizações intelectuais e técnicas da moderna sociedade do conhecimento. O fato contido na frase que acaba de ser expressa é algo que sabemos. Consequentemente, sabemos que há limites para o conhecimento científico.

> Os limites do conhecimento científico são flexíveis, não são mais fixos do que qualquer outra coisa que possamos encontrar na natureza. Afinal, por meio de tentativas e erros estamos sempre aprendendo o que ainda não conhecemos e melhorando nossas suposições num processo cumulativo que, mais uma vez, ninguém pode compreender em sua totalidade. Nosso não saber sobre o nosso não saber é, portanto, um limite intransponível, embora suscetível de ser alterado, do conhecimento científico.

As fronteiras móveis e dinâmicas do conhecimento científico existem porque a natureza é determinada pelo seu ser-em-si. Ela não nos diz por si mesma como ela é constituída, de modo que não podemos ficar completamente seguros de termos compreendido como ela é.

Mas isso não significa que a pesquisa científica seja um tatear no escuro. Muito pelo contrário! Quando um determinado caso de não saber é substituído por um conhecimento e, por conseguinte, registramos um progresso, aprendemos como a natureza é, numa determinada parte, em si mesma. Não estamos, de modo algum, substituindo um erro antigo por um novo. Ao fazê-lo, precisamos calcular a nossa própria contribuição para a exploração da natureza fora das equações, por assim dizer, o que é possível em muitos casos. O fato de só podermos reconhecer e explorar a natureza modificando-a também no processo não significa que não a possamos reconhecer como ela é em si mesma.

Por isso temos de ativar os nossos conceitos de base ou fazer girar um pouco mais a espiral do pensamento. Algumas páginas atrás fiz a distinção entre natureza e universo. Não se preocupem, não revogarei isso agora. A natureza é e continua sendo o sistema-alvo da pesquisa científica, enquanto o universo é a área da natureza matematicamente calculada que conhecemos mais ou menos até agora[242]. No entanto – e esse é o novo passo que estamos dando agora – o universo é uma parte da natureza, nomeadamente aquela que podemos calcular matematicamente. A natureza e o universo não são, assim, dois campos de significado

---

242. Ao mesmo tempo, não sabemos na totalidade o que não sabemos sobre a natureza em seu ser-em-si nem até onde vão os nossos métodos matemáticos de medição do universo. Permito-me uma pequena sugestão, um tanto técnica, para os interessados: na atualidade não existe uma teoria analítica abrangente da solução de todas as equações diferenciais. Esse é um domínio de investigação na matemática que tem implicações para as ciências naturais, nas quais as equações diferenciais desempenham um papel central. Só por essa razão, ninguém examina todo o espaço lógico das equações diferenciais e, por conseguinte, nem toda a matemática (o que deveria ser impossível por razões de teoremas de incompletude metamatemática), a fim de fazer afirmações sobre o conjunto do universo matemático. Ora, uma vez que as estruturas matemáticas que concretizam o universo físico são um subconjunto do universo matemático (nem tudo que a matemática explora tem significado físico), não sabemos se o universo físico já está descrito matematicamente o suficiente para, em última análise, descrever o universo fisicamente mensurável como um todo. Por essas e outras razões (que incluem a impossibilidade atual, ou talvez até fundamental, de testar de modo experimental certas teorias, como a das cordas), a física, pelo que sabemos, não está sequer perto de ser uma teoria abrangente do universo. Mas esse fato não diminui suas conquistas.

completamente separados, mas estão dinamicamente interligados. Na linguagem teórica que desenvolvi aqui, expresso o ponto de a pesquisa científica ser impulsionada por pesquisadores que são eles mesmos parte da natureza por meio de experimento e inteligência.

As ciências naturais não observam a natureza a partir do exterior. Não existe um "exílio cósmico"[243] do conhecimento da natureza, como afirmou o lógico, teórico da ciência e filósofo norte-americano Willard Van Orman Quine nas últimas páginas da sua grande obra *Palavra e objeto*. Só podemos observar a natureza como parte dela. Nesse sentido, a mente também pertence à natureza, tal como, de modo inverso, a natureza pertence à mente. Elas contêm uma a outra, porque a relação parte-todo (a mereologia) do espírito e da natureza não deve ser entendida como uma composição material. O espírito não faz parte da natureza da mesma forma que a Lua faz parte do nosso sistema solar. E a natureza, por sua vez, não é tão parte do espírito como é a ideia de que $E = mc2$ (a famosa fórmula de Einstein, que faz afirmações sobre a equivalência da massa e da energia e representa as conquistas da física moderna na cultura popular).

O fato de o universo fazer parte da natureza significa também que só podemos medir e sondar cientificamente as áreas da natureza para as quais dispomos de tecnologias e, portanto, de instrumentos. Por isso os biólogos e filósofos Scott F. Gilbert, Jan Sapp e Alfred I. Tauber afirmam com toda razão: "Só percebemos a parte da natureza que as nossas tecnologias nos permitem perceber e, portanto, as nossas teorias sobre a natureza também são muito limitadas pelo que nos permitem observar"[244].

---

243. QUINE, W.O. *Wort und Gegenstand*. Stuttgart, 1980, p. 474.

244. SCOTTF, G.; SAPP, J.; TAUBER, A.I. A symbiotic view of life – We have never been individuals. *The Quarterly Review of Biology 87/4* (2012), p. 325-341; aqui p. 326.

É claro que tudo isso se aplica não só à física, mas também às ciências da vida. O nosso sistema nervoso, do qual o cérebro faz parte, também só pode ser observado por intermédio de técnicas, como as modernas técnicas de imagem, que nos permitem observar um cérebro vivo sem precisarmos intervir nele em grande escala. Os *scanners* cerebrais que utilizam a ressonância magnética funcional (RMF) para modelar o que se passa num cérebro humano medem os processos neuronais a uma grande distância. Hoje, ninguém é capaz de estudar a atividade neuronal complexa ao nível dos neurônios individuais no tempo e no espaço em uma escala que sequer se aproxime de 1:1. As técnicas de imagem produzem modelos do cérebro que não são cópias idênticas da realidade.

A neurociência continua a progredir, conduzindo ao desenvolvimento de novas técnicas. Por exemplo, é cada vez mais evidente que os sensores quânticos poderão ser utilizados em médio prazo para registrar as correntes neuronais com maior precisão do que até agora foi possível mediante a observação dos seus campos magnéticos, o que deverá resultar em grandes avanços no conhecimento. Porém estamos longe de conseguir medir neurocientificamente o cérebro ou mesmo correlacionar a maioria dos nossos estados mentais com processos neuronais – para não falar do problema filosoficamente significativo que resulta de uma correlação de padrões neuronais e estados mentais, pois não se sabe o que um lado da correlação causa ao outro, se é que os dois representam de fato duas faces da mesma moeda (e não duas moedas).

Em outras palavras, por razões apenas científicas, não podemos responder à pergunta sobre a relação entre estados mentais (como a consciência) e processos neuronais, o que não se deve apenas ao fato de não dispormos da tecnologia necessária. Estados mentais e processos neuronais estão relacionados de formas diferentes, mas são categoricamente distintos, de modo que, na melhor das hipóteses, podemos descobrir correlações, das quais, no entanto, não podemos deduzir que, por exemplo, os estados cerebrais causam estados mentais (porque, então, pertenceriam a duas áreas diferentes, uma das quais – os estados cerebrais – produziria a outra – os estados mentais –, o que é um disparate).

Outro limite do conhecimento científico, bastante incômodo e que talvez nunca seja eliminado de forma definitiva, resulta da complexidade da interconexão de diferentes campos de significado. Podemos imaginar isso em termos concretos utilizando a realidade de uma pandemia, que todos nós (infelizmente) já conhecemos bem. Por um lado, uma pandemia é um acontecimento que é definido epidemiologicamente. A existência de uma pandemia depende da forma como um agente patogênico microbiológico (bactérias e vírus) espalha-se pela população humana global. Nesse nível, precisamos das ciências médicas que estudam as bactérias, os vírus e a sua propagação. Por outro lado, uma pandemia só é um problema se ela causar doenças que são percebidas. Essas doenças acontecem porque nossos sistemas imunológicos são ingênuos em relação a determinado agente patogênico, como costumamos dizer, ou seja, ainda não existem mecanismos de defesa que permitam uma imunidade generalizada. A virologia, a epidemiologia, a bacteriologia, a imunologia, a biologia celular, a genética etc. são responsáveis pelos avanços do conhecimento nesse nível de realidade.

Porém um vírus perigoso para os humanos não afeta apenas as células que ele penetra, ele também infecta órgãos, afetando nosso corpo como um todo. Ao mesmo tempo, nosso corpo não é apenas um objeto no campo de significado das ciências médicas. Enquanto corpo humano, ele faz parte dos campos social, econômico, político, espiritual, íntimo, ou seja, cultural, e é vivenciado de certa forma, sempre socialmente determinada, e é por isso que a filosofia distingue entre o corpo que pode ser investigado medicamente e o corpo que pode ser vivenciado.

> O **corpo** é definido do ponto de vista da terceira pessoa. Ele é o que o médico examina. Mas o corpo também pode ser vivenciado do ponto de vista da primeira pessoa, ele sempre transmite certa sensação, o que, com certeza, aplica-se também aos outros seres vivos. O corpo investigado e o corpo vivenciado pertencem a campos de significado diferentes, mas não a mundos diferentes que sejam totalmente distintos um do outro. Pelo contrário, eles estão interligados.

A forma como nos comportamos na sociedade em relação a uma pandemia altera o curso dela. Embora as reações sociais a uma pandemia e a seus fundamentos médicos não sejam as mesmas, elas não podem ser entendidas independentemente uma da outra. Uma reação extrema a uma pandemia, que não é em si puramente médica, é o confinamento mais extenso possível, ou seja, a dissolução das relações sociais por meio de restrições e proibições de contato. No entanto seus efeitos psicossociais, econômicos e políticos não são epidemiológica, virológica e imunologicamente tangíveis. É por isso que os resultados das medidas de confinamento no decurso de uma pandemia são subestimados, porque consistem não só na restrição dos contatos, mas também no fato de o fechamento de escolas e o isolamento social causarem danos às crianças, de as empresas irem à falência e de os direitos fundamentais, que a princípio nos protegem de um Estado invasor, serem em parte maciçamente restringidos. Além disso, as medidas de confinamento fizeram com que grupos sociais se rebelassem contra o confinamento ou até mesmo contra qualquer gestão da pandemia, e se reunissem em grandes grupos para manifestações, "passeios" e outras reuniões sem máscaras, em que acabavam sendo infectados sem serem detectados. Em suma, uma pandemia produz efeitos sociais. A descoberta de um novo vírus patogênico afeta as instituições (como a OMS), que afetam a sociedade, que, por sua vez, afeta o vírus e seu desenvolvimento – um ciclo complexo que a epidemiologia por si só não consegue captar.

Esse ciclo de efeitos também não pode ser investigado de forma significativa apenas pelas ciências naturais, visto que uma pandemia também inclui a forma como nos relacionamos com ela, como avaliamos o nosso risco individual e o coletivo, as nossas opiniões políticas etc. Investigar uma pandemia apenas cientificamente e basear as decisões políticas apenas nos fatos científicos é um erro grave que pode até agravar a pandemia em longo prazo. Nem a virologia, nem as ciências naturais como um todo conhecem o impacto que os numerosos fechamentos de fronteiras e confinamentos terão sobre a saúde mental da humanidade e a situação geopolítica, da qual depende a economia mundial, que precisa funcionar bem o suficiente para financiar a pesquisa científica e os sistemas de saúde, sem os quais estaríamos indefesos diante do vírus.

Se olharmos aqui apenas para os efeitos problemáticos do vírus no corpo, apenas para os dados de movimento dos animais humanos, sem considerar os efeitos na política, na sociedade e na psique individual, não faremos justiça ao fenômeno. É diferente com a gripe aviária, porque as aves não reagem à sua propagação com medidas medicamente planejadas e politicamente implementadas. Mas os seres humanos não são nem aves, nem porcos, são seres espirituais que podem fazer da sua própria saúde um objeto de investigação para, assim, intervir em sua estrutura social.

Alteridade – em busca de uma ética ecológica

Em geral, a ética, enquanto subdisciplina da filosofia, lida com fatos morais. Estes são respostas verdadeiras à pergunta sobre o que devemos ou não fazer – apenas na medida em que somos seres humanos. Por exemplos, temos como fatos morais simples não lançar bombas sobre jardins-de-infância ou ajudar uma pessoa que caiu e não consegue levantar-se sem ajuda. O conhecimento dos fatos morais é essencialmente antropogênico, ou seja, os seres humanos são a melhor fonte conhecida de conhecimento ético que conhecemos até hoje. O fato de a ética ser antropogênica não significa que ela seja automaticamente antropocêntrica, assim como os seres humanos poderem fazer ética e reconhecer fatos morais que estão ocultos para outros seres vivos não quer dizer que tenhamos o direito de subjugar o planeta (o que nem sequer somos capazes de fazer). Mas disso resulta que os outros seres vivos não praticam ética e, portanto, só reconhecem os fatos morais de forma não sistemática ou, como se diz, instintiva.

Querendo ou não, o âmbito da nossa responsabilidade ultrapassa as nossas obrigações para com os outros seres humanos. A criação industrial de animais, por vezes brutal, e a exploração destrutiva dos *habitats* de outros seres vivos, são repreensíveis do ponto de vista moral e mesmo maléficas na forma em que são praticadas hoje. Esses também são fatos morais. Já que poderíamos fazer outra coisa, a nossa sobrevivência não depende de obrigar galinhas a produzir ovos para nós sob condições indignas.

É importante observar que são o crescimento descontrolado da pesquisa científica e tecnológica e sua aplicação econômica sem qualquer restrição ética que se encontram na base do capitalismo desenfreado e predatório que assola o planeta há mais de duzentos anos.

A esta altura, encontramos uma importante linha de tradição na ética moderna associada aos trabalhos seminais de Hannah Arendt, Hans Jonas, Emmanuel Lévinas, Maurice Merlau-Ponty e Jacques Derrida. Esses filósofos apontam que a alteridade radical é um princípio fundamental da ética.

> Alteridade radical consiste em o outro em nós e em outros (outras pessoas, a natureza, outros seres vivos, Deus e os deuses, se acreditarmos neles etc.) serem diferentes precisamente porque eles têm dimensões que não conhecemos. Se os outros e o outro fossem um livro aberto para nós e totalmente reconhecíveis, eles não seriam, de verdade, diferentes, mas previsíveis.

A alteridade radical vai mais longe do que a visão comum de que a ação moral é altruísta, ou seja, que agimos em benefício dos outros, ignorando nossos interesses pessoais, pois ela baseia-se numa concepção de alteridade que não pressupõe que já saibamos como alguém ou alguma coisa difere de nós. Os outros nos surpreendem sempre, de forma positiva ou negativa. Todos nós já fomos enganados ou desiludidos por outros. Quando sofremos uma desilusão profunda, dissolve-se uma ilusão, ficamos desiludidos. De repente, reconhecemos a alteridade dos outros, que eram diferentes do que esperávamos. É claro que a alteridade não é apenas uma fonte de desilusão; pode ser também de admiração, de amor, de reverência e de hospitalidade.

Toda ética começa com o respeito pela alteridade, com uma política da diferença que reconhece que os seres vivos, em relação aos quais temos obrigações morais, podem ser diferentes daquilo que esperamos, e precisamente por essa razão merecem o nosso respeito. Alteridade e animalidade estão inter-relacionadas e constituem o ponto de partida para uma reorientação da nossa compreensão da natureza; e precisamos dessa reorientação o mais urgente possível, por estarmos em uma época de iminente autoextermínio da humanidade. Nossa própria animalidade é-nos estranha, e é por isso que a projetamos sobre outros seres vivos. Mas é assim que os ignoramos em sua alteridade, o que deveria motivar uma revisão da nossa atitude em relação a eles e, por consequência, ao nosso convívio.

É da natureza da socialização humana que nunca conseguimos ver e conhecer todas as pessoas com quem interagimos de forma tão precisa, para que as nossas expectativas e avaliações coincidam perfeitamente com as dos outros. Por isso não há sociedades sem conflitos de interesses e sem dissensos mais ou menos profundos[245]. É claro que isso também se aplica a nós mesmos, pois não conseguimos nos ver completamente e somos, então, o nosso próprio outro. É por essa razão que não existe apenas uma ética que regula as relações entre várias pessoas, mas também uma ética que diz respeito às nossas relações conosco mesmos. Devemos algo não só aos outros, porque compartilhamos a humanidade com eles, mas também a nós mesmos.

Como não conseguimos enxergar através dos outros e, portanto, não podemos controlá-los em sua totalidade, a ética exige que trabalhemos para reconhecermos nossas projeções sociais. Uma projeção social é uma ideia de alteridade de um determinado grupo (factualmente existente ou até mesmo totalmente

---

245. Agradeço aos meus colegas neurocientistas Bonn Heinz Beck e Andreas Zimmer pelas suas explicações sobre a inter-relação entre os progressos tecnológico e neurocientífico.

imaginado), em que o grupo inicial utiliza sua autoimagem para compará-la com o grupo estranho. Ao fazê-lo, o grupo inicial não leva a sério a posição dos outros, reduzindo-os ao que lhe é familiar. Conhecemos isso do nosso dia a dia.

Nem todas as projeções sociais são preconceitos repreensíveis e perigosos. As mais poderosas e muito discutidas devido aos seus perigos e violência inerente são o nacionalismo, o racismo, a xenofobia e as várias atitudes depreciativas em relação aos aspectos de gênero da autodeterminação humana. Contudo o espectro das projeções sociais patológicas que conduzem à violência contra os outros é muito mais vasto. Na pandemia do coronavírus, por exemplo, conhecemos as muitas variantes do **higienismo**, ou seja, a redução dos outros a potenciais fontes de infecção e sua suposta culpabilidade pela contaminação (basta pensar na série de bodes expiatórios, começando pelos chineses, passando pelas crianças, jovens, viajantes, estrangeiros provenientes de regiões de variantes do vírus até aos não vacinados).

De modo geral, as condições sociais geram estereótipos, ou seja, explicações simplificadas e, em última análise, erradas, para o fato de os outros serem diferentes[246]. Os estereótipos entram em jogo, sobretudo, quando queremos dar sentido ao comportamento dos outros que nos parece incompreensível. Depois, atribuímos a culpa da alteridade radical dos outros a algo que pensamos ser compreensível, classificando e vivenciando-os como "tipicamente" masculinos, femininos, jovens, neoliberais, veganos ou o que quer que seja. Quando falhamos com as nossas explicações, refugiamo-nos nas abstrações dos estereótipos. E

---

246. Cf. a abordagem semelhante do filósofo de Gana, Martin Odei Ajei em "An African philosophical perspective on barriers to the current discourse on sustainability", em uma palestra no The New Institute, em Hamburgo, em 15 dez. 2021.

quando essa prática torna-se socialmente eficaz, surgem projeções sociais que podem tornar-se perigosas para os outros, que, então, formam uma minoria, e essas projeções são concretizadas em regulamentos e leis ou descarregadas em violência. Muitos regulamentos do coronavírus, detalhados até de modo ridículo, que mudavam a cada semana, tinham consequências não intencionais, mas, ainda assim, prejudiciais, para grupos que foram deixados de fora ou eram estruturalmente discriminados (como as crianças, ou os sul-africanos, nas semanas após a descoberta da variante ômicron, quando lhes foi negada a entrada na União Europeia, mesmo que os regulamentos tenham sido aprovados com a intenção moralmente correta de salvar vidas e apoiar o sistema de saúde.

Na primeira parte do livro argumentei que o conceito de animal contém partes de uma projeção social maciça e muito prejudicial para os chamados "animais". Projetamos, de forma inconsciente, os nossos preconceitos sobre a natureza, sobre o "animal" em nós, sobre os outros seres vivos. A alteridade dos animais não é devidamente respeitada enquanto a avaliarmos de acordo com a proximidade ou com a distância que achamos que os "animais" têm em relação a nós. Assim, acreditamos que podemos lutar contra um vírus ou mesmo contra uma pandemia, o que nos cega para o fato de que "os vírus são as entidades mais difundidas na biosfera"[247], como afirma, de forma sóbria e correta, uma obra-padrão da virologia. Podemos proteger-nos mais

---

247. Também, recentemente, HABERMAS, J. "Reflections and hypotheses on a renewed structural change of the political public sphere". *In*: SEELIGER, M.; SAVIGNANI, S. (orgs.). *Ein neuer Strukturwandel der Öffentlichkeit?* Leviathan, Berliner Zeitschrift für Sozialwissenschaft. Sonderband 37/2021. Baden-Baden, 2021, p. 470-500. Habermas concebe o "consenso" como um "pano de fundo" contra o qual "todo processo democrático consiste em uma torrente de divergências", "que é sempre agitada pela procura da verdade por parte dos cidadãos para decisões racionalmente aceitáveis. [...] Essa dinâmica de dissenso permanente

ou menos dos vírus, mas não podemos combatê-los. Sem falar das bactérias, que pertencem aos organismos vivos (o que é contestado no caso dos vírus, porque eles não têm metabolismo e não se reproduzem sozinhos). "O corpo humano médio contém cerca de 10^{13} células, mas estas são superadas em 10 vezes por bactérias e em até 100 vezes por partículas de vírus"[248].

A biosfera, da qual nós, os humanos, representamos uma parte muito pequena, é e permanece sendo muito estranha para nós. A área que reconhecemos pertence ao universo, a parte da natureza que pode ser cientificamente explorada e explicada. Mas a natureza como um todo não pode ser explorada, explicada e reconhecida dessa forma.

Assim como podemos e devemos examinar as concepções sociais dos outros em relação ao seu carácter de projeção a fim de identificar e corrigir os excessos patológicos da nossa imaginação social, também devemos considerar o caráter de projeção dos modelos científicos. Estes nunca se aplicam em seu total ao seu sistema-alvo, sempre distorcem e simplificam a natureza de alguma forma. Isso não é um problema desde que reconheçamos as limitações da pesquisa científica. Nos nossos modelos da natureza, sempre expressamos, de forma parcialmente consciente e parcialmente inconsciente, os nossos pontos de vista sobre a "posição do homem no cosmo", como o chamou o filósofo Max Scheler.

Porém reconhecer essa limitação significa compreender a natureza como uma fonte de alteridade radical e não julgá-la apenas segundo os padrões humanos. A alteridade radical da natureza não consiste no fato de ela estar além de um "limite

---

na esfera pública também molda a concorrência entre partidos e oposição, entre governo e oposição, bem como os desacordos dos especialistas" (p. 478).

248. Cf. o cap. 3 de GABRIEL, M. Ética para tempos sombrios. Petrópolis: Vozes, 2022.

absolutamente separador". Ela não é em si mesma e, portanto, completamente incognoscível, mas é capaz de frustrar até mesmo as nossas mais bem fundamentadas pretensões de conhecimento. Em termos concretos, isso significa que estamos sempre, de alguma forma, enganados acerca da natureza, sem nunca podermos dissipar todos os nossos erros. Em termos concretos, graças à pesquisa cosmológica, temos agora razões muito boas para acreditar que o universo é constituído por 95% de matéria e energia escura, assim chamadas porque não podemos medi-las de modo direto. Sabemos, assim, que 95% do universo mensurável não é diretamente explorável, e que isso decorre do que fisicamente acreditamos conhecer por boas razões.

Percebemos os limites do conhecimento científico na pandemia. Quase todos os dias, as suposições sobre essa e aquela variante tiveram que ser corrigidas, incluindo o fato de termos pensado durante muito tempo que a imunidade do grupo poderia ser alcançada com medidas de certa forma fáceis de implementar – como se pudéssemos acabar com uma pandemia global a partir da Alemanha, o que revela um equívoco gigantesco e uma arrogância profunda.

A natureza não está "lá fora". A natureza não é uma região selvagem da qual nos separamos graças à cultura, à civilização e à tecnologia. Tampouco é verdade que a humanidade moderna alienou-se de alguma forma da natureza e que agora precisa encontrar um caminho de volta a ela para superar a crise ecológica. Isso é uma ilusão. Não existe "natureza selvagem" no nosso planeta, na região que habitamos, que não tenha sido influenciada pelo homem. Nesse sentido, já nos distanciamos da natureza há muitos milênios, ou, para ser mais preciso, temos nos afastado dela desde que existimos. Contudo a natureza está muito mais próxima de nós do que gostaríamos: ela está presente onde nós estamos. É por isso que todos nós nos enganamos, de uma forma ou de outra, sobre nós mesmos e sobre os campos de sentido em que a nossa vida desdobra-se.

A ética ecológica de um Novo Iluminismo baseia-se na constatação de que não podemos controlar e domesticar a natureza, mesmo que continuemos a fazer tudo que estiver ao nosso alcance para controlar a vida. A natureza é, em última análise, incontrolável, pois ela é sempre diferente, de algum modo, do que como ela se apresenta a nós no momento.

Subcomplexo, complexo, supercomplexo

Nesse ponto, o Novo Iluminismo rompe com a promessa falsa e subcomplexa de salvação feita pelos pensadores iluministas do século XVIII, que pensavam que era possível desenvolver uma linguagem matemática universal que a princípio permitisse prever todos os fenômenos naturais. Essa promessa de salvação é representada, em especial, por um famoso experimento mental do influente matemático, físico e astrônomo Pierre-Simon Marquis de Laplace, que chegou a ser ministro do Interior de Napoleão Bonaparte durante um curto período (que já conhecia Laplace como inspetor militar). Numa passagem muito citada de seu *Experimento filosófico sobre probabilidades*, Laplace escreve:

> Devemos, portanto, considerar o estado atual do universo como efeito do seu estado anterior e causa do que ainda está para vir. Se houvesse um intelecto que conhecesse, para determinado momento, todas as forças que animam a natureza e a posição mútua dos seres que a compõem, e, ao mesmo tempo, fosse abrangente o suficiente para submeter esses dados à análise, tal intelecto expressaria os movimentos dos maiores corpos do mundo e do menor átomo por

uma única fórmula; para ele nada seria incerto, diante de seus olhos estariam o futuro e o passado[249].

Sabemos, com base no desenvolvimento da física moderna (em particular da teoria da relatividade e da teoria quântica), que a mente imaginada por Laplace não pode existir na natureza. Existem limites físicos para a previsibilidade estritamente determinista dos fenômenos naturais – tanto na menor área do universo que conhecemos como na escala máxima dele que podemos reconhecer como um sistema cosmológico.

Laplace ignorou o fato de que só podemos investigar a natureza a partir da perspectiva interna, razão pela qual a natureza nunca poderá estar *présent à ses yeux* para qualquer mente, como ele escreve, ou seja, estar aberta diante dos seus olhos. Porque os olhos dessa mente ou teriam que pertencer à própria natureza, em que apareceriam os limites da cognição, ou teriam que estar fora da natureza. Mas se estivessem fora da natureza (e, portanto, fossem "olhos", na melhor das hipóteses, num sentido metafórico), como é que os dados da natureza (os *données*) chegariam até eles?

No entanto é em parte correto, como continua Laplace, que a "mente humana [...], na perfeição que ela foi capaz de atribuir à astronomia, criou uma tênue silhueta de tal razão"[250].

> Todos os seus esforços na busca da verdade procuram aproximá-lo incessantemente da razão contemplada antes, da qual, no entanto, ele permanecerá sempre distante. Esse esforço, que é peculiar ao gênero humano, eleva o homem acima dos animais; e

---

249. LAPLACE, G. *Philosophischer Versuch über Wahrscheinlichkeiten*. Heidelberg, 1819, p. 3s.

250. *Ibid.*, p. 4.

seu progresso a esse respeito distingue as nações e as épocas e estabelece sua verdadeira glória[251].

Essa formulação patética revela o caráter enviesado do experimento mental, que expressa uma valorização exagerada e incoerente da mente humana. Se, apesar da nossa constante aproximação à mente perfeita, que revela o "estado passado e o futuro do mundo"[252] (*le système du monde* no original), permanecemos sempre longe dela, como é que Laplace sabe disso? Como ele pode comparar uma mente infinitamente mais perfeita do que a nossa com essa para medir a distância que nos separa da sua onisciência?

Chama a atenção também que Laplace, mais do que ninguém, reconhece em nosso fraco intelecto, que está infindavelmente longe da perfeição desejada, uma superioridade sobre os animais, e meça as nações e as épocas de acordo com seu progresso científico. Mas se a meta do progresso está e permanece distante, como é que isso nos torna superiores aos animais ou a outras nações que contribuíram menos para a astronomia matemática? Porque uma aproximação ao infinito permanece sempre, pela sua própria natureza, infinitamente distante da meta, de modo que os pequenos passos dados pelas nações consideradas grandes são bem pequenos e, portanto, não são motivo para a arrogância epistêmica de Laplace. Nesse ponto, na perspectiva pós-colonial atual, é fácil reconhecer os terríveis preconceitos contra essas "nações" que o próprio império francês que Laplace representa subjugou e maltratou.

Laplace imagina aqui, no máximo, uma superioridade gradual evocada por metáforas. Quem determina as categorias de

---

251. *Ibid.*
252. *Ibid.*

superior e inferior? Trata-se de uma categoria essencial para alcançar o espírito formal específico da ciência moderna (do qual o matemático, físico e astrônomo Laplace com certeza tinha muito)? Uma andorinha, não importa se "europeia" ou "africana", não sorriria benignamente, se pudesse, e diria: "Você pode ser bom em matemática, mas perde-se numa tampinha de cerveja sem sistema de navegação, e eu voo sem problemas de continente para continente. É isso que eu chamo de razão!".

Podemos ver que Laplace desenvolve uma concepção fantasiosa e incoerente do homem e mede o valor dos animais, bem como o valor de outras nações e épocas, em função disso – um caso típico da tese de projeção formulada na primeira parte.

A visão científica do mundo que Laplace desenvolve é subcomplexa, pois ele não leva em conta o entrelaçamento do sistema de aquisição de conhecimento com o seu sistema-alvo, nesse caso, a natureza. O termo "complexo" vem do latim (*cum e plicare*) e significa, literalmente, "entrelaçado". Dirk Brockmann, cientista da complexidade, define um "sistema complexo" como um sistema que

> consiste em diferentes elementos interligados e que formam uma estrutura que não pode ser reconhecida nos elementos individuais. Tal como, por exemplo, um casaco ainda não é visível no ponto de crochê. O termo complexo refere-se à estrutura interna de um sistema ou de um fenômeno, sendo, assim, um critério objetivo. Complicado, por sua vez, refere-se sempre à faculdade perceptiva do observador. Complicado é subjetivo. Os fenômenos podem ser sobremaneira complexos, mas, ao mesmo tempo, descomplicados[253].

---

253. BROCKMANN, D. *Im Wald vor lauter Baumen* – Unsere komplexe Welt besser verstehen. Munique, 2021, p. 24.

Segundo Brockmann, a pesquisa da complexidade investiga o "comportamento emergente", isto é, o comportamento "cuja estrutura não pode ser deduzida do estudo dos elementos individuais"[254]. Se o comportamento emergente, nesse sentido, existe na realidade ("objetivamente"), a mente perfeita de Laplace não o reconhece porque só conhece a posição dos elementos individuais. Se a natureza é constituída por fenômenos complexos, isso já mostra que ela não é previsível, embora a pesquisa da complexidade esteja fazendo progressos impressionantes, que Brockmann relata em seu livro.

No entanto não basta expandir os nossos modelos científicos reconhecendo a complexidade da natureza – mesmo que esse seja um passo importante na direção certa. Brockmann ressalta, com razão, que o verdadeiro desafio de um sistema global, como uma pandemia (para cuja investigação e modelização matemática ele fez contribuições significativas no Instituto Robert Koch), é levar em conta os conhecimentos das ciências humanas e sociais. Existem ligações entre os processos biológicos e sociais (porque somos animais sociais) e estes não podem ser reduzidos à sua dimensão biológica.

Os fenômenos naturais são complexos não somente por razões objetivas. A subjetividade também pertence em parte à natureza, porque estamos encarnados como seres vivos espirituais, ou seja, animais. Os processos espirituais e sociais pertencem do mesmo modo à natureza e estão relacionados com ela de forma complexa. Portanto, além das coisas individuais subcomplexas e dos sistemas complexos, também existe na natureza uma camada supercomplexa de realidade.

---

254. *Ibid.*, p. 28.

A **supercomplexidade** da natureza consiste no fato de que o espírito e a natureza, embora entrelaçados (complexos), são categoricamente distintos um do outro, ou seja, não são a mesma coisa. Assim, não existe um ponto de vista científico abrangente a partir do qual possamos explorar o tecido do espírito e da natureza que conhecemos como seres humanos.

Visto que podemos conhecer e explorar tanto a natureza como a mente, precisamos reconhecer que nunca seremos capazes de reuni-las numa única imagem coerente. Somos capazes de explorar a sua interconexão a partir de diferentes pontos de vista científicos, mas, ao fazê-lo, não conseguimos desenvolver uma disciplina abrangente que descreva todos os fenômenos natureza-mente numa única linguagem teórica (seja ela a de um neodarwinismo generalizado ou a de uma teoria estruturalista dos signos). Qualquer tentativa de desenvolver uma linguagem teórica universal que descreva a relação natureza-mente necessariamente utilizará uma ou outra como paradigma, a partir do qual será determinado o outro lado da equação. Nem a mente pode ser reduzida à natureza, nem a natureza à mente[255].

---

255. A ideia de introduzir um terceiro elemento neutro para dar conta do entrelaçamento de mente e de natureza não conduz a uma linguagem teórica unificada, pois esse terceiro elemento só é em parte reconhecível, de modo que não é possível formular uma teoria específica o suficiente (por exemplo, matemática) em que a complexidade do entrelaçamento de mente e natureza possa ser representada (cf. ATMANSPACHER, H.; RICKLES, D. *Dual-aspect monism and the deep structure of meaning*). A teoria formulada por Atmanspacher e Rickles considera o espírito e a natureza (ou o físico e o psíquico) como aspectos de uma realidade neutra que não é nem espírito, nem natureza. No entanto isso levanta a pergunta, ainda sem resposta, de como se pode articular uma teoria dessa terceira coisa que não é nem mente, nem natureza, sem recair implícita ou explicitamente na posição inicial e voltar a caracterizar a relação mente-natureza unilateralmente a partir de uma delas. A tentativa mais ambiciosa até hoje de explicitar duas séries – uma que emana da natureza e outra que emana do espírito – a fim de reconhecer a manifestação do terceiro neutro como um ponto de indiferença nessas séries foi apresentada por Friedrich

Homo sapiens **ou o ditado de sabedoria de Sócrates**

O ser humano é capaz de sabedoria, razão pela qual Carl von Linné chamou-o de *Homo sapiens*. Essa capacidade de sabedoria não se esgota no fato de podermos controlar e modificar as nossas condições de sobrevivência por meio da ciência e da tecnologia, pois disso resultaria uma atitude instrumental em relação à natureza, que foi corretamente identificada como sua fonte de destruição pela teoria crítica de Theodor W. Adorno e Max Horkheimer na obra *Dialética do iluminismo*[256]. Sei que eu já disse isso algumas vezes, mas é uma afirmação fundamental que precisa ser repetida como um mantra: os progressos científico e tecnológico, dissociados do discernimento moral, conduzem à devastação do planeta na era moderna. Por isso, em resposta à destruição ambiental, em vez de mais ciência e tecnologia, precisamos primeiro repensar radicalmente a nossa finitude e a nossa limitação.

Wilhelm Joseph Schelling em sua Naturphilosophie. Porém ela foi formulada antes das conquistas da física moderna não clássica e do desenvolvimento da biologia como ciência moderna (nas quais, aliás, Schelling desempenhou um papel importante), mas não é claro até que ponto a sua ideia de uma filosofia da natureza poderia ser mantida nas condições contemporâneas. E mesmo que fosse possível formular uma teoria de um terceiro neutro que correspondesse a todos os padrões científicos relevantes, essa teoria teria também de mostrar que ela não procede de forma reducionista e reduz todos os campos de significado a um campo de significado abrangente que não pode existir. Contudo a situação mereológica nesse ponto é novamente complexa (cf. GABRIEL, M.; PRIEST, G. *Everything and nothing*. Cambridge, 2022).

256. Cf. a análise dos pressupostos antropológicos da "exploração do mundo animal", na qual se encontra uma variante da tese da projeção desenvolvida na primeira parte, HORKHEIMER, M.; ADORNO, T.W.: *Dialektik der Aufklärung* – Philosophische Fragmente. Darmstadt, 1997, p. 283-292. No entanto os próprios Horkheimer e Adorno desenvolvem sua própria mitologia do animal e da alma animal, negando aos animais a razão e até chegando a afirmar: "Até o animal mais forte é infinitamente débil" (p. 284). Porém estão completamente corretos em sua visão de que a relação com o "animal" reflete as condições sociais dos seres humanos.

O conceito de sabedoria, ao qual Carl von Linné recorre ao definir o ser humano como *Homo sapiens*, remonta ao oráculo délfico que, segundo Platão, teria descrito o filósofo primordial Sócrates como o "mais sábio de todos os homens"[257]. Sócrates relata isso na chamada *Apologia de Sócrates*, ou seja, em seu discurso de defesa perante o tribunal ateniense, que o condena à morte por blasfêmia e por sedução dos jovens por meio da introdução de novos e falsos deuses.

Nessa ocasião, Sócrates pronuncia a famosa frase que entrou na memória cultural: "Sei que nada sei". É precisamente nesse conhecimento do seu não saber que reside sua sabedoria, um aparente paradoxo que pode ser resolvido após um exame mais atento. Com efeito, Sócrates não se contradiz com sua famosa frase. O que ele diz em grego pode ser traduzido da seguinte forma: **Ditado de sabedoria de Sócrates**: "Tomei consciência de que nada sei (*emautôi synêidê oudén epistamenôi*)"[258].

O verbo *syneidenai*, com o qual Sócrates expressa sua autoconsciência, significa "conhecer com". Esse coconhecimento distingue-se do conhecimento científico, *epistêmê*. O verbo *syneidenai* tornou-se mais tarde o substantivo *syneidêsis*, que foi traduzido para o latim como *concientia* (consciência). Em suma: Sócrates é o descobridor da consciência como uma forma de autoconhecimento que difere do conhecimento especializado. Ele reconhece a sabedoria da consciência no fato de o conhecimento do bem (ou seja, daquilo que devemos fazer por razões morais) não poder ser obtido a partir da perspectiva de

---

257. PLATÃO. *Apologie des Sokrates*. Hamburgo. 1998, p. 29-32.

258. *Ibid.*, p. 32: "Que eu mesmo não sabia quase nada, isso era completamente claro para mim". Esta passagem se encontra no texto grego (de acordo com a paginação de Stephanus), em 22c9-d1.

um observador. Ou, como diz o ditado popular: não existe bem além daquele que praticamos.

Reconhecemos o bem quando tentamos praticá-lo. Ele está ligado à nossa realidade de ação. A ética é, portanto, uma ciência prática que não se limita a falar daquilo que devemos fazer ou deixar de fazer, mas que deve corresponder a essas normas em suas próprias ações enquanto ciência. Dessa forma, o próprio sistema científico mostra que não devemos fazer tudo que podemos fazer. A ética não é uma objeção de oposição, não está ao lado ou fora das ciências; ela é uma voz que todos conhecem como voz da consciência.

A consciência moral não é uma fonte infalível de conhecimento dos fatos morais. Na nossa vida, ela raramente apresenta-se sob a forma de certeza absoluta; antes, preocupa-nos e irrita-nos, fazendo-nos ver que também podemos estar errados. A consciência leva-nos a ver que os outros também podem ter razão, para utilizar uma formulação do filósofo de Heidelberg, Hans-Georg Gadamer[259].

No entanto a consciência é, de fato, uma fonte de conhecimento, porque ela perturba-nos em nossos juízos e preconceitos, muitas vezes muito enraizados – assim como Sócrates irritou os processos da democracia ateniense ao incomodar os peritos com questões fundamentais relativas ao seu conhecimento, que eles não conseguiam responder. Assim, Sócrates enfia o dedo na ferida da arrogância humana de querer dominar a natureza e a sociedade por intermédio do conhecimento especializado.

Em sua *Apologia*, Sócrates apela ao *daimonion*, uma voz interior, que ele classifica como algo divino. Isso não significa que ele considere a consciência como uma voz de Deus, por

---

259. STURM, T. Rituale sind wichtig – Hans-Georg Gadamer über Chancen und Grenzen der Philosophie. *Der Spiegel*, ago. 2000.

assim dizer. Pelo contrário, ele a entende como algo que nos orienta enquanto seres humanos, sem que isso possa ser reduzido a uma opinião. A sabedoria consiste em empenhar-se em seguir a própria consciência sem cair no erro de pensar que ela é uma voz infalível. Pelo contrário, significa estar aberto à possibilidade de que os outros também podem ter razão e, assim, olhar a realidade de muitas perspectivas. Só assim somos capazes de compreender a complexidade da natureza e do espírito, que só conseguimos abordar com práticas de sabedoria, mas que nunca poderemos controlar.

Opiniões, conhecimento e a ideia do bem

Esse fato lança o fundamento para aquilo que, desde Platão, distingue a filosofia da sofística. Como sabemos, *philosophia* significa amor pela sabedoria. Platão distingue a sofística da filosofia. A sofística consiste em garantir que um orador político tenha razão no calor do momento mediante argumentos por vezes inteligentes, por vezes abertamente inválidos. Nesse contexto, devemos a Platão e a Sócrates (historicamente, não é fácil distinguir qual dos dois contribuiu para as ideias de Platão) a ideia de que opinião (*doxa*) e conhecimento (*epistêmê*) são conceitualmente distintos.

Uma opinião é uma suposição que pode ser verdadeira ou falsa. Temos inúmeras opiniões sobre inúmeros assuntos. Como criaturas sociais, trocamos opiniões e juntamo-nos em grupos de acordo com as nossas opiniões. Uma opinião é um tipo de crença ou fé. Ela pode ser mais ou menos forte. Algumas opiniões são descartadas com facilidade, outras estão bastante enraizadas. Os debates públicos sempre tratam de questões que afetam nossa comunidade política. Para discutir o que queremos e o que devemos fazer perante uma *res publica*, ou seja, um assunto que diz respeito a todos, é importante levantar, comparar e pesar opiniões.

Contudo nem todas as opiniões são boas da mesma forma. Há vários critérios para classificar opiniões. Nos debates públicos, elas prevalecem com base em sua força, que pode ser medida sociologicamente, em termos de estudos dos meios de comunicação social, da economia, do direito e da ciência política. As opiniões formam um campo de força que não é, de modo algum, apenas uma entidade irracional na qual prevalecem os mais fortes. No Estado de direito democrático foram desenvolvidos muitos procedimentos para garantir que as opiniões minoritárias sejam ouvidas e para impedir que as opiniões expressas em voz alta dominem o debate, bem como para examiná-las sob muitas perspectivas. Esses procedimentos incluem uma paisagem midiática pluralista e uma oposição política bem-posicionada. Para o espaço da opinião pública é essencial que existam mecanismos de equilíbrio complexos no domínio das forças que não são controláveis por ninguém e que não existam caminhos fáceis para alcançar ou até mesmo manter uma supremacia de opinião em longo prazo.

O espaço de opinião segue leis que são complexas numa variedade de dimensões. Por exemplo, os governos pesquisam as opiniões dos eleitores para tirar conclusões sobre o que a população quer e como a vontade da maioria deve ser classificada em comparação às minorias. Essa pesquisa de opinião influencia, por sua vez, a formação de opinião da população, que participa ativamente das pesquisas ou se manifesta de outras formas.

As estruturas sociais são avaliadas em função de um conjunto de sistemas normativos. Em geral, a **normatividade** é o fato de o nosso pensamento e a nossa ação (o pensamento é, em rigor, também uma forma de ação) serem classificados como corretos ou incorretos. A ação correta é aquela que corresponde a uma norma que existe implicitamente como uma expectativa ou explicitamente como uma regra formulada[260]. Por exemplo, as regras de um jogo são normas. Como Aristóteles já sabia: "O que precisamos fazer depois de termos aprendido, nós o aprendemos fazendo"[261]. As próprias regras determinam se uma pessoa faz uma jogada correta ou incorreta. Isso vale para muito do que fazemos, mas é claro que não para tudo. Não existem normas para como devemos nos aborrecer, nem para a melhor maneira de olharmos pela janela. É por isso que nem toda atividade humana é normativa, mas grande parte dela é.

Normatividade é um fenômeno social. Não podemos impor normas a nós mesmos sem que os outros observem se agimos de acordo com elas. Mesmo nos casos de ações ocultas aos outros, em contextos privados, íntimos e secretos, seguimos regras que só existem porque existem práticas sociais. Em outras palavras, as pessoas nunca fazem nada que outras pessoas não façam[262].

Voltemos para Sócrates e Platão. Nesse ponto da reflexão filosófica surge a questão socrática ou platônica primordial se existe uma normatividade que divide todas as opiniões bem como todas as práticas sociais humanas em ações corretas e incorretas – independentemente de os atores gostarem disso ou não. Isso significa que mesmo que toda uma sociedade tivesse

---

260. Existe uma extensa literatura filosófica sobre o tema da normatividade. Uma contribuição importante foi apresentada pelo cientista do direito Christoph Möllers, em *Die Möglichkeit der Normen. Über eine Praxis jenseits von Moralität und Kausalität* (Berlim, 2018).

261. ARISTÓTELES. *Nikomachische Ethik*. Hamburgo, 1985, p. 26-27.

262. Em seu livro *Vorgängige Gemeinsamkeit – Zur Ontologie des Sozialen*. Friburgo, 2021, Stephan Zimmermann mostra que isso é verdade mesmo para ações que poderiam ser consideradas inteiramente não sociais.

uma opinião unânime sobre determinadas ações, continuaria a existir um padrão de avaliação que classifica as suas ações e os seus pensamentos como corretos ou incorretos, apesar disso. Se, por exemplo, mais de 80% da população russa achar que a guerra de agressão de Putin contra a Ucrânia está correta, então, nesse caso, uma grande maioria da sociedade está enganada. O padrão de avaliação excede, assim, as diretrizes de avaliação que a sociedade deu a si mesma de forma implícita ou explícita. Chamemos isso de **normatividade transcendente**.

É com esse tipo de normatividade que a ética ocupa-se, ou seja, com uma normatividade que nenhuma opinião social, nenhum tribunal, nenhum governo, nenhuma instituição, ou seja, nada do que os seres humanos possam fazer e pensar consegue eliminar. O nome que Platão dá a ela é a **ideia do bem**, e toda a sua obra pode ser lida como uma argumentação em defesa da concepção de que a ideia do bem lança uma luz julgadora sobre a sociedade humana, queiramos ou não[263]. Por isso Platão também compara a ideia do bem ao sol, sem o qual nada seria visível e reconhecível e sem o qual, evidentemente, não haveria vida.

A normatividade divide-se em diferentes campos de significado. A normatividade jurídica funciona de forma diferente da dos clubes esportivos ou dos jogos de tabuleiro; a normatividade lógico-matemática é distinta da estabelecida nas relações amorosas; já a político-partidária difere da normatividade da cobertura midiática das negociações de uma coligação; a normatividade estética na avaliação de obras de arte é diferente da de um grupo de um jardim de infância etc. Uma forma de imaginar a sociedade é analisá-la como diferentes campos de normatividade que interagem entre si.

---

263. PLATÃO. *Politeia* – Der Staat. Darmstadt, 1990, p. 529-531.

Desde que a ética existe como disciplina sistemática (a partir de Sócrates e Platão), ela tem se baseado no reconhecimento de uma normatividade transcendente, ou seja, numa normatividade que transcende o conjunto dos acontecimentos sociais, em conjunto aos seus complexos campos de forças normativas.

Em termos concretos, isso significa que existem normas ou valores incondicionais que não podem ser alterados por nenhum consenso social. É fácil encontrar exemplos disso: o estupro, a pedofilia, o despejo de substâncias tóxicas nos oceanos, o tráfico de seres humanos, o genocídio e o assassinato em massa, a crueldade sádica para com os seres humanos ou outros seres vivos, o antissemitismo e outras formas de racismo são moralmente condenáveis ou maus, enquanto a distribuição de bens, a atenção amorosa aos seres humanos e outros seres vivos para fortalecê-los em seu autodesenvolvimento, ou salvar uma vida humana, são moralmente ordenados ou bons. Mesmo que todas as pessoas (incluindo as afetadas) concordassem que algo que classificamos de modo intuitivo como ruim seja aceitável ou até mesmo desejável, elas estariam enganadas e cometendo um erro objetivo. Assim, de modo geral, o tráfico de seres humanos e, por conseguinte, as atividades dos grupos de traficantes humanos são moralmente condenáveis, mesmo que isso signifique que muitas pessoas só podem chegar à Europa por essa via, da qual esperam segurança. O sistema dos grupos de traficantes é um sistema imoral, mas dele não segue que ninguém ou menos pessoas devam ir para a Europa, e, sim, que é nosso dever moral encontrar formas de acolher as pessoas de modo moralmente justificável e de formular uma política externa orientada por valores que nos levem, na medida do possível, a cooperar em pé de igualdade, em especial com os nossos semelhantes africanos. É claro que isso acontece até certo ponto e faz parte de qualquer política legítima para a África, mas é óbvio que não é suficiente, razão pela qual há tragédias diárias no Mediterrâneo e em outras fronteiras externas da União Europeia, que estamos informando muito menos neste momento porque precisamos nos ocupar com os nossos problemas de saúde na pandemia e com a terrível guerra na Ucrânia.

A nossa política para a África revela um fracasso moral colossal e necessita de uma revisão urgente. A consciência de cada pessoa, se fosse honesta, se revoltaria contra o fato de nós, no Ocidente rico, constantemente nos vacinarmos contra as novas variantes de vírus e privando o continente africano de vacinas e de *know-how* (palavra-chave: patentes). Ou que nos preocupemos com a escassez de energia e de matérias-primas enquanto a falta de importações devido à guerra na Ucrânia já está causando fome em alguns países africanos.

Ética não se baseia apenas na opinião ou na formação de uma opinião, mas também no conhecimento. Ao contrário da formação de opinião, o conhecimento, a *epistêmê*, referem-se a tentarmos apreender fatos que não dependem da nossa crença. A estrutura biológica molecular de um coronavírus, a aceleração da Terra, a solução de uma equação diferencial e a ocupação dos leitos de um hospital são exemplos de realidades que existem e que não podem ser alteradas apenas com as nossas opiniões. Queiramos ou não, o coronavírus, fonte de preocupação desde o final de 2019, é perigoso demais para ser ignorado e nós continuarmos a viver como antes. E, querendo ou não, o produto externo de dois vetores é perpendicular ao plano que geram etc.

Saber algo não significa necessariamente ter a sensação de certeza absoluta. Podemos saber muitas coisas sem saber que as sabemos. A diferença categórica entre o conhecimento ou a ciência (como também podemos traduzir *epistêmê*) e outras formas de dizer a verdade reside antes na forma de como vinculamos o conhecimento às razões, ao logos, como diz Platão. O conhecimento, segundo ele, é uma opinião verdadeira que está ligada a um logos, ou seja, a uma justificação metodicamente exigente. Quem reivindica conhecimento reivindica ser capaz de assegurar o que acredita saber no espaço das razões, como se diz na filosofia contemporânea, e de defendê-lo contra objeções[264].

A troca de razões não é apenas uma batalha de opiniões, porque o objetivo da troca é a verdade ou os fatos, que são independentes dessa troca. Por isso, embora as ciências não existam sem práticas sociais inseridas numa variedade de normatividades, elas não são idênticas a essas práticas, pois as práticas sociais servem para estabelecer a verdade nas ciências.

As ciências são epistemicamente modestas visto que se baseiam num conceito exigente de conhecimento. Afinal de contas, reivindicar um conhecimento é estar aberto ao erro. A voz transcendente da consciência não é uma revelação isenta de erros à qual os filósofos possam referir-se. A filosofia e, por conseguinte, a ética (que, tal como a mecânica e a ótica são subdisciplinas da física, é uma subdisciplina da filosofia) são, então, diferentes da profecia ou das revelações isentas de erros.

Devemos a Sócrates a constatação de que existe uma consciência, conhecida por nós como voz interior, que nos chama para nos avisar de que podemos estar num caminho errado. Essa voz interior pouco nos fala de modo muito claro e somos obrigados a pôr em prática o que ela sussurra em nosso ouvido. Se é esse o caso, não somos livres no nosso julgamento moral. A formação da consciência é sempre um processo que desencadeia

---

264. Cf., a partir de duas perspectivas: GABRIEL, M. *Die Erkenntnis der Welt – Eine Einführung in die Erkenntnistheorie*. Friburgo, 2012. • BRENDEL, E. *Wissen*. Berlim, 2013.

uma dialética interior. Caso contrário, a consciência seria apenas um instinto moral. Devemos, portanto, tratar a consciência com extrema cautela e entender seu apelo como uma ocasião para refletir de modo cuidadoso sobre a situação em que nos encontramos, o que pressupõe estarmos preparados para ouvir os outros. É a consciência que nos distingue dos outros seres vivos que não participam do progresso moral, mas que, com certeza, podem agir bem instintivamente e apreender, assim, os fatos morais.

Entretanto a abertura aos outros encontra seus limites onde o mal radical é praticado. É por isso que, para uma sociedade funcional, é importante estabelecer pilares normativos e eticamente refletidos e integrá-los no progresso moral. Não podemos ficar aquém das ideias de que os seres humanos são fundamentalmente iguais em sua dignidade; de que as pessoas do sexo feminino (bem como as pessoas com diversas formas de autodeterminação de gênero que não se enquadram nas concepções simples de homem e mulher) não devem ser excluídas da autodeterminação social em qualquer aspecto relevante; de que o racismo é uma forma condenável de pensamento e ação; de que as crianças devem ter seus direitos respeitados pelo Estado, mesmo que ainda não tenham direito de voto (o que, aliás, é uma falha moral enorme da nossa democracia) etc.

Em suma, precisamos de uma ética que, por um lado, permita-nos fazer afirmações de conhecimento, mas que, por outro lado, também reconheça que essas afirmações podem falhar, que somos falíveis em questões éticas. Isso significa que também precisamos lidar eticamente com o não conhecimento, que é um fator decisivo em situações complexas de ação em que muitos dos fatos morais não são evidentes.

Mais uma vez: existem fatos morais e éticos

Uma vez que a ética faz afirmações de conhecimento, ela precisa estar aberta a contra-argumentos. Mas essa abertura tem limites. O limite inferior da ética, sem o qual ela não poderia existir como ciência, é a suposição de que existem fatos morais que transcendem as nossas opiniões. O fato de não se tratar de uma opinião metafísica selvagem ou mesmo especulativa que estou expressando aqui pode ser percebido melhor quando percebemos o que é um fato.

Em geral, um **fato** é uma resposta verdadeira a uma pergunta sensata. Assim, a resposta à pergunta: "Paris era a capital da França em 8 de abril de 2022?" é "Sim". Então Paris ser a capital da França em 8 de abril de 2022 é um fato. É claro que também existem fatos para os quais ainda não conseguimos formular uma pergunta. Todas as línguas humanas juntas não esgotam o domínio dos fatos; eles não formam uma totalidade que possamos representar de forma abrangente, nem linguisticamente, nem de qualquer outra forma. Como Hamlet diz a Horácio na famosa quinta cena do primeiro ato: "Há mais coisas no céu e na terra do que sonha a tua sabedoria escolar". A concepção de existirem mais fatos do que perguntas factualmente respondíveis é a tese do realismo factual ontológico. Este pressupõe que o domínio dos fatos vai muito além daquilo que podemos expressar linguisticamente.

Um **fato moral** é um fato que responde a uma pergunta ética. Uma pergunta ética diz respeito às nossas ações. Ela pergunta o que devemos fazer ou deixar de fazer, apenas na medida em que somos seres humanos. Os fatos morais são de caráter imperativo, eles prescrevem algo (uma ação ou sua omissão), e só existem em contextos factuais de ação. O que se deve fazer ou deixar de fazer como ser humano é uma pergunta que diz respeito ao contexto da ação e que, por isso, infelizmente, em muitos casos, não tem uma resposta fácil.

Na história da ética existe uma multiplicidade de propostas para formular uma regra universal a partir da qual se poderia deduzir quais são os fatos morais em casos individuais. Elas incluem abordagens tão famosas como o imperativo categórico de Kant, a Regra Áurea ("Não faça aos outros o que não quer que faça com você") e a máxima dos utilitaristas, que pretendem calcular como uma ação afeta os outros para deduzir disso a opção que traz o maior benefício ou o menor prejuízo.

No entanto essas regras são, na melhor das hipóteses, apenas abordagens iniciais à orientação ética. Elas captam aspectos parciais importantes da reflexão ética e podem servir como balizas de proteção. Mas do imperativo categórico, da Regra Áurea ou dos cálculos utilitaristas, não podemos deduzir a duração de um confinamento, o número de pessoas que pode ser infectado por uma onda de coronavírus na véspera de Ano Novo, se é necessário tornar-se vegano, se a nova construção de usinas nucleares é melhor para amenizar os danos morais e humanos das mudanças climáticas provocadas pelo homem do que a utilização de turbinas eólicas etc.

Nosso dia a dia é permeado por questões morais específicas: como se resolve um litígio com um colega? Como lidar com a doença grave de um ente querido? Quando e como devemos iniciar a educação sexual dos nossos filhos? Que oferta de emprego devo aceitar e como é que isso afeta as outras relações sociais em que estou inserido? A pandemia do coronavírus mostrou-nos de forma drástica como muitas das nossas microdecisões cotidianas têm um peso moral, mas isso não nos permite deduzir que, na situação atual, alguém possa ter respostas morais simples, mas abrangentes, para questões que, por vezes, são muito complexas. O mesmo se aplica às alterações climáticas e à forma eticamente adequada da inevitável transformação socioecológica, que pretende levar-nos das patologias de uma sociedade de consumo para uma forma de comunidade mais humana e, por consequência, mais refletida eticamente. O progresso moral não acontece de forma automática nesse processo, como ilustra a guerra contra a Ucrânia, contra a qual, por sua vez, grande parte da humanidade está se revoltando para apoiar aquele país da melhor maneira possível em face de uma terrível tragédia.

> Não poder apresentar a ética de forma exaustiva nem reduzida a uma regra abrangente deve-se ao fato de a realidade das nossas ações ser complexa.

A esta altura, precisamos de outra distinção. Em geral, os fatos podem existir quer possamos ou não nomeá-los, apreendê-los ou reconhecê-los de maneira adequada. Isso é realismo factual. No caso da ética, a peculiaridade é que os fatos morais não podem, em caso algum, ser bastante diferentes de como os classificamos. Não é possível conceber de forma significativa que seja um fato moral que devamos matar todos os portadores do coronavírus para acabar com a pandemia. Embora isso possa ser epidemiologicamente conveniente (e seja aceito para outros seres vivos em epidemias, o que, aliás, é moralmente questionável), é moralmente repreensível, até mesmo mau. É por isso que, por sorte, ninguém pensa em fazer isso. Os fatos morais são reconhecíveis em princípio e são dirigidos a nós. Não pode haver fatos morais que não possamos reconhecer, o que os torna sensivelmente diferentes dos fatos físicos. Muitas questões da física permanecerão para sempre sem resposta porque pode muito bem haver universos que não deixam vestígios causais no nosso universo e que, portanto, permanecem desconhecidos para nós.

Nesses universos é possível existirem leis da natureza que são muito ou até mesmo fundamentalmente diferentes.

Mas é inútil supor que podem existir universos morais em que se aplicam leis muito diferentes, nos quais, por exemplo, seria moralmente imperativo torturar o maior número possível de pessoas sem qualquer razão. Se os fatos morais dirigem-se a nós como seres humanos, não pode haver uma ordem moral que seja radicalmente diferente de tudo que até agora consideramos moralmente significativo. A ideia do bem é transcendente, visto que não pode ser reduzida a uma determinada formação social.

A versão de realismo moral factual que proponho aqui está, portanto, associada a um **realismo moral epistêmico**, ou seja, à tese de que podemos reconhecer a realidade moral e, em certa medida, fazê-lo de modo correto. A luz da razão moral, que nos permite reconhecer os fatos morais e, assim, torná-los socialmente eficazes, acendeu-se em algum momento da história humana. Não sabemos quando, nem onde, nem como, mas a suposição de que isso começou no continente africano é sensata aqui, como em qualquer outro lugar na paleantropologia. Em conjunto com a China antiga, o Egito e, portanto, uma área cultural africana é, afinal, a primeira civilização avançada bem documentada que alcançou excelência em todas as áreas do pensamento e da ação humana (infelizmente, também no nível da escravidão, da exploração e da subjugação autocrática dos povos, que não são invenções "europeias"). É claro que não precisamos de uma alta cultura sedentária ou de provas escritas para a ética, mas não é fácil identificar o nível moral de grupos de pessoas que não deixaram tradições (é óbvio que ainda hoje existem grupos de pessoas não sedentárias que são muito mais igualitários e, em alguns aspectos, até mais avançados moralmente do que nós – um "nós" que supõe que nenhum desses grupos de pessoas esteja lendo estas linhas).

Não existem universos morais diferentes. Os fatos morais têm uma qualidade de autoafirmação – na forma de consciência ou no quadro da nossa experiência de vida.

Ao contrário dos fatos reconhecíveis e irreconhecíveis, os reconhecidos podem ser chamados de fatos. Quando falamos de fatos em face à pandemia ou às alterações climáticas, referimo-nos a algo que sabemos ou para o qual temos bases de conhecimento sólidas e suficientes para afirmar que sabemos. Por exemplo, é um fato que as vacinas disponíveis podem reduzir a carga de doença de uma população, assim como é um fato que o vírus conecta-se às nossas células por meio de suas proteínas e pode causar doenças graves ou fatais pela sua multiplicação. Do mesmo modo, há uma multiplicidade de fatos sobre as mudanças climáticas, incluindo o muito geral de que elas são alimentadas por emissões excessivas, bem como por uma forma econômica insustentável de consumismo e capitalismo.

Nesse sentido, existem também fatos morais, ou seja, fatos morais reconhecidos, que incluem a proibição do incesto e a proibição de roubo por ganância ou, em termos positivos, o mandamento de salvar pessoas que estão se afogando. A lista de fatos morais pode ser ampliada à vontade. Todos nós temos um vasto leque de conhecimentos morais mais ou menos refletidos do ponto de vista ético. Até mesmo o famoso Kant, via de regra bastante complicado, ressalta que "a razão humana pode ser facilmente levada a uma grande correção e abrangência na esfera moral, mesmo no entendimento mais mesquinho"[265], razão pela

---

265. Nesse ponto, podemos aprofundar o quanto quisermos a teoria filosófica dos fatos, mas isso não é necessário para os nossos objetivos. Deveríamos discutir, sobretudo, se há fatos necessários existentes e, portanto, afirmações que são verdadeiras em todas as circunstâncias, e se, inversamente, há fatos inexistentes e, portanto, afirmações que não são verdadeiras em nenhuma circuns-

qual ele entende sua ética como um projeto de encontrar um princípio de conhecimento moral que seja tão abrangente quanto possível e que as pessoas tenham à sua disposição mesmo sem apoio filosófico.

Não estou falando disso para defender a ética de Kant. Ao contrário de Kant, não acredito que os fatos morais possam ser deduzidos de um princípio supremo. No entanto, na minha opinião, Kant tem toda razão quando ressalta que o conhecimento prático, que ele chama de "sabedoria", "que provavelmente consiste mais em fazer do que em saber"[266], é uma fonte pré-teórica do conhecimento ético. Sabemos muito mais sobre os fatos morais que existem hoje do que no passado devido a uma longa prática histórica do pensamento e da ação ética cotidiana. A ética também está progredindo. Existe um progresso moral.

O fato de hoje, nos Estados democráticos de direito, ninguém duvidar de que as mulheres devem ter direito de voto é um progresso, assim como é a crescente consciência das forças da violência psicológica, que nos leva a analisar o ódio *on-line*, o assédio sexual e as muitas formas cotidianas de discriminação, a fim de encontrar uma forma moralmente melhor de lidarmos uns com os outros, também existe regressão moral, de modo que não há só uma história singular de progresso, mas múltiplos fios de um tecido complexo. A regressão moral inclui o episódio da presidência de Trump que, por felicidade, já passou, e, em particular, o desencadeamento de forças industriais que levaram à destruição do nosso ambiente, com o qual precisamos lidar na

---

tância. A ontologia dos fatos, que lida com essas questões e outras relacionadas, é um domínio muito vasto da filosofia teórica. Uma visão geral de alguns aspectos da ontologia factual pode ser encontrada na *Stanford Encyclopedia of Philosophy* (https://plato.stanford.edu/entries/facts/).

266. KANT, I. *Grundlegung zur Metaphysik der Sitten*. Hamburgo, 2016, p. 8.

atualidade. Nesse sentido, nós, nas nações industrializadas de hoje, somos mais moralmente regressivos do que os antigos gregos, mesmo que eles estivessem moralmente errados em outros aspectos (como a escravidão). E o fato de, neste momento, estar acontecendo uma terrível guerra na Ucrânia também é um caso de grande regressão moral, conduzida por um ditador impiedoso que há décadas dedica-se à anulação do progresso moral. Não existe uma história única e singular de progresso, assim como não existe uma história em que o chamado "Ocidente", supostamente moral, represente o fim. É por isso que é correto (e moralmente progressivo) que esteja espalhando-se a consciência de que todos devemos levar a sério o conhecimento indígena que permitiu aos nossos antepassados (bem como a muitas pessoas cujo modo de vida ainda não foi invadido pelo capitalismo de consumo) viver de forma sustentável no nosso planeta durante milhares de anos. O conhecimento indígena é uma importante fonte de sabedoria, da qual não segue que os grupos de pessoas que classificamos como "indígenas" estejam moralmente corretos em todas as questões, pois isso não é verdade para nenhum grupo de pessoas.

Não conhecimento

O que uma pessoa sabe a partir de sua perspectiva pode ser chamado de **conhecimento subjetivo**. Cada um de nós tem conhecimento subjetivo, pois temos uma perspectiva individual. Existe conhecimento do ponto de vista da primeira pessoa, como meu conhecimento de como me sinto neste momento. A partir daí, podemos distinguir o conhecimento humano objetivo, aquele que podemos consultar em livros e manuais, em enciclopédias e dicionários. O **conhecimento objetivo** consiste nos fatos que podem ser conhecidos por todos, porque alguém os estabeleceu de algum modo. Esse conhecimento é comunicável de uma forma que não é afetada pelos estados subjetivos que uma pessoa passou para o adquirir. Aprendemos, em determinado momento, que Hamburgo fica ao norte de Munique. Sabemos isso. Quando aprendemos isso, nós podemos nos sentir de uma forma ou de outra e temos ideias sobre Hamburgo e Munique que os outros não têm. Mas isso é irrelevante para o fato de Hamburgo ficar ao norte de Munique. O conhecimento objetivo é, portanto, conhecimento do ponto de vista da terceira pessoa, como se diz na epistemologia e na filosofia da consciência.

Parte do conhecimento objetivo é o fato de que ninguém é onisciente, nem mesmo toda a humanidade. A tentativa de traçar um mapa epistemológico completo daquilo que sabemos de modo objetivo e do que não sabemos está condenada ao fracasso[267].

Não há como obter uma congruência total do conhecimento e da realidade. A realidade, isto é, o domínio daquilo que pode ser conhecido, vai muito além do que podemos conhecer factualmente (subjetiva e objetivamente). Essa é a tese fundamental do **realismo epistemológico.**

Ser realista não significa, portanto, ter uma visão ingênua das possibilidades cognitivas humanas – como acreditam alguns. Pelo contrário, significa reconhecer que, a princípio, não podemos saber tudo que pode ser conhecido, de modo que, em circunstância alguma, o conhecimento e a realidade podem ser completamente congruentes. O nosso conhecimento é e permanece fragmentado.

Mas isso não significa que devemos jogar fora o bebê com a água do banho (o que nunca é uma boa ideia). O fato de não

---

267. *Ibid.*, p. 25.

sabermos tudo não significa que não sabemos nada ou que sabemos muito pouco. Afinal de contas, sabemos que não sabemos tudo e sabemos muito mais do que isso. Vivemos numa sociedade do conhecimento que pode dar-se ao luxo de criar novas possibilidades de não saber por meio do seu próprio conhecimento. Com base no nosso impressionante conhecimento tecnológico, construímos máquinas e as conectamos a uma internet que nos colocou na posição paradoxal de seduzir muitos a acreditarem em coisas falsas através de notícias falsas, desinformação e manipulação sutil. Consideremos o debate nos Estados Unidos entre os criacionistas de linha dura e os biólogos evolucionistas, que agora sabem que os seres vivos podem ser explicados biologicamente em suas formas sem que tenhamos que acreditar que Deus criou todos os seres vivos espontaneamente no início da criação (o que ainda encontra um eco na palavra "criaturas" utilizada para os seres vivos não humanos, para os "animais"). O criacionismo de linha dura é falso, mas é uma crença generalizada que hoje em dia espalha-se de forma rápida como uma infodemia por meio das "máquinas de mentira" da internet, como disse o pesquisador Philipp N. Howard[268].

> É um fato antropológico notável que nós, seres humanos, podemos ser convencidos de que não sabemos algo que sabemos. Somos capazes de acreditar que sabemos menos do que sabemos, pois o conhecimento objetivo não está necessariamente associado a um poder de persuasão particularmente forte.

No contexto das notícias falsas, da propaganda e da manipulação digitais, da disseminação de *deep fakes* (ou seja, vídeos e

---

268. HOWARD, P.N. *Lie machines* – How to save democracy from troll armies, deceitful robots, junk news operations and political operatives. Yale: New Haven, 2020.

fotografias que parecem representar cenas reais, mas que foram programadas digitalmente e nunca aconteceram), das redes sociais etc., surgiu um novo debate na epistemologia sobre os vícios epistêmicos, que incluem o consumo excessivo de notícias e a utilização das redes sociais. Por exemplo, qualquer pessoa que siga com atenção exagerada os inúmeros notificadores de notícias sobre temas políticos diários, que até os meios de comunicação social sérios e de qualidade oferecem agora em seus canais *on-line* (muitas vezes acompanhados de *links* que os ligam a artigos que se escondem atrás de um *paywall*), com certeza fica confusa devido ao acúmulo de informações contraditórias e pesadas do ponto de vista emocional. O nosso conhecimento tecnológico permite, paradoxalmente, novas formas de não saber, algumas das quais são socialmente perigosas. Além disso, precisamos considerar que não sabemos se estamos num caminho reto de progresso científico-tecnológico. O que pode haver de progressivo no fato de continuarmos a cometer o erro de que a natureza é um conjunto de matérias-primas sem vida que podemos utilizar à vontade para as nossas necessidades de consumo? Esse erro baseia-se numa falsa filosofia da natureza que continua seguindo o modelo da visão moderna da natureza como uma grande máquina sem mente e sem consciência, exceto no que diz respeito às atividades dos seres humanos. Essa filosofia da natureza está errada, pelo menos porque não sabemos que formas de vida são conscientes e inteligentes. Será que as bactérias já são conscientes e vivem em enxames inteligentes? Se a inteligência for vista como a capacidade de resolução de problemas ou mesmo como a adaptabilidade de um ser vivo ao seu ambiente, então os organismos unicelulares são mais inteligentes do que os seres humanos. E se certa complexidade neuronal é o pré-requisito para a consciência, em que ponto se alcança o limiar de complexidade?

Os insetos são conscientes ou apenas algumas espécies de aves e mamíferos? E quanto às plantas ou às florestas? Será que encontramos padrões de redes complexas em sua interconexão que são aproximadamente comparáveis à complexidade de um cérebro? Voltamos à visão antropocêntrica do mundo da primeira parte deste livro: as plantas parecem estar mais distantes de nós, por isso as consideramos menos inteligentes, ou até menos dignas. Mas como sabemos que infligimos menos dor aos brócolis quando os comemos do que aos insetos, que já são consumidos em alguns lugares? Com certeza, deveríamos até estar preparados para ver a natureza das plantas nem sempre em comparação aos "animais". E como sabemos que em uma pessoa humana existe apenas uma consciência da cabeça associada a regiões corticais do cérebro? O sistema nervoso do intestino influencia os processos neurais da região cerebral. Talvez ele também seja consciente e inteligente. Nesse caso, precisaríamos de uma forma bastante diferente de uma ética da alimentação.

Estamos longe de conciliarmos o nosso conhecimento objetivo da terceira pessoa sobre a natureza com o nosso conhecimento subjetivo da primeira pessoa. Muitos até acreditam que o problema associado a isso seja insolúvel, porque a linguagem da ciência (modelação matemática e testes experimentais) não é apropriada para apreender de maneira adequada o lado subjetivo da realidade.

Um dos representantes mais proeminentes da tese de que não podemos compreender totalmente a natureza de forma objetiva devido ao seu lado interior é o fisiologista Emil Heinrich du Bois-Reymond, que fez uma palestra exemplar, "Sobre os limites do conhecimento da natureza", em Leipzig, em 14 de agosto de 1872. Nela, ele diz, numa passagem famosa:

> É absolutamente e para sempre incompreensível que um conjunto de átomos de carbono, hidrogênio, nitrogênio, oxigênio etc. não seja indiferente em relação a como se encontram e se movem, a como se encontravam e se moviam, a como irão se encontrar e se mover. De modo algum podemos entender como uma consciência poderia surgir de sua interação[269].

O conhecimento objetivo da terceira pessoa sobre física, química, bioquímica e neurociência é, de início, incapaz de "entender os processos mentais a partir das condições materiais"[270]. Segundo Bois-Reymond, também é impossível explicar a estrutura energético-material e as forças que encontramos no universo a partir de princípios elementares que seriam ainda mais fundamentais e plausíveis do que os que a física encontra. Em determinado momento, a física depara-se com os fatos brutos, ou seja, com o fato de as medidas serem como são. A natureza da realidade física não pode ser derivada de qualquer princípio que torne sua natureza mais compreensível. A razão para isso é que só podemos conhecer uma realidade física, ou seja, aquela a que os nossos instrumentos de medição – os nossos instrumentos de medição física e os nossos órgãos de percepção – têm acesso. No entanto sabemos hoje, com uma precisão muito maior do que sabíamos na década de 1870, que esse domínio, o universo, é limitado em muitos aspectos. A ideia de que as ciências naturais estejam aproximando-se de uma visão completa do mundo é insustentável por razões lógicas, filosóficas e científicas.

> A visão científica do mundo ainda generalizada, segundo a qual sabemos que nos encontramos num gigantesco sistema energético-material cujos estados

---

269. BOIS-REYMOND, E.H. *Uber die Grenzen des Naturerkennens*. Leipzig, 1872, p. 26.

270. *Ibid.*, p. 29.

sucessivos explicam absolutamente tudo o que, de verdade, acontece, é, em última análise, uma especulação ridícula e uma arrogância epistêmica insustentável, que nos colocou na posição da autodestruição iminente na era moderna.

A ética do não saber

A natureza exige de nós o maior respeito. Quanto mais a estudamos e aprimoramos os nossos instrumentos, modelos e teorias, mais claro torna-se que sua complexidade excede tudo o que podemos imaginar. Mas a natureza não está apenas "fora de nós". Não é apenas o objeto do conhecimento científico ou da observação sensorial, ela está também "em nós". Somos animais em que o espírito e a matéria encontram-se e fundem-se numa unidade que não compreendemos muito bem. Para entender de maneira adequada a unidade de espírito e matéria que incorporamos seria necessária uma cooperação em grande escala das várias formas de conhecimento com o objetivo de finalmente nos compreendermos como seres humanos. Isso pressupõe que as ciências naturais, as ciências técnicas, as ciências humanas e as ciências sociais pesquisem questões comuns sem cometer o erro de que todo conhecimento pode, em última análise, ser reduzido a uma camada epistemicamente privilegiada (seja esse o conhecimento formulado matematicamente ou a experiência qualitativamente acessível de sujeitos historicamente situados que as ciências humanas investigam).

Wilhelm von Humboldt e muitos outros pensadores do seu tempo, que investigaram a relação entre as universidades e, portanto, entre o conhecimento acadêmico e o progresso social, esforçaram-se para reunir o conhecimento humano em termos de saber quem ou o que é o homem. É claro que muito do que foi escrito e pensado sobre esse assunto naquela época está ultrapassado. No entanto a ideia básica do ideal humboldtiano de educação, que representava o fundamento de muitas fundações universitárias por volta de 1800, é correta. Com efeito, sabemos hoje que os fenômenos naturais e sociais que enredam a humanidade em crises sem precedentes na era moderna só podem desenvolver soluções potenciais se reconhecermos a complexidade irredutível e, portanto, a interconexão dos fenômenos. Portanto não precisamos da ciência como redução da complexidade; ao contrário: o objetivo das ciências deve ser a compreensão adequada da complexidade, ou seja, a interação mereológica de campos de significados que alcançam o autoconhecimento na vida humana. Uma parte decisiva desse autoconhecimento é o respeito pelos limites do conhecimento.

Uma ética do não saber não defende a superstição nem os "fatos alternativos". Longe disso, começa por reconhecer que não conseguimos nos livrar do ser humano enquanto animal. Somos e continuamos sendo seres vivos vulneráveis, finitos e limitados, mas podemos tomar consciência dessa condição. Graças ao fato de sermos animais, a experiência sensorial da natureza, a arte, a sexualidade, bem como uma vida emocional rica, estão à nossa disposição e podemos delas desfrutar e cultivar enquanto vivermos. Ao tomar consciência da natureza no nível do espírito, a natureza alcança em parte uma forma surpreendente de autoconhecimento.

Esse autoconhecimento inclui também a ética, pois nela articulamos de forma consciente e explícita os valores que temos e quais dessas ideias estão certas ou erradas.

> Não vivemos em tempos incertos apenas hoje. Viver significa viver em tempos incertos, porque toda vida

individual e, provavelmente, toda vida no geral em nosso universo um dia chegará ao fim. Pelo que sabemos, hoje a vida é um modelo com data de vencimento, que chegará ao fim, o mais tardar, com a extinção do nosso Sol no nosso canto da Via Láctea. A vida é um risco e, no fim, todos nós perderemos tudo.

Parte da ética do não saber consiste em ultrapassar a fantasia equivocada de que podemos criar uma espécie de paraíso de saúde na Terra com os progressos científico-tecnológico e médico, que nos darão uma vida tão eterna quanto possível. Não me interpretem mal: o progresso médico é bem-vindo, mas ele precisa ser integrado em uma reflexão ética e, assim, vinculado a condições de progresso moral.

O ponto de partida da ética do não saber é a **modéstia epistêmica**, a consciência de que as nossas afirmações de conhecimento sobre a natureza, bem como os nossos valores concretos e os nossos juízos éticos, são suscetíveis de erro e necessitam de correção. Essa modéstia epistêmica baseia-se no nosso respeito pelo outro, que permanece sempre estranho para nós.

A ética do não saber baseia-se, portanto, no conhecimento. Ela faz afirmações de conhecimento, que derivam da epistemologia, da filosofia da ciência, da filosofia natural e da ética filosófica. Em geral, a ética é, como eu já disse, uma subdisciplina da filosofia. É um erro pensar que ela pertence à teologia ou que é uma questão de construção de consensos sociais. A ética como tal é laica e humanista, resulta do autoconhecimento do ser vivo espiritual chamado "ser humano", que pode reconhecer-se como um animal que não quer ser animal.

As pretensões de conhecimento da filosofia não são isoladas nem superiores a outras pretensões de conhecimento. Pelo contrário, a filosofia só pode realizar o seu trabalho em constante diálogo com as outras ciências, a fim de aplicar os seus próprios métodos com o objetivo de nos conhecermos melhor na nossa humanidade. Esse objetivo nunca visa a interesses de conhecimento puramente teóricos, mas desde os atos fundadores da filosofia na África, na Índia, na China, na Grécia etc., cuja pré--história ninguém conhece, está ligado ao reconhecimento dos contornos da ideia do bem, da qual nós, os humanos, somos os guardiões. Essa é a nossa missão moral, o sentido da vida. Nossa esperança é que a aceitemos e que, assim, façamos jus ao nome da nossa espécie, à nossa capacidade de sabedoria.

Agradecimentos

Este livro deve sua existência a uma série de pessoas e instituições. Em primeiro lugar, ao The New Institute, em Hamburgo, que apoiou este estudo com uma bolsa de estudo em 2021-2022. Lá, eu tive a oportunidade de discutir algumas das principais teses no programa "Foundation of Value and Values" e com outros bolsistas e colegas. Por ordem alfabética dos sobrenomes, gostaria de agradecer, em especial, a Harald Atmanspacher, Georg Diez, George Ellis, Christoph Gottschalk, Christoph Horn, Anna Katsman, Wilhelm Krull, Anna Luisa Lippold, Corine Pelluchon, Dennis Snower e Ingo Venzke, com quem pude falar sobre vários aspectos deste projeto. Um agradecimento especial ao fundador Erck Rickmers, a cujo empenho enérgico por uma transformação social e ecológica que leve a sério a condição humana devem-se muitos dos impulsos e das ideias contidos em meu livro.

Nos últimos anos, a troca constante com Daniel Kehlmann enriqueceu-me intelectual e pessoalmente. Daniel disse-me, no outono de 2019, que sempre devemos ver o fardo moral da crise ecológica a partir da perspectiva das gerações futuras e avaliar nossa autopercepção como seres espirituais em relação às nossas ideias do futuro. Precisamos olhar para nós mesmos a partir de uma concepção do futuro para, assim, definirmos rumos normativamente desejáveis no presente; a filosofia do presente e a ética são futuristas.

As referências de Daniel são informadas pela sua extraordinária imaginação literária, que vai muito além dos habituais padrões de pensamento apocalíptico em que, às vezes, o discurso ecológico perde-se. É necessário pensar de forma pós-apocalíptica, sem partir do princípio de que o futuro só se concretizará quando ocorrer um apocalipse efetivamente evitável. Essa perspectiva abre um mundo de imaginação ao mesmo tempo realista e utópico – quem me convenceu disso numa conversa esclarecedora foi Juli Zeh.

Agradeço à minha universidade e, em especial, a seu reitor, Prof. Dr. h. c. Michael Hoch, não só por me ter concedido semestres de investigação para honrar a bolsa, mas, sobretudo, pela ideia principal do livro, que consiste em lançar luz sobre a animalidade dos seres humanos em diferentes escalas. Há muito tempo, Michael Hoch diz que precisamos levar os micro-organismos muito mais a sério, pois eles são motores essenciais da evolução dos seres vivos – um tema que me tem chamado a atenção nos nossos encontros há uma década inteira. Quem ainda duvida da importância colossal dos micro-organismos face à pandemia do coronavírus tem vivido num planeta diferente nos últimos anos.

Gostaria de agradecer aos meus colegas das ciências da vida em Bonn, com quem pude discutir vários aspectos – desde a virologia e a neurobiologia até as condições cosmológicas do surgimento da vida. Como eu mesmo não sou um cientista da vida, o excelente ambiente em Bonn ajudou-me a desenvolver os meus pontos de vista filosóficos numa troca com informações sobre o estado factual do conhecimento. Quaisquer mal-entendidos e erros referentes à ciência da vida, porém, que possam ser encontrados no presente livro são da minha inteira responsabilidade. Gostaria de agradecer em especial, mais uma vez em ordem alfabética, a Heinz Beck, Waldemar Kolanus, Ulf-G. Meissner,

Joachim Schultze, Hendrik Streeck, Christiane Woopen e Andreas Zimmer, com os quais tive a oportunidade de trocar ideias em várias ocasiões (mais recentemente, num simpósio no Center for Science and Thought), o que o ambiente transdisciplinar da Universidade de Bonn tornou possível de forma extraordinária.

Agradeço também a Gert Scobel pelas muitas discussões intensas sobre temas na interseção das ciências naturais e da filosofia, bem como sobre questões de uma ética da transformação, que giram sempre em torno do problema da complexidade que está no centro das suas reflexões.

Como sempre, um agradecimento também especial à minha equipe da Cátedra de Epistemologia, Filosofia da Época Moderna e Contemporânea, que foi crítica por comentar e corrigir o manuscrito. Sem um contexto tão vivo, intelectualmente honesto e perspicaz, teria sido impossível concluir o livro. Também nesse caso, os erros só podem ser atribuídos a mim. Os meus agradecimentos vão para Philipp Bohlen, Alex Englander, Charlotte Gauvry, Sergio Genovesi, Joline Kretschmer, Leila Mahmutovic, Laura Michler, Jens Rometsch e Jan Voosholz.

Há pouco tempo, as intensas discussões sobre filosofia, consciência, vida e neurociência no retiro da Fundación Tatiana Pérez de Guzmán el Bueno, em Cáceres e Madri, em novembro de 2021, foram bastante úteis. Gostaria de agradecer a Matthew Cobb, Thomas Fuchs, Alva Noë e Georg Northoff pelas sugestões que contribuíram para a estrutura neurofilosófica das reflexões aqui publicadas. A hospitalidade da Fundação e a ideia visionária de delinear um novo quadro neurofilosófico que leve em conta a ética da investigação é inovadora.

Neste ponto, gostaria de agradecer ainda a Juan Ezequiel Morales, que facilita encontros interculturais inesquecíveis em Gran Canaria, refletidos neste livro, na medida em que ele me garante há anos que o vivo é um grande tecido, predominantemente invisível, que merece ser chamado de "grande ser".

O fato de eu dever à minha família tudo que tem valor na profundidade de um livro e de uma vida é quase evidente e deve, por isso, ser expressamente ressaltado aqui com uma saudação aos meus entes queridos. O pensamento não se faz na solidão, mas num grupo que, às vezes, precisa suportar de modo paciente o fato de a escrita só ser bem-sucedida quando o autor retira-se para o seu quarto. Obrigado pelo apoio, que significa tudo para mim, e por sempre interromperem a redação e a leitura com batidas à porta, risos, saltos, em suma: com a vida real.

Por fim, como sempre, os meus agradecimentos a Julika Jänicke, diretora editorial do departamento de não ficção da editora Ullstein, que leu e comentou o livro em várias fases. Ela também o inspirou, porque ela mesma reflete de modo profundo sobre as questões da vida e a ligação entre ética, política e existência animal. Da mesma forma, é claro, gostaria de agradecer a Uta Rüenauver pela sua revisão, que aperfeiçoou o manuscrito na última fase.

Glossário

Alteridade radical: o outro em nós e os outros (os outros homens, a natureza, os outros seres vivos, Deus e os deuses, se acreditarmos neles etc.) são diferentes porque têm dimensões que não conhecemos. Se fossem um livro aberto para nós e totalmente conhecíveis, não seriam, de fato, diferentes, mas previsíveis.

Animalismo: a tese de que nós, os humanos, somos animais de uma determinada espécie. Essa espécie chama-se *Homo sapiens*. Em termos menos técnicos, cada um de nós é um animal humano. Segundo o animalismo, um ser humano é plenamente animal.

Antirrealismo agudo, segundo Korsgaard: ponto de vista segundo o qual as normas morais não são mais do que as normas de comportamento que todos podemos querer que as pessoas sigam. Segundo esse ponto de vista, nem todos podem concordar com esse comportamento porque é moralmente correto, mas é moralmente correto porque todos podem concordar com ele.

Antropoceno: termo para a idade da Terra em que os seres humanos tornaram-se o fator geológico decisivo, o que se expressa, entre outras coisas, em sua contribuição globalmente perceptível para as mudanças climáticas.

Antropologia filosófica: área do conhecimento que se ocupa com a pergunta de quem ou o que é o ser humano. Cada resposta concreta a essa pergunta fundamental da antropologia fornece uma imagem do homem.

Antropologia: a ciência da autoinvestigação humana.

Antrozoologia: a ciência da autoinvestigação humana, na medida em que nos consideramos animais.

Armadilha da identidade: essa falácia vem da ideia de que o espírito – pelo que sabemos – só ocorre quando certas condições naturais e orgânicas estão preenchidas, e que essas condições não são apenas pré-requisitos necessários para o espírito, mas também suficientes para ele, pois o espírito é idêntico a tais condições.

Autodeterminação existencial: uma concepção de nós mesmos que assumimos com referência à nossa imagem de humanidade e que assim nos define em nosso âmago como seres humanos.

Autonomia radical: reconhecemos a nossa capacidade humana de viver a nossa vida à luz de uma ideia de quem somos e de quem queremos ser como fonte de valor e, por isso, medimos a nossa autonomia individual em relação à autonomia dos outros. A autonomia torna-se, então, a medida de si mesma, porque autonomia mede-se em relação a ela mesma.

Autonomia: a capacidade de um ser vivo, paradigmaticamente um ser humano, de dar-se uma lei, ou seja, de medir de modo deliberado as suas próprias ações em relação a um padrão que ele mesmo deve reconhecer para poder aplicar.

Autopoiese: a autogeração e a automanutenção de um sistema vivo.

Biologismo: a tese de que o sentido da vida humana em todas as suas manifestações sociais, históricas, culturais e institucionais e, portanto, também a nossa liberdade social, pode, em última análise, ser atribuído ao fato de sermos animais cuja forma de vida pode ser decifrada biologicamente.

Cientismo metafísico: doutrina segundo a qual a objetividade pode ser alcançada por meio do despojamento da nossa subjetividade e do desenvolvimento de uma visão científica do mundo sob a forma de estudos, dados de medição e modelos matemáticos, que apreende a realidade tal como ela é em si mesma.

Cientismo: o cientismo é a ideia de que existe uma ciência onisciente singular, que um dia prevalecerá socioeconomicamente por meio da experimentação, da construção racional de teorias e da perícia e que, enfim, livrará a humanidade de todos os males.

Complexidade: o fato de a nossa análise e a nossa explicação de um sistema dissolver ou alterar o próprio sistema que queremos analisar e explicar, decompondo-o em subsistemas, de modo que os sistemas complexos nunca podem ser analisados e explicados em sua totalidade, razão pela qual as previsões do seu comportamento são, em última análise, impossíveis.

Conhecimento objetivo: conhecimento que consiste nos fatos que podem ser conhecidos por todos porque alguém os estabeleceu de uma forma ou de outra.

Conhecimento subjetivo: algo que uma pessoa sabe a partir da sua perspectiva.

Continuidade biológica: a continuidade de uma pessoa ao longo de diferentes períodos de tempo, vista na unidade biológica do seu organismo.

Continuidade psicológica (= lockeanismo): de acordo com essa abordagem, eu sou o mesmo que era no passado porque existe uma ligação mental entre o meu eu atual e o meu eu do passado.

Corpo: o corpo é o nosso organismo tal como aparece como objeto de um ponto de vista científico de uma terceira pessoa (por exemplo, um médico).

Criacionismo: tese pela qual todos os processos da vida são, de alguma maneira, diretamente causados e controlados por Deus e, portanto, a biologia evolutiva moderna baseia-se em premissas falsas.

Critério de isolamento reprodutivo: explicação da unidade de uma espécie pelo fato de ela só se reproduzir com membros da mesma espécie.

Diferença antropológica: a diferença antropológica é o fato de os seres humanos serem diferentes dos outros seres vivos.

Diferença específica: o que distingue uma espécie de todas as outras espécies do mesmo gênero.

Ditado de Anaximandro: "De onde provém a origem dos entes, é para lá que se desenvolve também sua destruição segundo a necessidade, pois os entes devem fazer justiça uns aos outros e compensar-se mutuamente da injustiça causada pela ordem do tempo".

Ditado de Böckenförde: "O Estado liberal e secularizado vive de condições prévias que ele mesmo não pode garantir".

Ditado de sabedoria de Sócrates: "Tomei consciência de que nada sei (*emautôi synêidê ouden epistamenôi*)".

Dualismo antropológico: tese segundo a qual o ser humano é constituído por dois componentes, uma parte animal, irracional, e uma parte especificamente humana, em geral considerada superior.

Dualismo cartesiano: pressuposto que remonta a René Descartes, de que existem duas substâncias na natureza, ou seja, dois tipos de coisas, os corpos materiais estendidos e as almas imateriais ou substâncias de pensamento, que interagem entre si de alguma forma.

Ecocentrismo: a visão de que o meio ambiente é a verdadeira razão para uma ação humana urgente, até mesmo para uma transformação completa das nossas sociedades.

Ecologia: o estudo dos processos de adaptação sistêmica, bem como da produção de sistemas pelos seres vivos, numa escala que considera as formas de vida e o seu ambiente causal. É a forma de pensar da ciência ambiental.

Epistemicamente objetivo: uma coisa (que também pode incluir um estado subjetivo) é epistemicamente objetiva se for possível ter opiniões sobre ela que possam ser verdadeiras ou falsas.

Epistêmico: relativo ao nosso conhecimento, do grego *epistêmê* = conhecimento.

Erro categórico: transferência inadmissível de formas de pensamento e fatos que se aplicam de uma área para outra área em que não se aplicam do mesmo modo.

Espírito: a capacidade de conduzir a vida à luz de uma ideia de quem ou do que se é.

Estereótipo: explicação simplificada e, em última análise, errada, de que os outros são diferentes.

Estrutura de projeção: primeiro, os seres humanos estabelecem a sua própria animalidade e procuram características que têm em comum com os outros animais. Isso dá origem ao conceito de mero animal (o animal em geral). No ato seguinte, a animalidade é mais uma vez aplicada aos próprios seres humanos, quer para domesticá-los por meio da cultura e da civilização, quer para identificar-se normativamente com eles.

Ética: a subdisciplina da filosofia que trata da questão do que devemos fazer ou deixar de fazer apenas na medida em que somos todos seres humanos.

Experimento mental de Makropulos: estudo que investiga se uma vida terrena imortal faz sentido ou se não seria uma tragédia para os envolvidos.

Falsificacionismo: teoria da ciência que afirma que a verdade das afirmações científicas não pode ser provada de maneira direta, apenas a sua não falsidade sim.

Fato: uma resposta verdadeira a uma pergunta sensata.

Fatos morais: uma resposta verdadeira a uma pergunta eticamente relevante que pode ser verdadeira ou falsa.

Fatos: fatos reconhecidos.

Fenomenologia: a fenomenologia examina a forma como a realidade nos aparece.

Ficcionalismo científico: a visão de que cada teoria científica é uma ficção, ou seja, uma mistura de meias-verdades mais ou menos conscientemente aceitas, falsidades não reconhecidas, não falsidades, mas também verdades e medidas precisas.

Forma de sobrevivência: a vida orgânica que as ciências da vida exploram com sucesso, em geral para benefício da humanidade.

Fundamentalismo epistêmico: a suposição de que existe uma camada diretamente dada de experiências elementares e conscientes e de dados dos sentidos que não pode ser posta em dúvida (considerado refutado, o mais tardar, desde um livro influente do americano Wilfrid Sellars).

Higienismo: a redução do ser humano a animal a ser classificado como saudável ou doente.

Holismo: doutrina do todo (do grego *holon*), aqui: o pressuposto de que um organismo atua como um todo sobre as suas partes.

Humanismo: a ética, enquanto reflexão sobre o que devemos fazer ou deixar de fazer, é antropogênica, ou seja, surge da forma de vida humana, sem por isso ser antropocêntrica, isto é, dirigida apenas ao ser humano que, por sua vez, é o ponto de partida da ética.

Humildade epistêmica: o ponto de partida de uma ética do não saber; o conhecimento de que as nossas afirmações sobre a natureza, bem como os nossos conceitos de valores concretos e os nossos juízos éticos, são suscetíveis de erro e necessitam de correção.

Ideia básica do pluralismo liberal: o objetivo e o sentido da nossa vida terrena é delinear margens de liberdade que permitam a cada ser humano encontrar um sentido para a sua vida, seja ele qual for.

Ideia do bem: o pressuposto de que existe algo que lança uma luz avaliativa sobre as ações humanas também independentemente das ações humanas e da forma como os atores classificam-nas. A ideia do bem é a razão pela qual sentimos a realidade como dotada de valores.

Imagem do homem: uma autodeterminação do homem, ou seja, uma concepção concreta do que é, de fato, o ser humano.

Imaterialismo: tese segundo a qual temos uma substância pensante, imaterial.

Liberdade social: podemos ampliar a nossa autonomia cooperando com a autonomia dos outros. Consiste em fazer algo em conjunto com os outros que não se pode fazer sozinho.

Lockeanismo: doutrina que diz que a unidade de uma pessoa em diferentes épocas corresponde ao fato de ela acreditar ser ela mesma a mesma unidade.

Lógica: disciplina básica da filosofia cujo objeto de estudo é o próprio pensamento racional. A lógica lida com a questão de como pensamos ou devemos pensar de maneira correta (ou seja, de modo racional); a sua forma de execução é pensar sobre o pensamento.

Mecanismo: como forma de pensamento, o mecanismo trata-se de compreender um sistema de elementos (como as células), dispostos de uma determinada forma e inter-relacionados a partir da interação mais simples possível entre as suas partes. A soma das partes individuais não é, portanto, mais do que essas partes individuais em sua interação.

Meio ambiente: o campo de significado dentro do qual uma forma de vida pode reproduzir-se ao longo de várias gerações.

Mereologia: doutrina do todo e de suas partes.

Naturalismo: doutrina segundo a qual o mundo ou a realidade como um todo podem ser completamente explicados e controlados considerando o homem como um fenômeno natural, como um elemento de um gigantesco sistema energético-material em que interagem sistemas de complexidade diferente.

Natureza: o sistema-alvo da pesquisa científica, paradigmaticamente a física, a química e a biologia.

Neodarwinismo: a combinação da teoria da hereditariedade de Gregor Mendel com a genética moderna (que, enfim, provou a existência de genes), ou seja, um darwinismo mais genético.

Niilismo moderno: tese que diz que a natureza em si mesma não tem qualquer sentido ou significado. Segundo essa tese, a natureza é apenas uma estrutura global energético-material na qual os seres vivos surgiram num determinado momento para avaliar o seu ambiente, que é a origem de todos os valores.

Normatividade transcendente: a ideia de que, mesmo que toda uma sociedade tivesse uma opinião unânime sobre determinadas ações, continuaria a existir um padrão de avaliação independente que classificaria as suas ações e o seu pensamento como certos ou errados. Esse padrão de avaliação excede, então, as diretrizes de avaliação que essa sociedade atribuiu-se implícita ou explicitamente.

Normatividade: o fato de os nossos pensamentos e as nossas ações serem classificados como corretos ou incorretos.

Novo realismo: visão pela qual a nossa experiência da realidade, a mente ou a subjetividade pertencem à realidade em pé de igualdade com aquilo que justificadamente classificamos como independente de nós. Por conseguinte, a objetividade não consiste paradigmaticamente na nossa abstração da subjetividade, que é tão real como aquilo que consideramos a realidade objetiva.

Objeção das duas vidas: se o homem é composto de mente e natureza, então ele leva duas vidas ao mesmo tempo, a vida de um espécime da espécie animal *Homo sapiens* e a vida de uma pessoa pensante que nunca é totalmente idêntica ao seu corpo. A objeção classifica essa hipótese como um problema.

Onticamente subjetivo: um fato é onticamente subjetivo se ele só existe porque nele estão envolvidos estados subjetivos (sentimentos, opiniões, impressões sensoriais etc.).

Ôntico: relativo ao ser (do grego *ti on* = ser). Distingue-se de "epistêmico", ou seja, relativo às nossas reivindicações de conhecimento sobre o ser.

Organismo: um sistema complexo de órgãos de tal forma que o conjunto mais ou menos delimitado desse sistema tem uma influência parcial sobre o desenvolvimento dos seus órgãos.

Órgãos: instrumentos (como os nossos órgãos sensoriais: olhos, ouvidos, pele etc.) que surgiram mediante processos evolutivos. Os instrumentos apreendem uma realidade em parte independente deles, num nível que lhes é atribuído.

Paradoxo do corvo: se só observamos corvos pretos durante um longo período de tempo, podemos formular a afirmação: "Todos os corvos são pretos". Dessa forma, excluímos a possibilidade de um corvo ter outra cor. Desenvolvemos, assim, uma teoria bastante simples. Essa teoria é refutada quando alguém nos mostra um corvo que não é preto. O fato de todos os corvos serem pretos não é, portanto, confirmado de uma vez por todas por uma série de observações, por melhores que sejam, sendo válido provisoriamente, isto é, enquanto não for encontrado um corvo não preto.

Percepção da filosofia do animal de Derrida: não há nada na realidade que corresponda ao nosso conceito confuso de animal.

Pessoa: um ser que tem determinados direitos e deveres. A pessoa é definida por relações sociais e morais e não se esgota na estrutura dos processos materiais-energéticos de autopreservação pelos quais um animal mantém-se como organismo contra a pressão ambiental.

Ponto de vista da primeira pessoa (subjetividade): o ponto de vista a partir do qual sabemos algo sobre nós mesmos que só podemos experimentar subjetivamente.

Ponto de vista da terceira pessoa: o ponto de vista do qual se obtém o conhecimento objetivo dos objetos de pesquisa científica natural e social. Esse ponto de vista é da mesma forma acessível a todos os sujeitos.

Pós-humanismo: a suposição de que qualquer distinção entre o ser humano e a natureza está, em última análise, ultrapassada, e deve-se a formas de pensamento ultrapassadas que colocam o ser humano à parte do seu ambiente e que, assim, direta ou indiretamente, veem-no como a coroa da criação.

Preconceito especista: o preconceito de uma espécie contra uma ou todas as outras, acreditando-se ser muito superior às outras espécies limitadas devido às suas peculiaridades (em especial, comum nos seres humanos).

Princípio antrópico forte: esse princípio afirma que o universo corre em direção ao seu autoconhecimento em seres vivos cognoscentes, como os seres humanos.

Princípio antrópico fraco: os valores observados de todas as quantidades físicas e cosmológicas não são igualmente prováveis. Ao contrário, assumem valores limitados pela exigência de que existam lugares onde possa surgir a vida baseada em carbono e pela exigência adicional de que o universo deve ter idade suficiente para que isso já tenha ocorrido.

Problema da especiação: o problema da formação de espécies.

Problema da identidade pessoal temporal: esse problema consiste em não podermos dizer em que aspecto somos os mesmos que éramos no passado.

Projeção social: ideia da alteridade de uma pessoa ou um grupo (factualmente existente ou totalmente imaginado), em que a pessoa ou o grupo original utiliza a sua autoimagem para comparar a pessoa ou grupo diferente com ela.

Realismo factual ontológico: o pressuposto de que o domínio dos fatos vai muito além daquilo que podemos expressar linguisticamente.

Realismo moral epistêmico: a tese de que podemos conhecer a realidade moral e, em certa medida, sempre a conhecemos corretamente.

Realismo moral: a teoria de que existem crenças objetivamente corretas sobre o que devemos fazer ou deixar de fazer, visto que somos seres humanos.

Reducionismo: a redução de um todo às suas partes.

Relatividade biológica: a influência de uma parte sobre a outra, e vice-versa, depende, no próprio organismo, da perspectiva associada a um órgão cujo ambiente é um ambiente para ele, da mesma forma que a realidade que nos rodeia é vivida por nós como um não eu ou um mundo exterior.

Sentido da vida: de acordo com a concepção iluminista e religiosa primordial, o sentido da vida é estarmos destinados, na nossa vida, a trabalharmos em conjunto, como uma comunidade humana de destino, para poder proporcionar a melhor vida possível para todos os seres humanos.

Ser-em-si (da natureza): O ser-em-si trata-se do fato de a natureza ser como a encontramos, sem estar adaptada a nós ou sem estar interessada em ser percebida por nós e apreendida sob a forma de uma teoria científica.

Ser-em-si: o ser-em-si é o entrelaçamento da natureza e do espírito, que aparece no ser humano como animal. Assim, a vida espiritual é, por um lado, manifesta (para si mesma), mas, por outro lado, devido aos seus fundamentos naturais, não totalmente reconhecível e, portanto, é em-si.

Ser-para-si (da mente): o ser-para-si da mente compreende o fato de ela existir apenas referindo-se a si mesma de uma forma ou de outra. A sua existência não passa despercebida justamente porque ela existe apenas por perceber a si mesma.

Sociologismo: a tese de que a sociologia só pode descrever a realidade social e valorativa de uma forma isenta de valores e que, na realidade, não existem valores objetivos, apenas os postulados por sujeitos.

Solucionismo: a ideia de que a tecnologia pode resolver qualquer problema em pouco tempo, que temos apenas que investir nela somas ainda maiores, se necessário.

Soteriologia: doutrina da salvação.

Supercomplexidade: espírito e natureza estão interligados (são complexos), no entanto são categoricamente distintos um do outro e, portanto, supercomplexos.

Tecnologia: uma atitude em relação à tecnologia, à ciência e à economia.

Teoria do zoológico: a concepção de que, como num jardim zoológico, colocamos as formas de vida que encontramos em jaulas de acordo com as nossas conveniências e categorias, que incluem classificações zoológicas.

Teoria dos anfíbios: a teoria dos anfíbios afirma que os seres humanos têm duas formas de vida (do grego *amphi-bios* = vida dupla). Por um lado, somos animais como todos os outros animais; por outro lado, vivemos a vida superior da razão.

Tese antropológica principal, primeira: o nosso conceito de animal é sempre concebido tendo em vista o ser humano, de quem partimos para o estudo do reino animal. O que nos parece animal, retiramos consciente ou inconscientemente da nossa própria natureza e depois projetamos isso, de forma mais ou menos acrítica, sobre as outras formas de vida. A questão de como os humanos relacionam-se com os animais é substituída pela questão de como os humanos definem-se como animais. Dessa forma, ergue-se um espelho distorcido no qual o homem já não se reconhece corretamente a si mesmo e aos outros seres vivos.

Tese antropológica principal, segunda: o homem é o animal que não quer ser animal. Ao estabelecer sua própria "animalidade", o homem está, ao mesmo tempo, buscando libertar-se dela e identificando-se com a parte de si mesmo pela qual ele distingue-se dos outros animais.

Tese antropológica principal, terceira: o homem é o único animal que conhecemos, enquanto as outras formas de vida são demasiado estranhas e, na realidade, não devem ser determinadas como animais pelos padrões humanos.

Tese básica do realismo epistemológico: não podemos reconciliar no todo o conhecimento e a realidade. A realidade, isto é, o domínio do que pode ser conhecido, vai muito além do que podemos conhecer factualmente (subjetiva e objetivamente).

Tese da continuidade: a tese da continuidade afirma que, em primeiro lugar, os seres humanos são animais no mesmo sentido de todos os outros animais, e, em segundo lugar, que todas as características que nos distinguem dos demais podem, em última análise, ser observadas em outras partes do reino animal sob uma forma diferente. De acordo com isso, os seres humanos não são diferentes dos outros animais em princípios, mas apenas em grau.

Tese da descontinuidade: a princípio, os seres humanos diferem dos outros animais por um conjunto de características.

Tese da projeção: geramos a ideia de um reino animal unificado com base numa concepção demasiado humana do animal, que pode ser vista como uma expressão bastante indireta de uma relação perturbada dos humanos com sua "animalidade".

Tese do amor de Wolf: tese segundo a qual o sentido que encontramos na vida é podermos amar algo ou alguém.

Tese ficcionalista extrema: basicamente, todas as entidades e relações que desempenham um papel nas ciências naturais (números, forças, causalidade, espaço, tempo etc.) são ficções que a mente humana constrói para formar uma imagem simplificada, mas distorcida, da realidade experiencial infinitamente complexa e caótica que resulta da estimulação dos nossos sentidos.

Tese principal do neoexistencialismo: o homem é livre na medida em que precisa criar uma imagem de si mesmo para poder ser alguém.

Transcendência existencial: nossa autodeterminação deriva o seu significado de algo que a ultrapassa e no qual ela está inserida.

Transumanismo: a visão de que os seres humanos devem ser transcendidos em favor de uma forma de vida superior, quem sabe produzida tecnologicamente.

Universalismo: o ponto de vista de que o que devemos fazer ou deixar de fazer por razões morais aplica-se a todos os seres humanos e é, assim, transcultural e, a princípio, reconhecível por todos os seres humanos em seus respectivos contextos diferentes.

Universo: o campo de sentido que apreendemos com os nossos modelos físico-matemáticos.

Vida boa: a vida boa consiste em concebermo-nos como seres vivos capazes de uma moralidade superior e universal, tornando-nos agentes responsáveis no domínio dos fins.

Virada linguística: de acordo com esse método filosófico, em vez de analisarmos diretamente a realidade, analisamos a linguagem e, em consequência, os sinais por meio dos quais tornamos a realidade inteligível para nós mesmos. Todo pensamento é, em última análise, uma expressão da linguagem ou uma forma de lidar com os signos, de modo que a linguística torna-se uma teoria do pensamento.

Vitalismo: a concepção de que os seres vivos, que classificamos como organismos, formam um todo que é mais do que a soma das suas partes.

Zoologia privativa (do latim *privare* = privar) (segundo Pelluchon): uma teoria que entende os animais não humanos no mesmo sentido em que nós nos vemos como animais, mas reconhece uma deficiência nos outros animais porque lhes falta precisamente aquilo que nos distingue deles.

Conecte-se conosco:

 facebook.com/editoravozes

 @editoravozes

 @editora_vozes

 youtube.com/editoravozes

 +55 24 2233-9033

www.vozes.com.br

Conheça nossas lojas:

www.livrariavozes.com.br

Belo Horizonte – Brasília – Campinas – Cuiabá – Curitiba
Fortaleza – Juiz de Fora – Petrópolis – Recife – São Paulo

  Vozes de Bolso

EDITORA VOZES LTDA.
Rua Frei Luís, 100 – Centro – Cep 25689-900 – Petrópolis, RJ
Tel.: (24) 2233-9000 – E-mail: vendas@vozes.com.br